Athina Lexutt

DIE REFORMATION
Ein Ereignis macht Epoche

2009
BÖHLAU VERLAG KÖLN WEIMAR WIEN

Bibliografische Information der Deutschen Nationalbibliothek:
Die Deutsche Nationalbibliothek verzeichnet diese Publikation in der
Deutschen Nationalbibliografie; detaillierte bibliografische Daten sind
im Internet über http://dnb.d-nb.de abrufbar.

Umschlagabbildung:
Reformatorengruppe (v. li. Johannes Forster, Georg Spalatin, Martin Luther,
Johannes Bugenhagen, Erasmus von Rotterdam, Justus Jonas, Caspar Cruciger
und Philipp Melanchthon), Kopie nach dem Meienburgischen Epitaph von
Lucas Cranach d. J., 1550, ehem. Nordhausen, St. Blasius-Kirche.
© akg-images, Berlin

© 2009 by Böhlau Verlag GmbH & Cie, Köln Weimar Wien
Ursulaplatz 1, D-50668 Köln, www.boehlau.de

Alle Rechte vorbehalten. Dieses Werk ist urheberrechtlich geschützt.
Jede Verwertung außerhalb der engen Grenzen des Urheberrechtsgesetzes
ist unzulässig.

Druck und Bindung: CPI Moravia Books, CZ-Pohořelice
Gedruckt auf chlor- und säurefreiem Papier
Printed in the Czech Republic

ISBN 978-3-412-20304-7

Inhalt

7 Vorwort

9 1 Warum die Reformation eine Epoche ist
Die Frage 9　Wie die Frage beantwortet worden ist 12　Wie die Frage zu beantworten ist 20　Wie über diese Epoche zu schreiben ist 22　Die Reformation als Epoche – eine Aufgabe 25

27 2 Vorgeschichte der Epoche
Die politischen Umstände 27　Die sozialen und wirtschaftlichen Umstände 32　Renaissance und Humanismus 33　Die Kirche der Altgläubigen und die Frömmigkeit 41　„Vorreformatorische" Bewegungen 46

50 3 Die Reformation als historisches Ereignis

1 Das Werden – 1517 bis 1525 50
Das erste öffentliche Auftreten der Reformation: Der Thesenanschlag 50　Der römische Prozess gegen Martin Luther 55　Die Anfänge der Reformation in der Schweiz unter Ulrich Zwingli 70　Die Wittenberger Unruhen und der sogenannte „Linke Flügel" der Reformation 73　Der deutsche Bauernkrieg 89

2 Die Konsolidierung – 1525 bis 1555 96
Die Reichstage von Speyer und Augsburg 1526, 1529 und 1530 97
Die Zeit der inneren und äußeren Konsolidierung 1530 bis 1539 106　Die Anfänge der Reformation in England 111　Die Zeit der Religionsgespräche 1540/41 112　Der Schmalkaldische Krieg und die Folgen 116　Der Augsburger Religionsfriede 1555 118　Die Genfer Reformation unter Johannes Calvin 120

3 Die Unumkehrbarkeit – 1555 bis 1580 124
Der Beginn der römisch-katholischen Reform 124　Die innerprotestantischen Streitigkeiten 132　Der Fortgang der Reformation in Frankreich, England und den Niederlanden 137　Die reformatorischen Entwicklungen in Nord- und Osteuropa 140

145   **4 Die Reformation als theologisches Ereignis**

1 Die Theologen 145
Martin Luther (1483–1546) 146   Ulrich Zwingli (1484–1531) 152
Philipp Melanchthon (1497–1560) 156   Johannes Calvin (1509–1564) 160

2 Die Bekenntnisse 169
Die lutherischen Bekenntnisse 170   Die reformierten Bekenntnisse 181   Das anglikanische Bekenntnis 190

3 Theologie im Bild 192

202   **5 Nach der Reformation – ein kurzer Ausblick**

209   **6 Ein Ereignis macht Epoche – Die historische und die bleibende Bedeutung der Reformation**

213   **7 Anmerkungen**

219   **8 Literaturverzeichnis**

223   **9 Personenregister**

Vorwort

Im Jahr nach der Eröffnung der Reformationsdekade, im Calvin-Gedenkjahr und ein Jahr, bevor das Melanchthon-Jubiläum gefeiert wird, gehört es beinahe schon zum guten Ton, ein Buch zu schreiben, das sich der Reformation annimmt. Auch wenn schon viele, sehr viele Bücher zum Thema existieren, wird es doch immer wieder neue Entdeckungen und Forschungsergebnisse zu präsentieren geben, die aufs Papier drängen. Der Anreiz, das vorliegende Buch zu schreiben, lag weniger darin, etwas zu tun, was für eine Reformationshistorikerin und Lutherforscherin zum guten Ton gehört, sondern darin, genau das zu tun, was das ureigene Interesse anspricht und bei aller Herausforderung einfach Freude macht.

Das Buch versucht die Darstellung des Zeitalters einer bestimmten Frage zu unterwerfen, nämlich ob und in welcher Hinsicht von der Reformation als Epoche gesprochen werden kann. Damit verbunden ist ein zweites zentrales Anliegen, nämlich an diesem Beispiel aufzuzeigen, welche Funktion die Kirchengeschichte im theologischen Disziplinenkanon zu erfüllen hat. Der Leser und die Leserin werden merken, dass im Blick auf beide Themen noch Vieles im Fluss ist und sich dieses Büchlein vor allem als Diskussionsbeitrag versteht, als Positionspapier, über das disputiert werden kann und soll, damit dieses Viele auch weiterhin im Fluss bleibt. Denn nichts wäre mehr im Sinne der Reformation selbst.

Wie immer ist ein Vorwort auch ein Ort des Dankes an diejenigen, ohne die das Werk nicht zustande gekommen wäre. Dieser Dank gilt an erster Stelle meinen Mitarbeitern an der Professur, Anna Dawood und Johannes Schneider, die ungeachtet eigener Prüfungsvorbereitungen und anderer Verpflichtungen meinem Zeitdruck standgehalten haben. Dieser Dank gilt ebenso dem Böhlau-Verlag und seiner Geduld. Und dieser Dank gilt allen, die mich manches Mal aus dem 16. Jahrhundert herausgeholt und mir gezeigt haben, dass auch die Gegenwart durchaus ihre reizvollen Seiten hat.

Hennef, im September 2009   Athina Lexutt

1 Warum die Reformation eine Epoche ist

Wer sich ein ganzes Buch lang mit der Reformation beschäftigt, der muss sich gefallen lassen, dass ihm mehrere Fragen gleichzeitig gestellt werden: „Was verstehst Du unter ‚Reformation'? Warum schreibst Du auch noch ein Buch darüber, es gibt doch schon ein paar? Was unterscheidet Dein Buch von anderen?" Und bevor er in Verlegenheit kommt mit Antworten, scheint es ratsam zu sein, dass er sich diese Fragen selbst stellt und über seine Motivation und seine Methode zu solchem Unterfangen Rechenschaft ablegt. Denn es stimmt zweifellos: Es gibt schon ein paar Bücher über die Reformation. Und nicht nur das: In jedem Überblick über die Geschichte Europas, insbesondere die Geschichte Deutschlands, nimmt dieser Zeitabschnitt einen gewichtigen Raum ein. Es gibt kaum eine Darstellung, gerade auch populärwissenschaftlicher Art, auf der nicht auch Martin Luthers Konterfei als Hauptrepräsentant dieser Epoche auf dem Umschlagbild prangte. Das ist ein ziemlich sicheres Zeichen dafür, dass die Geschehnisse und Akteure des Reformationszeitalters Wesentliches zu dem beigetragen haben und immer beitragen werden, was man in jüngerer Zeit das „kulturelle Gedächtnis" nennt. Das 16. Jahrhundert scheint ein prominenter Baustein in diesem Gebäude „kulturelles Gedächtnis" und damit auch „kulturelle Identität" zu sein.

Gleichwohl bleibt die berechtigte Frage, was ein weiteres Buch über die Reformation leisten kann. Über diese Zeit scheint längst alles gesagt und geschrieben worden zu sein, was über sie zu sagen und zu schreiben ist – und was noch nicht gesagt oder geschrieben wurde, ist es vielleicht auch nicht wirklich wert, gesagt und geschrieben zu werden. Die Aufgabe, Rechenschaft abzulegen, bleibt also. Und sie entzündet sich noch einmal ungleich schärfer an der Anfrage, die seit einigen Jahren im historischen und kirchenhistorischen Diskurs gestellt wird: Ist die Reformation überhaupt eine Epoche?

Die Frage

„Was für eine Frage!", werden manche seufzen. Und das kann ein Seufzer in ganz verschiedene Richtungen sein. Er kann bedeuten: „Na, das ist doch keine Frage, natürlich ist die Reformation eine Epoche!" Er kann aber genauso auch gehört werden als: „Na, das ist doch keine Frage, natürlich ist die Reformation keine Epoche!" Beides hört man gelegentlich, mal mehr, mal weniger klar, mal als selbstverständliches Faktum präsentiert, mal mit einigen Fragezeichen versehen, mal wissenschaftlich anspruchsvoll und mal nicht bis ins Letzte argumentativ untermauert. Und auf jeden Fall zurzeit wieder verstärkt, wenn es darum geht, das herannahende Reformationsjubiläum von langer Hand vorzubereiten und den nur allzu bereiten Medienmarkt mit Waren zu versorgen.

Es scheint also nicht ganz leicht zu sein. Ob die Reformation eine Epoche genannt werden kann oder nicht, bewegt die Gemüter zu Recht. Denn es hängt, wie noch zu sehen sein wird, einiges von der Beantwortung der Frage ab. Offensichtlich ist die Schwierigkeit in drei Elementen begründet. Erstens muss definiert werden, was eine Epoche ist. Zweitens ist zu definieren, was denn eigentlich unter „Reformation" verstanden werden soll. Und drittens ist es für die ersten beiden Definitionen – so beweist es die Erfahrung – nicht ganz unerheblich, aus welcher Perspektive der Definierende auf diese beiden Begriffe schaut: Ist er Kirchen- oder Profanhistoriker? Ist seine Beschreibung von einem kirchen- und theologiegeschichtlichen oder eher von einem sozial-, rechts- oder institutionengeschichtlichen Interesse geleitet?

In jedem Fall sticht man unweigerlich in ein Wespennest, wenn man die Frage stellt mit dem Ziel, diese auch noch zu beantworten. Denn man setzt sich sehr schnell dem Vorwurf aus, dass die eingenommene und erkennbare Perspektive nicht redlich ist, sondern vielmehr und vor allem einem Dünkel entspringt, der alles ist, nur nicht wissenschaftlich. Denn – und das ist nun endlich das eigentlich Problematische – in der Regel wird die Perspektive bestimmt sein davon, a) welches Gewicht man den theologischen Elementen des Phänomens „Reformation" beimisst und b) welcher Konfession man angehört: Der Kirchenhistoriker wird in der Regel die Reformationszeit eher als Umbruchs- und Achsenzeit und deren Ereignisse als epochemachende interpretieren als der Profanhistoriker, der soziale und politische Implikate stärker im Auge hat als theologische. Und der protestantische Kirchenhistoriker wird seinen eigenen geschichtlichen Wurzeln wahrscheinlich eine andere Aufmerksamkeit widmen als sein römisch-katholischer Kollege, weil für ihn mehr und anderes auf dem Spiel steht. Heinz Schilling hat vor einigen Jahren den Begriff des „Mythos der Reformation"[1] geprägt und damit einige Nägel auf den Kopf getroffen. Er geht davon aus, dass vieles von dem, was für die Reformation als epochemachende Elemente ins Spiel zu bringen wäre, nicht auf objektiver Wahrnehmung ereignisgeschichtlicher Fakten beruhe, sondern – unterschiedlichst motiviert – schon früh dazu diente, weniger darzustellen als zu deuten, weniger kritisch zu analysieren als sinnstiftend zu verklären. Kurz: Schon die Zeitgenossen selbst, mehr noch aber die der Reformation nachfolgenden Generationen trugen zur Mythenbildung um die Reformation und ihre Hauptakteure erheblich bei und sind bis heute wenig bereit, die Erkenntnisse der geschichtswissenschaftlichen Forschung zu übernehmen, wo diese vielleicht den ein oder anderen Mythos ins Wanken bringen könnten. An dieser Einschätzung ist durchaus etwas

Wahres – und zwar vor allem deshalb, weil dies natürlich und streng genommen jeder geschichtlichen Darstellung vorgeworfen werden kann und muss, es sei denn, man hinge dem größten Mythos an: dem von der Möglichkeit, Geschichte ohne auch nur von dem leisesten Interesse geleitet wahrnehmen und darstellen, geschweige denn deuten zu können.

Die Forschungsgeschichte spiegelt beredt wider, um welcherart Wespennester es sich tatsächlich handelt. Ein Beispiel mag dies illustrieren, bevor einzelne, prominente und relevante Positionen der Forschung geschildert werden. Heiko A. Oberman wehrte sich 1980 vehement gegen die kurz zuvor von Joseph Engel und Ernst Walter Zeeden aufgestellte Behauptung, der Grenze zwischen Mittelalter und Neuzeit müsse bei Weitem nicht die Aufmerksamkeit zukommen, die ihr von jeher zugekommen ist. Vielmehr gebe es viel Verbindendes und Gemeinsames, das gar bis ins 18. Jahrhundert hinein überdauert hatte.[2] Dem hält Oberman entgegen: „Dieser Einheitssicht muß vor allem deshalb widersprochen werden, weil aus der großen historischen Distanz wissenschaftlich gehoben die neuzeitlich säkularisierte Perspektive des 20. Jahrhunderts kodifiziert und so an dem Selbstverständnis jener frühen Neuzeit vorbeigegangen wird. Aus unserer modernen Perspektive zu urteilen und somit Geschichte als *Vor*-Geschichte zu betreiben, ist sicherlich eine unverzichtbare Aufgabe. Aber eben eine Teilaufgabe. Gleichrangig daneben – und dieses macht Geschichtsschreibung zum wissenschaftlichen Unternehmen – sollte die Überlegung federführend sein, daß unsere Zeit *Nach*-Geschichte ist."[3] Für Oberman ist es fragwürdig und die Zeit in keiner Weise treffend, wenn eine Einheit konstatiert wird, „ohne dem neuen Verständnis von Gott, Mensch, Kirche, Hierarchie und weltlicher Ordnung in der frühen Neuzeit Rechnung zu tragen."[4] Dies könne aber nur unter einer Bedingung gelingen; so fährt er fort: „Diese Epochenzusammenschau ist dahingehend zu ergänzen, daß die theologischen, politischen und sozialen Geschichtskräfte gemeinsam alle drei als Faktoren respektiert werden, um uns Zugang zum Zeitalter der Reformation zu eröffnen."[5] Genau in dieser letzten Forderung indes liegt gewissermaßen der „Hase im Pfeffer". Die Theologen vor allem früherer Generationen berücksichtigten manchmal nicht hinreichend, unter welchen historischen Bedingungen sich theologisches Gedankengut entwickelte und profilierte; eine weitere Gefahr, der sie ausgesetzt waren, ist die Konzentration auf die Hauptgestalten bzw. auf eine Hauptgestalt, nämlich Martin Luther, als hätte es vor, neben und nach diesen bzw. diesem keine oder aber nur unwesentliche reformerische Bewegungen gegeben. Sie sind nicht selten blind (oder zumindest kurzsichtig) gewesen im Blick auf die Komplexität und Vielgestaltigkeit der Reformation als gesamteuropäisches Ereignis. Nicht-Theologen hingegen ist es nahezu unmöglich verständlich zu machen, welche Relevanz etwa der theologischen Entdeckung Luthers vor all seiner Papstkritik zuzumessen ist oder, um ein anderes Beispiel zu nennen, welche theologischen Überzeugungen welche Haltung zur Obrigkeit bei den verschiedenen Reformatoren provoziert haben – ja, dass sich dahinter überhaupt theologische Überzeugungen verborgen haben sollen. Sie verschließen die Augen vor der für diese Zeit selbstverständlichen Präsenz theologisch reflektierter Frömmigkeit. Und es ist nicht zu leugnen, wie gerade in jüngster Zeit sich auch immer mehr Kirchenhistoriker zu dieser Gruppe hinzugesellen, nicht selten geleitet von dem Wunsch, wissenschaftlich anschlussfähig zu bleiben und dem Vorwurf Schillings zu entgehen.

Ein Dilemma also. Denn die Alternative scheint tatsächlich eine Alternative sein zu müssen, tritt jedenfalls als solche immer wieder in Erscheinung: Entweder man ignoriert – um noch einmal Oberman zu zitieren – den „Glauben[...] als geschichtsmächtige Kraft"[6]; oder man ignoriert ihn nicht und riskiert, auf dem anderen Auge blind zu werden. Und da nun in der Tat so viel daran hängt, wie die Frage beantwortet wird, soll ein kurzer Blick darauf geworfen werden, wie sie in der Vergangenheit beantwortet worden ist.

Wie die Frage beantwortet worden ist

Die Geschichtsschreibung bietet genügend Beispiele für das beschriebene Dilemma. Christoph Cellarius (1638–1707) hatte mit seinem 1702 erschienenen dreibändigen Geschichtswerk „Historia universalis" die bis heute weitgehend im allgemeinen Gebrauch stehende Einteilung der Geschichte in Altertum, Mittelalter und Neuzeit manifestiert, sich von der praktikablen und unproblematischen, weil an keine inhaltlichen Entscheidungen gebundenen Einteilung in Zenturien (also der Einteilung nach Jahrhunderten) verabschiedet und damit das Problem gewissermaßen in die Welt gesetzt. Denn einmal war diese Einteilung im Großen und Ganzen doch viel zu unpräzise und schrie nach detaillierterer Unterteilung; und dann stellte sich irgendwann das Problem, wie man denn diesen großen Block „Neuzeit" fassen wollte, wenn mehrere Jahrzehnte, ja Jahrhunderte mehr vergangen wären. Überhaupt war die Unterteilung ziemlich grob, und bald gesellten sich feinere Untereinheiten zu diesen drei Blöcken hinzu, etwa die Gliederung in Früh-, Hoch- und Spätmittelalter. Im Kontext des romantischen und idealistischen Geschichtsverständnisses des 19. Jahrhunderts wurde das Interesse am Reformationszeitalter größer, und man begann, es als eigene Epoche wahrzunehmen und zu beschreiben. Leopold von Ranke (1795–1886) hat in seiner „Deutschen Geschichte im Zeitalter der Reformation" (1839 bzw. 1847) erstmals eindringlich auf die enge Verflechtung von politischen und religiösen Prozessen verwiesen und eben diese Verflechtung als Epochencharakteristikum betont. Für Ranke war die Tat

Luthers ein wesentlicher Meilenstein auf dem Weg zu einer nationalen Identität und insofern und mutatis mutandis Vorbild für seine eigene Gegenwart. Friedrich von Bezold verstand in seiner 1890 erschienenen Darstellung der deutschen Geschichte in ganz ähnlicher Weise die Reformation als Epoche, wandte den Blick jedoch von Luther weg auf die sozialen, wirtschaftlichen und geistlichen Umbrüche der Zeit. Noch stärker gingen Max Lenz (1850–1932) und Erich Marcks (1861–1938), beide von den Erfahrungen des Kulturkampfes geprägt und daher interessiert daran, das Wesen des Protestantischen als für das Funktionieren des Staates unerlässliches Element herauszustellen, auf die Bedeutung der Reformation in der Entwicklung des Nationalstaates ein. Demgegenüber hat in den protestantischen Reihen vor allem Ernst Troeltsch (1865–1923) dafür gesorgt, dass die reformatorische Bewegung nicht als allein um Luther und Wittenberg kreisend interpretiert werden darf und als Bewegung innerhalb anderer Reformbewegungen verstanden werden muss. Das Luthertum habe dabei durchaus an der Verflechtung von Kirche und Staat festgehalten und sei also keineswegs der Vater des modernen Staatswesens. Die Reformation habe also keine bzw. eine nur geringe oder aber andere Bedeutung für die Geschichte als diejenige, die Bereiterin der Moderne zu sein. Mit diesen Ansichten machte sich Troeltsch verständlicherweise nicht nur Freunde, denn damit drohte Luther als Nationalheld, als der er lange gesehen wurde, schlichtweg wegzubrechen.

Neue Akzente setzten zu Beginn des 20. Jahrhunderts die Entdeckungen und Forschungen Karl Holls (1866–1926) und die traumatischen Erlebnisse nach dem Ende des Ersten Weltkrieges. Beide Ereignisse provozierten ein schärfer konturiertes Lutherbild, das stärker die Unterschiede zu vorhergehenden und nachfolgenden Traditionen markierte als eventuelle Gemeinsamkeiten. Mit Holl wurde der Fokus auf einen Luther gelegt, der viel stärker als bisher unter den Bedingungen seiner eigenen Zeit verstanden werden müsse. Und was für Luther gelte, müsse auch auf die Reformation insgesamt angewendet werden. Durch diesen Grundsatz öffnete Holl den Weg, intensiv auf die theologischen Implikate der Epoche im Gegenüber zu den mittelalterlichen Fronten zu achten und sie damit als wenig in den spätmittelalterlichen Reformbewegungen aufgehend zu charakterisieren.

Einen gravierenden Einschnitt kann man noch einmal ab ungefähr den Sechzigerjahren feststellen. Dafür ist zunächst das erwachende Interesse der römisch-katholischen Geschichtsschreibung an Luther und der Reformation verantwortlich zu machen. Spätestens seit dem Zweiten Vatikanischen Konzil entstand eine zunehmend ernster zu nehmende katholische Reformationsforschung. Mehr oder weniger frei von konfessioneller Polemik, jedenfalls von ihr nicht mehr gezwungen zu einseitiger Sichtweise, hat sie Wesentliches beitragen können zu einem umfassenderen Bild des Reformationszeitalters, es sei an Namen wie Joseph Lortz und Erwin Iserloh, Otto Hermann Pesch und Vinzenz Pfnür erinnert. Da es Reformation und Konfessionalisierung nun mal nicht ohne den römischen Gegner bzw. Gesprächspartner gegeben hätte, war es unbedingt nötig, auch auf die Kirche der Reformationszeit und ihre Protagonisten, vor allem auf ihre Theologie einen schärferen und unverkrampften Blick zu werfen. Ein zweites Element, das zu einem neuen Blick auf die Reformationsepoche führte und das sich u.a. im Tübinger Institut für Spätmittelalter und Reformation manifestiert, war die Überzeugung, es gebe bei allen Unterschieden doch auch auffällige Verbindungslinien zwischen diesen beiden Zeitabschnitten eben des Spätmittelalters einerseits und der Reformation andererseits, die der näheren Erforschung wert sind. Dass dazu noch die Erkenntnisse und Fragen der Profangeschichtsschreibung verstärkt Einzug in die kirchenhistorische Forschung hielten und ein gesamteuropäischer Blick die Ereignisse in Wittenberg und im deutschsprachigen Raum vor dem Hintergrund andersartiger Reformen und Prozesse relativierten, tat sein Übriges, um ein neues Bewusstsein von diesem Zeitabschnitt der Geschichte zu entwickeln. Und schließlich gab es einen vorläufig letzten gravierenden Einschnitt durch den Fall des Eisernen Vorhangs und schließlich der Mauer. Er hat es der DDR-Geschichtsforschung ermöglicht, losgelöst von marxistischen Weltdeutungsmustern auch der Reformationszeit eine neue Aufmerksamkeit zu schenken. Insbesondere die soziale Komponente des Gesamtereignisses Reformation (zu denken ist vor allem an die Bauernkriege, an Thomas Müntzer, an den gesamten, nicht umsonst sogenannten „Linken Flügel" der Reformation) konnte auf diese Weise in ein historisch objektiveres Licht gesetzt werden, ohne dass die durchaus berechtigten kritischen Anfragen gänzlich hätten ausgeschaltet werden müssen. Man konnte über diese Komponente unverkrampft nachdenken, ohne sich gleich irgendeinem Ideologieverdacht auszusetzen. Mit anderen Worten: Nach und nach brachen bestimmte Fronten auf oder wurden jedenfalls weicher, die bisher den Blick auf die Epoche trübten. Neue Denkwege waren angesagt, und es ist nicht zufällig, dass sich die Themen der Forschung immer stärker weg von den Hauptgestalten auf die kleinzelligen Themen der Reformationsgeschichte zubewegten. Luther selbst wurde immer weniger interessant.

Diese Ansätze mündeten sodann in die Frage, ob bzw. inwieweit überhaupt noch die bisherigen Bezeichnungen „Reformation", „Gegenreformation", „Katholische Reform", „Konfessionelles Zeitalter" usw. als tragfähig und zutreffend anzusehen waren. In diesem Zusammenhang trat – angestoßen von der Profanhistorie – ein neues Paradigma auf: die Konfessionalisierung.[7] Das erschien wie die Lösung aller Probleme und beeinflusste die Forschung stark, bis heute. Erstmals ins Gespräch kam dieser Begriff durch einen veröffentlichten Vortrag von Ernst Walter Zeeden im Jahr 1965. Er definierte Konfessionalisierung als „die geistige und organisatorische Verfestigung der seit der Glaubensspaltung auseinanderstrebenden christlichen

Bekenntnisse zu einem halbwegs stabilen Kirchentum nach Dogma, Verfassung und religiös-sittlicher Lebensform."[8] Unabhängig voneinander nahmen Wolfgang Reinhard und Heinz Schilling zu Beginn der Achtzigerjahre die Bezeichnung auf, um mit ihm sowohl die kirchengeschichtlichen als auch die sozialhistorischen Phänomene des ausgehenden 16. und des 17. Jahrhunderts so vollständig wie möglich terminologisch zu erfassen. Gegenüber den traditionellen Ausdrucksweisen bildete „Konfessionalisierung" den Vorteil, verschiedenste Beobachtungen zu dieser vielfältigen Epoche zwar unter eine Art Leitthema zu stellen, gleichzeitig aber zu verdeutlichen, es handle sich dabei eben auch nur um ein Leitthema, welches prägend, aber nicht ausschließlich bestimmend wirkte. Zudem und vor allem aber trat der Begriff der Konfessionalisierung in den bereits bestehenden Historikerdiskurs ein, der die zur Debatte stehende Epoche mit den Termini „Sozialdisziplinierung" und „Modernisierung" auf den Punkt zu bringen suchte. Mit „Konfessionalisierung" konnte man – so erhoffte man sich – die grundlegenden Gedanken beider Modelle zusammenfassen und zusätzlich die theologische Komponente als treibende (und möglicherweise auch getriebene) Kraft in einem gesamtkulturellen Prozess stärker als bisher berücksichtigen. Umgekehrt konnte es gelingen, die Kirchengeschichte aus ihrer „theologischen Isolation" zu befreien und die Relevanz sozialer, ökonomischer, gesellschaftlicher und allgemein-kultureller Entwicklungen für die Theologie herauszufinden. Symposien zur reformierten, lutherischen und katholischen Konfessionalisierung sollten verdeutlichen, „dass es sich um drei parallel verlaufende Prozesse handelte, um Spezifizierungen der Konfessionalisierung, die als übergreifender politischer, geistiger und gesellschaftlicher Wandel begriffen wird und die insbesondere die deutsche Geschichte nachhaltig prägte."[9] Der Konfessionalisierungsbegriff erwies sich dabei als der neutralste und deshalb zusätzlich geeignet, weil er die gesamtgesellschaftliche Dimension sowie das Dynamische der Epoche am besten auszudrücken vermochte.

Klassisch bei Martin Heckel[10], aber durchaus in der Geschichtswissenschaft insgesamt wird Konfessionalisierung als Prozess verstanden, der alle Bereiche des gesellschaftlichen, geistigen und politischen Lebens durchzog und damit nicht auf den primären Gegenstand (die „Konfessionsbildung" als Entstehung konfessioneller Kirchentümer) bezogen blieb, ja, diesen selbst durchaus ganz außer Acht lassen kann. Heinz Schilling definierte Konfessionalisierung als „einen gesellschaftlichen Fundamentalvorgang, der in meist gleichlaufender, bisweilen auch gegenläufiger Verzahnung mit der Herausbildung des frühmodernen Staates und mit der Formierung einer neuzeitlich disziplinierten Untertanengesellschaft, die anders als die mittelalterliche Gesellschaft nicht personal und fragmentiert, sondern institutionell und flächenmäßig organisiert war, sowie parallel zur Entstehung des modernen kapitalistischen Wirtschaftssystems das öffentliche und private Leben in Europa tiefgreifend umpflügte. [...] Das Konfessionalisierungsparadigma zielt somit auf eine system- oder gesellschaftsgeschichtliche Gesamtanalyse ab"[11].

Johannes Wallmann führte dagegen den Begriff in kritischer Auseinandersetzung mit der Forschung wieder auf seinen eigentlichen Gegenstand zurück: „Der Kirchenhistoriker [...] wird den Begriff ‚Konfessionalisierung' auf seinen primären Gegenstand, also auf die Kirche beziehen und folglich unter Konfessionalisierung den Prozeß der Aufspaltung und Differenzierung der abendländischen Christenheit in verschiedene ‚Konfessionen' verstehen, ein Prozeß, der, nach ersten Ansätzen bei den Hussiten im Spätmittelalter, in der Reformation des 16. Jahrhunderts begonnen hat und in der Folge zur Ausbildung unterschiedlicher christlicher Kirchentümer, der sog. ‚Konfessionskirchen', geführt hat."[12] Um der sich daraus beinahe zwangsläufig ergebenden und neuerdings tatsächlich gestellten Frage, ob bei einer solchen Definition nicht „die Reformation abhanden komme", zu begegnen, betitelt Wallmann seine Sammlung von Aufsätzen, die sich mit Themen u.a. aus diesem Epochenrahmen beschäftigen, nicht mit „Konfessionalisierung", sondern mit „Theologie und Frömmigkeit im Zeitalter des Barock". Den definitorischen Schwierigkeiten und diesem Problem, was von der Reformation dann noch bleibt, korrespondiert unmittelbar die Frage der zeitlichen Abgrenzung.[13] Auch an dieser Stelle und unter diesem Paradigma erwies sich die Epocheneinteilung als eine diffizile Angelegenheit. Galt für Heckel als Beginn der Konfessionalisierung der Augsburger Religionsfriede 1555 (als „Ende" der Reformation) und als ihr Ende der Westfälische Friede 1648 (als Überleitung in den Absolutismus), so korrigiert Schilling die Einteilung, indem er als das Grunddatum die Konkordienformel 1577 bzw. das Konkordienbuch 1580 bezeichnet; darin zeige sich erst die „Trikonfessionalität", die das folgende Zeitalter bestimmen sollte. Als Epoche der Konfessionalisierung setzt er die Zeit zwischen 1550 und 1650 an mit einer Kernzeit um die 1570/1580-er Jahre.[14] Als Folge davon verzichtet Schilling für die Zeit nach 1580 auf den diese Trikonfessionalität nicht hinreichend berücksichtigenden Begriff des Protestantismus und spricht lieber von Luthertum und Calvinismus.

Die vielen Diskussionen um Begriff und Inhalt der Konfessionalisierung zeigten allerdings, dass auch dieses Paradigma nicht der Weisheit letzter Schluss ist und vor allem die Frage danach, ob die Reformation eine Epoche ist oder nicht, nicht schlussendlich beantworten kann. Wie sehr dennoch sein Ansatz und seine berechtigten Anfragen in den protestantisch-kirchenhistorischen Diskurs hineinreichten, wird besonders eindrücklich beleuchtet durch einen Disput, den führende Reformationshistoriker in der Mitte der Neunzigerjahre austrugen: Bernd Moeller, Dorothea Wendebourg und Berndt Hamm fragten nach Einheit und Vielfalt der Reformation. Während für Moeller feststand, Rezeption Luthers hieße „Reformation",[15] und er von dort aus von einer Einheit der Reformation ausging, widersprach Wendebourg heftig und hielt dagegen, so etwas wie „Reformation" sei frühestens durch die katholische Gegenreformation zustande gekommen; erst diese Bewegung habe die Reformation zu einer Einheit gemacht, die sie historisch und theologisch jedoch nicht gewesen sei.[16] Der Dritte im Bunde, Berndt Hamm, hinterfragte beide Ansätze kritisch und sprach dagegen von Einheit und Vielfalt zugleich. Sein in meinen Augen überzeugendes Fazit lautet: „Zur genuinen Reformation gehört das Gemeinsame ebenso wie die Vielfalt. Ob das Gemeinsame, der reale Konsens, bewußt ist oder ins Unbewußte absinkt und ob die Vielfalt latent, offen, friedlich, versöhnt, streitend oder gar sich verteufelnd ist, macht zwar große Unterschiede, ändert aber nichts am Grundphänomen, daß die Reformation stets die Zusammengehörigkeit von kohärent-gemeinsamen und vielfältig-formenreichen, divergierenden Impulsen ist. Beide Gesichtspunkte haben ihr historisches Gewicht: Die Vielfalt ist ein so frühzeitiges Primärphänomen der Reformation und von solch konfliktreicher Dynamik, daß man den Begriff ‚Einheit der Reformation' nicht mehr oder nur noch mit größter Vorsicht [...] verwenden sollte; andererseits ist das Gemeinsame im Gegenüber zum katholischen Mittelalter, zur katholischen Reform, zur Gegenreformation und katholischen Konfessionalisierung so grundlegend, so richtungsverändernd und epochebestimmend, daß es trotz der vielen Reformationen legitim und notwendig ist, von *der* Reformation und ihrem Zeitalter zu sprechen."[17] Hamm nimmt in seinen Ausführungen bereits bewusst das Paradigma der Konfessionalisierung auf.

Welche Rolle die Frage nach dem epochalen Charakter der Reformation für das protestantische Selbstverständnis spielt und welche Bedeutung sie für Methode und Motiv protestantischer Kirchengeschichtsforschung und -schreibung hat, wird signifikant in einem Beitrag, den Volker Leppin 2002 zur Frage „Wie reformatorisch war die Reformation?" veröffentlichte. Die Frage sei überhaupt nur relevant, so konstatiert er zu Beginn, weil der Kirchenhistoriker nicht nur in historischer, sondern auch in theologischer Verantwortung reden wolle. In diesem Moment nämlich würde der Begriff des Reformatorischen seines rein deskriptiven Charakters beraubt und in einen theologisch-normativen Gebrauch überführt. Spätestens ab da sei es im Grunde auch zwingend, von einer Einheit der Reformation auszugehen, damit man legitimerweise von *dem* Reformatorischen sprechen könne. Leppin unternimmt es im Folgenden, für Luther und Zwingli als zwei durchaus verschiedene Gestalten der Reformationsgeschichte nachzuzeichnen, wie wenig einheitlich die Reformation gewesen ist und ein welch verzerrtes Bild entsteht, wenn man Luther zum Maßstab aller Dinge macht und von ihm her das Theologisch-Normative ableitet. Das Ergebnis im Blick auf seine Eingangsfrage ist ernüchternd: „Sie war jedenfalls nicht in der Weise reformatorisch, daß die heutige Anwendung des Adjektivs ‚reformatorisch' als einfache Ableitung vom Substantiv

‚Reformation' gelten könnte. Die Kriterien nämlich zur Benennung dessen, was reformatorisch ist oder sein soll, entspringen letztlich nicht dem historischen Prozess der Reformation selbst; die in ihnen ausgedrückte theologische Normsetzung verdankt sich vielmehr der nachholenden Interpretation schon bei Luther selbst und ist in ihrer letzten Konsequenz wohl sogar als Produkt jener historischen Epoche ab den vierziger Jahren des sechzehnten Jahrhunderts anzusehen, die unter der Bezeichnung ‚Konfessionalisierung' einer der wichtigsten Gegenstände der jüngeren Frühneuzeitforschung geworden ist."[18] Leppins Konsequenz daraus allerdings ist noch ernüchternder und bemerkenswerter: „Die Reformation hat [...] ihren kirchenhistorisch angemessenen Ort in der langen Geschichte einer Zunahme des Pochens auf nicht-klerikale, das heißt: nicht-ständische Wahrheitsbegründungen. Diese Geschichte wäre nicht denkbar ohne das Aufkommen der europäischen Universität und der Scholastik – die ihren Ort zunächst noch ganz innerhalb des klerikalen Milieus hatten. Und sie findet ihren Gipfel und ihre für das Christentum auch bedrohliche Radikalisierung in der Aufklärung. Innerhalb dieses lang dauernden Prozesses muß der Reformation mitsamt ihrem reformatorischen Gehalt kein epochaler Umbruchcharakter zugesprochen werden, aber eines bleibt doch ebenso sicher: Abhanden kommen wird sie uns gewiß auch nicht."[19] Mit anderen Worten: Die Reformation wird von Leppin als eine bedeutende, aber keineswegs epochemachende Bewegung deklariert, die mehr oder weniger aufgesogen wird einerseits von vorbereitenden spätmittelalterlichen Tendenzen und andererseits von weiterführenden aufklärerischen Gedanken.

Das muss mindestens aus theologischer Perspektive bedenklich stimmen. Und so scheint es wichtig, zum Schluss dieser kurzen Übersicht noch zwei Positionen zu benennen, die beide zwar nicht hinreichend sind, jedoch wichtige Impulse geben. Die erste stammt von Luise Schorn-Schütte, die in ihrer kleinen Darstellung der Reformation aus dem Jahr 1996 auch der Frage nachgeht, ob es *die* Reformation gab. Dabei kommt sie in Auseinandersetzung mit der Forschung zu zwei bemerkenswerten Ergebnissen. Das erste: Es sei schwirig und wohl überhaupt nur aus der Perspektive der Nachgeborenen möglich, Epochenzäsuren zu erkennen und zu bewerten. Man muss also beachten, dass etwa die Frage, ob Luther als Vater der Moderne bezeichnet werden kann oder nicht, natürlich niemals die Frage Luthers oder seiner Zeit selbst gewesen ist. Das Motiv, mit ihm oder eben auch nicht mit ihm und der auf seinen Schultern ruhenden Bewegung eine Zäsur zu setzen, ist das Motiv der Interpreten und muss als solches genau beobachtet und hinterfragt werden. Das spricht noch nicht grundsätzlich gegen die Möglichkeit, die Reformation als Zäsur und damit als Epoche zu begreifen, aber relativiert den damit verbundenen Absolutheitsanspruch. Das zweite: „Die Kirchenhistoriker sprechen [...] vom reformatorischen Systembruch, der sich in Luthers Rechtfertigungslehre geäußert habe. Ihre Wirkkraft war offensichtlich so groß, daß trotz der den Zeitgenossen bewahrenswert erscheinenden Traditionen das Neue das Wichtige war. Und diese Verbindung ist entscheidend: Wenn die reformatorische Theologie nur in Gemeinsamkeit mit der erneuerten Tradition gemeindlicher Ordnung ihre ungestörte Entfaltung finden konnte, dann liegt darin der Kern der Reformation."[20] Aus dem Munde der Profanhistorikerin bekommt also die theologische Komponente eine unmissverständliche und unwiderrufliche Relevanz für das, was Reformation ist. Dieses Neue wird als wahrhaft neu deklariert und markiert dann tatsächlich einen Systembruch, der es verunmöglicht, die Reformation nicht als Epoche zu betrachten. Und zwar eben dann nicht mehr nur allein in theologiegeschichtlicher, sondern in gesamtgeschichtlicher Perspektive.

Die zweite Position, die es noch zu beleuchten gilt, ist die von Gottfried Seebaß, der sich 2006 in seiner Darstellung der Geschichte des Christentums im Zeitalter von Spätmittelalter, Reformation und Konfessionalisierung und noch einmal etwas ausführlicher 2007 in einem Aufsatz der Frage gewidmet hat, ob die Reformation eine Epoche ist oder nicht. In diesem Zusammenhang nimmt er zunächst Stellung zum Begriff der Epoche, in einer Art und Weise, die weiter unten von mir positiv rezipiert werden wird. Nach einem Überblick über die Forschungsgeschichte entwickelt er sodann fünf Thesen, die seiner Ansicht nach die Begründung liefern, dass es legitim ist, trotz aller berechtigten Anfragen weiterhin von der Reformation als Epoche zu sprechen. Bemerkenswert ist, dass alle fünf Gründe genuin theologischer Natur sind, nur zwei überhaupt den engen theologischen Bereich im Blick auf kirchenpolitische Konsequenz hin verlassen. Das erste, was Seebaß nennt, ist das lutherische Schriftprinzip als Materialprinzip. In diesem Punkt unterscheidet sich die Reformation ebenso fundamental von der Tradition wie in Hinsicht auf die Rechtfertigung des Gottlosen (Seebaß' zweiter Punkt) und auf das Priestertum aller Getauften (das dritte Element), die Hervorhebung des weltlichen Berufs (das vierte Unterscheidungsmerkmal, das die Möglichkeit zur Säkularisierung nach sich zog) und die Rückführung der Konfession auf das persönliche Bekenntnis (die fünfte These, mit welcher der Blick geschärft wird für das, was im Blick auf die Entflechtung religiöser und politischer Interessen und damit im Blick auf die Entwicklung des modernen, säkularen Staates eröffnet wurde). Besonders wichtig ist sein Schlussplädoyer: „Gegen den Umbruchcharakter der Reformation in diesem Sinn läßt sich weder das langsame Herauswachsen und Entstehen reformatorischer Theologie bei den Reformatoren ins Feld führen noch die Tatsache, daß sich vieles von dem, was ich in den fünf Thesen aufgeführt habe, tendenziell auch im Spätmittelalter nachweisen läßt. Denn epochal wird eine Epoche nicht deswegen, weil etwas unableitbar Neues auf den Plan träte, sondern [...] aufgrund ihrer noch die eigene Gegenwart als Leben und Welt in besonderer Weise prägenden

Wirkungsgeschichte und Wirkung. Eben deswegen besteht auch kein Widerspruch zwischen dem Verständnis der Reformation als eines Umbruchs und ihrer Ein- und Rückbindung in Tendenzen des Spätmittelalters."[21] So anregend der Versuch Seebaß' ist, so problematisch scheint es mir, sich vor allem im Blick auf den gesamthistorischen Diskurs auf die theologische Seite der Reformation allein zu kaprizieren. Deshalb also nun ein eigener Versuch und die daraus abzuleitende Methode, eine Geschichte dieser Epoche zu schreiben.

Wie die Frage zu beantworten ist

Man sieht an diesem Einblick in die kirchenhistorische Werkstatt, wie schwer sich die Forschung tut, das in diesem Buch zu besprechende Zeitalter recht zu fassen. Die Stärken und Schwächen des Paradigmas „Konfessionalisierung" liegen auf der Hand. Wie also soll nach dieser Vielfalt an Positionen und zu bedenkenden Elementen, zu der sich mehr gesellen, als in diesem Band erörtert werden können, die Frage beantwortet werden? Ist die Reformation eine Epoche oder nicht?

Um es gleich vorweg zu sagen: Meiner Ansicht nach muss diese Frage mit einem ganz entschiedenen Ja beantwortet werden: Ja, die Reformation ist eine Epoche. Umsonst heißt dieses Buch nicht, wie es heißt. Die Frage muss mit einem Ja beantwortet werden nicht nur aus einer konfessionellen und darin vielleicht die Sicht verengenden Perspektive heraus. Auch in europäischer, vielleicht sogar weltgeschichtlicher Perspektive stellt die Reformation einen in sich geschlossenen, klar definierten Zeitabschnitt dar, der – was für alle Epochen gleichermaßen gilt – in mancher Hinsicht Spuren der vergangenen Epoche enthält und in bestimmten Elementen den Weg weist in eine neue Epoche, aber sich in diesen Spuren und Wegweisern nicht erschöpft und nicht darin aufgeht. In der Mitte findet sich ein mit beiden anderen Epochen nicht vergleichbarer Kern, den es in seinen Charakteristika und Spezifika zu beschreiben gilt.

Das ist zunächst einmal eine Behauptung, der gleich zwei weitere hinzuzugesellen sind. Die erste betrifft den Epochenbegriff. In Übereinstimmung mit den in der Geschichtswissenschaft üblichen Gepflogenheiten will ich Epoche nämlich definieren als in sich weitgehend homogenen Zeitabschnitt, wobei diese Homogenität Prozesse und Entwicklungen nicht ausschließt, aber die gemeinsamen Merkmale überwiegen; der Epochenbegriff dient der Periodisierung bzw. Geschichtsgliederung und sucht nach einen größeren Zeitraum verbindenden Phänomenen. Der von Seebaß angemerkte Zäsurcharakter ist dabei ebenso mit bedacht wie sein – freilich inzwischen fast schon etwas banaler – Hinweis darauf, wie wenig abschließend und allgemeingültig eine Epoche bestimmt werden kann.[22]

Die zweite Behauptung ist schon problematischer, weil sie streng genommen bereits das Ergebnis dieses Bandes ist. In ihr versuche ich nämlich eine Definition dessen, was Reformation ist und daher als Epochenbegriff zugrunde gelegt werden kann. Danach wäre Reformation die theologische, religiöse, politische und soziale Bewegung des 16. Jahrhunderts, die in der über die Pauluslektüre gewonnenen Erkenntnis Martin Luthers von der Rechtfertigung des Gottlosen ihren Anfang nahm, in eine Kritik an Kirche und Theologie der Zeit mündete und sich in ihrer institutionellen und lehrhaften Konsolidierung mit den politischen und kirchlichen Strukturen einerseits und den althergebrachten Lehrmeinungen andererseits so sehr rieb, dass schließlich eine Trennung zwischen den Anhängern dieser Bewegung und den traditionellen Kräften unausweichlich wurde. Wie man sieht, versuche ich mit dieser Definition den Umbruch, den die theologische Entdeckung auslöste, nicht zu isolieren und stattdessen den Charakter der reformatorischen Bewegung mit ihren bewahrenden, ihren reformerischen und ihren revolutionären Kräften gleichermaßen herauszustellen. Freilich hat die theologische Komponente einen herausragenden Stellenwert. Sie will aber verstanden sein inmitten des sozialen und politischen Systems. Damit wäre zweierlei erreicht: Zum einen wäre das Besondere und also Epochemachende der Reformation auf eine breite Basis gestellt, die den von der Reformation ausgelösten einschneidenden Wandel auf allen Ebenen des privaten und öffentlichen Lebens begründet und damit die Reformation als gesamtgesellschaftliches und gesamteuropäisches Phänomen berücksichtigte. Die Reformation als Epoche zu betrachten wäre dann keine konfessionelle oder auch nur kirchengeschichtliche Eigenheit mehr, sondern müsste in den gesamthistorischen Diskurs zurückgeführt werden. Zum anderen denke ich, dass darin die berechtigten Ansätze der historischen Debatten, wie sie aus dem kurzen Überblick deutlich geworden sein mögen, aufgenommen sind. Von *der* Reformation zu sprechen, bedeutete demnach auch keine gewaltsame Vereinheitlichung und keine Fokussierung auf Luther. Strenge Maßstäbe ansetzend würde ich die Reformation als Epoche dann von 1517, dem ersten öffentlichen Auftreten Luthers und damit dem Heraustreten der theologischen Überzeugung eines Einzelnen in die Weltöffentlichkeit, beginnen und 1580 mit der Konkordienformel enden lassen, weil diese die Trikonfessionalität auf ihre Weise festschreibt. Da diese Festschreibung politisch aber erst mit dem Westfälischen Frieden 1648 erfolgt, soll die Zeit zwischen 1580 und 1648, die ich in einem engeren Sinne „Konfessionalisierung" nennen würde, in diesem Band ebenfalls vor allem im Blick auf die theologische Seite in Form der Bekenntnisbildung betrachtet werden.

Die Reformation ist meiner Ansicht nach also deshalb eine Epoche, weil sie auf beinahe allen Ebenen einen Umbruch allererst provoziert oder aber so beschleunigt hat, dass das mittelalterliche Weltbild danach keinen Bestand mehr hatte, und zwar weder theologisch noch religiös noch politisch und sozial. Da sie andererseits aber in dieser Hinsicht wie ein Katalysator wirkte, kann sie auch nicht einfach in den gesamten Frühneuzeitprozess aufgehend interpretiert werden, denn auch zu dem, was ihr folgte, sind zu große Unterschiede auszumachen, als dass dies legitim wäre.[23]

Das hat nun wiederum Konsequenzen für die Gestalt dieser Darstellung.

Wie über diese Epoche zu schreiben ist

Über die Geschichte des Reformationszeitalters sind, wie eingangs bereits bemerkt, schon viele Bücher geschrieben worden. Von unterschiedlichen Interessen geleitet, in unterschiedlicher Ausführlichkeit und – mit Verlaub – durchaus auch mit unterschiedlicher Qualität. Mit anderen Worten: Keine Darstellung gleicht der anderen. Und auch diese Darstellung wird sich von anderen unterscheiden.

Die Unterschiede liegen in der Antwort auf die Frage begründet, ob die Reformation eine Epoche ist oder nicht. Diese Frage ist hier mit einem eindeutigen Ja beantwortet worden, das sich aus der Beobachtung erklärt, wie umwälzend die Reformation auf allen kulturellen und gesellschaftlichen Ebenen gewirkt hat, Reformideen und Prozesse des Spätmittelalters aufnehmend und weitere Reformen und Prozesse vorbereitend. Eine Darstellung, die dem gerecht werden will, hat die Breite dieser Prozesse zu bedenken, ihre Bedingungen und Verläufe, die Protagonisten und die Texte. Vor allem ist das Konglomerat aus politischen und religiös-theologischen Komponenten zu bedenken, von denen diese Prozesse in gleichem Maße bestimmt sind; nicht zuletzt dieses Konglomerat ist es ja, das zur Legitimation, die Reformation als Epoche zu begreifen, wesentlich beiträgt.

Der Einsicht in dieses Konglomerat ist es geschuldet, nicht allzu schnell auf die Theologen und die Theologie allein zu schauen, sondern zunächst einzuführen in die geschichtlichen Bedingungen und geschichtlichen Prozesse dieser Epoche. Ohne auf alle Details eingehen zu können, wird es darum gehen, ein Gespür dafür zu vermitteln, in welchen Verflechtungen sich die Reformation entwickelt hat. Daher hat der sogenannte Vorabend der Reformation ein eigenes Gewicht ebenso wie die Ausläufer und das Ende der Entwicklung im Dreißigjährigen Krieg, auch wenn den Kern der Darstellung die politischen und theologischen Ereignisse zwischen 1517 und 1580 bilden werden. Die Epoche der Reformation hat Ränder, die beachtet sein wollen, um das Besondere und Charakteristische der Epoche recht zu erfassen. Der Blick auf den Vorabend will dabei einen Einblick geben in die zu Reformen bereite Atmosphäre des ausgehenden Mittelalters; die gesamtgesellschaftlichen Umbrüche der Zeit bilden den Unterboden für die Ereignisse, die uns hier zu interessieren haben. Dass die Reformation ein Konglomerat aus Entwicklungen auf verschiedensten Ebenen ist und sich keineswegs in Person und

Werk Martin Luthers erschöpft – auch wenn seine Erkenntnis durchaus als Auslöser der Epoche gelten muss –, ist die Voraussetzung dafür, dass anschließend in drei großen Teilen die Geschichte der Reformation als gesamteuropäisches Ereignis nachgezeichnet wird. Es wird versucht, die Reformation in ihrer Chronologie darzustellen, die vor allem Folgendes verdeutlichen soll: dass es nebeneinander mehrere reformerische Bewegungen gegeben hat, wie und unter welchen Bedingungen sie sich entwickelt haben und in welcher gegenseitigen Abhängigkeit politische und theologische Entscheidungen standen. Viele Reformationsdarstellungen gehen anders vor: Nach einem kurzen Blick auf das Europa Karls V. wird sehr schnell auf Wittenberg und Luther „gezoomt", als wäre die Reformation Luther und sonst nichts. Andere europäische Reformen, etwa die Entwicklungen in der Schweiz und in England, werden in gewisser Weise zu Nebenschauplätzen degradiert, die erst behandelt werden, wenn Luther und sein theologisches Gedankengut in aller Ausführlichkeit zu Wort gekommen sind. Unsere Darstellung wird anders vorgehen. Denn gewiss ist Luther *eine*, wenn nicht *die* Hauptgestalt der Reformation, aber er ist nicht *die* Reformation. Neben und nach ihm hat es weitere reformatorische Prozesse gegeben, die eben genau deshalb chronologisch erfasst werden sollen. Die dichte Aufeinanderfolge der Geschehnisse einerseits, die Unterschiede und Gemeinsamkeiten der reformatorischen Bewegungen in den verschiedenen Gebieten sowie die Verquickung von Politik und Religion andererseits treten nur auf diese Weise deutlich zutage. Der theologische Aspekt indes ist damit nicht ausgeblendet, sondern er bekommt im Gegenteil eine exponierte Stelle zugewiesen, indem zum einen den Hauptgestalten der Reformation ein eigenes Kapitel gewidmet sein wird, zum anderen den Bekenntnistexten, die das genannte Konglomerat sozusagen in geronnener Form abbilden. Dass die Darstellung der Historie und diejenige der theologischen Seite der Reformation hier getrennt geschieht, hat also gerade nicht den Grund, die beiden Perspektiven als alternative Interpretationsrahmen zu begreifen, sondern sie vielmehr mit je eigenem Gewicht als zwei Seiten ein und derselben Medaille zur Geltung kommen zu lassen.

Für beide Teile, also die chronologische Nachzeichnung wie die Darstellung der theologischen Elemente, gilt, was jede Darstellung sich redlicherweise eingestehen muss: Sie werden nicht jedes Detail in der eigentlich gebotenen Ausführlichkeit präsentieren. Was zur Darstellung kommt und was nicht, ist eine subjektive Auswahl dessen, was die Autorin für wichtig und wesentlich hält, und als solches das Ergebnis einer jahrelangen Beschäftigung mit der Reformation und den beiden genannten Seiten dieser Medaille. Dass diese Auswahl also diskutabel ist, versteht sich von selbst. Dass sie aber begründet ist, ebenso. So wird etwa bei der Auswahl der näher zu betrachtenden Theologen der Reformationsgeschichte der Schwerpunkt auf die Gestalten gelegt, die sich in ihrer Zeit und wirkungsgeschichtlich als die bedeutsamsten erwiesen haben: Luther, Zwingli und Calvin, zudem Philipp Melanchthon als der Mann, welcher der Reformation über die Confessio Augustana sozusagen ihr offizielles Gesicht gegeben hat.

Eher ungewöhnlich für ein Buch dieser Art ist es, einer bestimmten Textgattung besondere Aufmerksamkeit zu schenken. Hier hingegen wird den Bekenntnissen der Reformation ein eigenes Kapitel gewidmet. Das hat zwei wesentliche Gründe. Erstens sind die Bekenntnisse sowohl als politische als auch als theologische Dokumente zu lesen und stellen dadurch so etwas wie die geronnene Form der Reformation als politisches und theologisches Ereignis dar. Sie sprechen in einen bestimmten historischen Kontext hinein und dienen zur zeitgemäßen Profilierung. Zudem aber beanspruchen sie Geltung über ihre Zeit hinaus und dienen als Minimal-Lehrbuch für das, was theologisch bedeutsam und zu sagen ist. Sie erhalten reichsrechtlichen Rang und werden damit zu einer Art konfessionellen Personalausweises. Und sie dienen innerkirchlich dazu, eine Lehr- und Praxisordnung zu erstellen, sie werden zum Richtscheit für kirchliches und religiöses Leben. Daran wird zweitens ersichtlich, dass die Reformation zwar unter geschichtstheoretischer Perspektive unbedingt als Epoche zu bezeichnen, andererseits indes alles andere als in ihren geschichtlichen Bedingungen gefangen zu betrachten ist. Sie hat ihre Bedeutung für die Geschichte und Kultur Europas und der Welt weit über das 16. Jahrhundert hinaus und kann nicht einfach als Gewesenes und Abgeschlossenes betrachtet werden. Dies sei besonders in Richtung mancher Interpretationen betont, welche die Reformation als historisches Ereignis und ihre theologischen Pointen gerne allein den theologischen und politischen Fronten der Zeit geschuldet sehen, die darüber hinaus jedoch eine als marginal zu bezeichnende Rolle spielten. Die Bekenntnisse sind lebendiges Zeugnis dafür, was das Charakteristische und Besondere der Reformation als Epoche insgesamt ist! Denn die Wurzel der Reformation ist eine genuin theologische, und damit ist auch das Bleibende der Reformation in der Theologie zu suchen und also in dem, was die Theologen des 16. Jahrhunderts für so wesentlich und unaufgebbar gehalten haben, dass sie dafür die Spaltung der Kirche in Kauf genommen haben. Noch ungewöhnlicher ist es, dem Medium „Bild" einen eigenen Abschnitt zu widmen. Anders als die Texte der großen Theologen und erst recht anders als die Bekenntnistexte geben sie einen Einblick in das, was von der Reformation und ihrer hochkomplexen Theologie beim Volk „angekommen" ist. Sie stellen ein ganz eigenes Genre der Informationsvermittlung dar und fassen auf ihre Weise das Gesamt der Theologie in seine wichtigsten, buchstäblich anschaulichsten Elemente.

Wenn schließlich noch ein – notwendig sehr kurzer – Blick auf die Entwicklung nach 1580 geworfen wird, dann um die Ausläufer der Reformationsepoche zu beobachten und wenigstens einen atmosphärischen Zugang zu dieser Krisenzeit zu erhalten.

Zum Schluss darüber nachzudenken, worin die Bedeutung der Reformationsepoche liegt, ist beinahe schon anmaßend, gleichwohl notwendig und also unerlässlich. Anmaßend, weil sich an dieser Stelle die Probleme wiederholen, die zur unterschiedlichen Beantwortung der Frage führen konnten, ob die Reformation legitimerweise eine Epoche genannt werden kann oder nicht. Die Bedeutung zu eruieren und zu beschreiben, hängt also wiederum von mehr subjektiven Faktoren ab, als es der um Objektivität bemühten Geschichtsschreibung lieb sein kann. Dennoch muss es gewagt werden, im vollen Bewusstsein, damit zu provozieren und möglicherweise auch Anstoß zu erregen. Und zwar genau aus dem Grund, der vielleicht den größten Anstoß erregen wird. Wenn man der Überzeugung ist, dass Religion und Theologie auch dann, wenn sie zur Privatsache erklärt werden und keine öffentliche Lobby mehr haben, von Bedeutung für Gestalt und Gestaltung von Kultur und Gesellschaft sind, wird man nicht umhinkommen, Religion und Theologie in ihren unterschiedlichen Gestalten, ihrem Wesen, ihren Charakteristika und ihrer historischen Genese und Entwicklung nach wahrzunehmen, zu beschreiben und zu deuten. Ohne an dieser Stelle schon zu sehr in die Tiefe zu gehen, kann gesagt werden, dass man dann in der Reformation Wesentliches wird entdecken müssen im Blick auf kulturelle und nationale Identität. Dieses Wesentliche kann wiederum helfen bei den drängenden politischen Aufgaben, vor denen wir heute stehen, was grenzübergreifende Zusammenarbeit, Integration und Identifizierungsmöglichkeiten betrifft, die sowohl eine profillose Beliebigkeit verhindern als auch einen zerstörerischen Fundamentalismus.

Die Reformation als Epoche – eine Aufgabe

Die Reformation ist also eine Epoche. Sie ist eine Epoche, die von vielen Faktoren bestimmt ist, welche für sich allein gesehen vermutlich nicht das epochewirkende Potential gehabt hätten und erst in ihrem unauflöslichen Zusammen die Bedeutung entwickelt haben, die sie weit über ihre Zeit hinaus lebendig hielten und halten. Das, was im 16. Jahrhundert geschah, geht weder auf in den reformerischen Vorläufern im ausgehenden Mittelalter noch in den Entwicklungen des 17. und 18. Jahrhunderts. Sie bietet etwas Unvergleichbares und Eigenständiges, und dieses Unvergleichbare und Eigenständige ist aufs Engste verknüpft mit den theologischen Entscheidungen dieser Zeit. In dieser Verknüpfung ist zugleich die über die Zeit weit hinausreichende Bedeutung der Reformation zu erblicken.

Das macht die Aufgabe, die vor uns liegt, nicht gerade einfacher. Denn sie erhebt einen gewissen Anspruch, nämlich keinen geringeren als den, die gesamte Darstellung von der Frage geleitet zu gestalten, worin diese Bedeutung besteht und welche Faktoren es vor allem waren, die zu dieser Bedeutung beigetragen haben. So anspruchsvoll das ist, so erleichternd ist es auch, denn es ermöglicht eine bestimmte Selektion, die angesichts der vielen zu berücksichtigenden Fakten und Quellen unbedingt nötig ist. Konzentriert auf das Wesentliche – das subjektiv Wesentliche – liegt der Fokus also auf der Frage: Was macht die Reformation zur Reformation?

Dazu ist es, wie bereits gesagt, nötig, zunächst auf die Zeit zu schauen, die der Reformationsepoche unmittelbar vorausging: das ausgehende Mittelalter. Um die Reformation recht zu begreifen, muss geklärt sein, welche Entwicklungen und Konstellationen ihr den Weg ebneten. Betrachten wir also zunächst die „Großwetterlage", bevor ein Gewitter bei Stotternheim daraus wurde.

2 Vorgeschichte der Epoche

Auch wenn es sich wie eine Binsenweisheit anhört: Die Reformation ist kein Zufallsprodukt, sondern sie ist in bestimmter Weise eine Antwort auf Fragen, die im Raum standen. Wenn wir das ausgehende 15. Jahrhundert treffend auf den Punkt bringen wollen, dann muss von einer Krisenzeit Europas gesprochen werden. Auf mehreren Ebenen sind Umbrüche und Veränderungen zu erleben, man trifft auf vielfältige Versuche einer Neuorientierung und auf konstruktiven Gestaltungswillen. In diese Umbruchzeit ist die Reformation eingebettet. Wenngleich sie nicht einfach in ihr aufgeht und gewissermaßen ausschließlich als im großen Strom mitfließend gedacht werden darf, so nimmt sie doch Impulse auf und leitet sie in neue Richtungen um. Natürlich ist die Reformation auch ein Kind ihrer Zeit. Aber wie jedes Kind hat sie zwei Elternteile, und das ausgehende Mittelalter ist – wenn man dieses Bild einmal ungebührlich strapazieren will – als Vater oder Mutter anzusehen. Der andere Elternteil ist dann die reformatorische Entdeckung Martin Luthers. Insofern ist es legitim und notwendig, sich diesem ersten Elternteil nun mit der gebührenden Aufmerksamkeit zu widmen und darauf zu schauen, welche Faktoren es gewesen sind, die Europa in dieser Krisenzeit bestimmten und die Geburt der reformatorischen Bewegung begünstigten.

Die politischen Umstände

Vergegenwärtigt man sich die Geschichte Europas ca. vom 9. bis ins 14. Jahrhundert hinein, dann wird schnell klar, von welchen Säulen das starke und feste Gebäude „Mittelalter" getragen war: von Kaisertum und Papsttum. Das Zusammenspiel der weltlichen und geistlichen Machthaber und Kräfte bestimmte weitgehend Wohl und Wehe des politischen und alltäglichen Lebens. Mehrheitlich sind die Geschehnisse, Prozesse und Entwicklungen des Mittelalters Reaktionen auf und als solche wiederum Motoren für dieses Kräftespiel.

Wenn man nun für das 15. Jahrhundert feststellen muss, dass beide Säulen schwankten, dann kann man ungefähr erahnen, was das für Zeit und Menschen in seinen Konsequenzen bedeutete. Denn es war nicht nur ein leises Bewegen im Wind, sondern vielmehr ein Rütteln an Grundfesten im Sturm: Kaisertum und Papsttum waren in ihrer Legitimation infrage gestellt, sie hatten an mehreren Fronten gleichzeitig zu kämpfen, sie waren durch innere Machtkämpfe nahezu zerrieben. Das, was das Mittelalter ausmachte: eine starke und unantastbare Königsmacht auf der einen und eine ebenso starke und unantastbare bischöfliche Macht auf der anderen Seite, war keineswegs mehr selbstverständlich und permanenten Anfragen ausgesetzt.

Das Kaisertum war – so muss man seine Situation zusammenfassen – kaum noch in der Lage, an seine früheren glanzvollen Zeiten auch nur annähernd anzuknüpfen. Die Gewalt des Kaisertums bzw. des deutschen Königtums war dezentralisiert und auf zusätzliche Schultern, deren Namen „Fürsten" und „Reichsstädte" sind, verteilt. Schon im Investiturstreit des 11. und 12. Jahrhunderts war das Königtum heftig angegriffen, es konnte sich unter den Stauferkaisern aber noch einmal regenerieren. Doch schon Friedrich II. musste erhebliche Zugeständnisse an die Fürsten machen. Das 1232 verabschiedete „Statutum in favorem principum" sicherte den geistlichen und weltlichen Fürsten die gleichen territorialen Herrschaftsrechte zu, d.h. wichtige Regalien, also eigentliche Königsrechte wie Münz- und Zollrecht oder die Gerichtsbarkeit, konnten von ihnen selbstständig ausgeübt werden. Dieses Recht hatten seit 1220 schon die geistlichen Fürsten, nun wurde es ausgedehnt auf die weltlichen Fürsten. Zahlreiche Händel und Intrigen und politische Interessenkonflikte waren dafür verantwortlich, dass das Hohenstaufergeschlecht unterging und nach einer fünfjährigen Interregnumszeit ein neues System an die Stelle des Geblütsrechtes trat: das Wahlkönigtum. Diese Änderung war insbesondere für das von uns zu betrachtende Zeitalter der Reformation und Konfessionalisierung die vermutlich bedeutendste, denn sie beeinflusste indirekt den Gang der Reformation, wie noch zu sehen sein wird. Das Wahlkönigtum begünstigte den Aufstieg des Habsburgergeschlechtes, denn andere Faktoren als die Abstammung ließen einen Kandidaten interessant erscheinen: Geld, Einfluss und Macht waren es, die dafür sorgten, ob jemand in die engere Wahl kam oder nicht. Hatte er genug im Angebot, um die Wählenden mit Versprechen und Zusagen zu locken, hatte er gute Chancen, auch tatsächlich gewählt zu werden. Ein probates Mittel, an Geld und Macht zu kommen, waren bisher Kriege. Kriege waren aber auch teuer und ihr Ausgang überdies immer ungewiss. Deshalb gesellte sich ein neues Mittel dazu, sich die Macht zu verschaffen, die man brauchte, um schließlich zur Krone greifen zu können: die Heiratspolitik. Über Verheiratung konnte der Besitz vergrößert und der Einflussbereich nachhaltig gesichert werden, und von dieser Politik verstanden die Habsburger besonders viel. Wenn man sich den Stammbaum des Kaisers anschaut, der maßgeblich für unseren Zeitraum zuständig ist, Karl V., dann sehen wir das „Who is who" des Späten Mittelalters vor uns. Als es 1519 darum ging, einen neuen Kaiser zu wählen, gehörte Karl daher folgerichtig zu den chancenreichsten Kandidaten. Bekannt dürfte sein Ausspruch sein, er wolle sich ein Reich schaffen, in dem die Sonne nicht untergeht. Es gehört zu den schicksalsentscheidenden Voraussetzungen des Ganges der Reformationsgeschichte dazu, dass gerade dieser Kaiser sich dezidiert als katholischer Kaiser fühlte, was er durch seine Salbung durch den Papst schließlich unterstrich – und das ausgerechnet im Jahr 1530, als durch die Reformation bereits Vieles gefährlich ins Wanken geraten war.

Bei allem Bemühen des Kaisers, an alte Traditionen anzuknüpfen, waren jedoch bereits Entwicklungen im Gange, die diesem Bemühen entgegenstanden. So konnte man es sich ohne Angst, dabei die irdische oder himmlische Seligkeit zu verlieren, durchaus erlauben, gegen diesen Kaiser zu opponieren. Und – und das ist vielleicht das Entscheidende – man konnte ihn zum Spielball eigener Interessen machen. Innerhalb des Deutschen Reiches waren es vor allem die Fürsten, die es dem Kaiser nicht leicht machten, an alte Traditionen der Machtausübung anzuknüpfen. Die Einzelterritorien erhoben immer deutlicher Anspruch auf souveräne Herrschaftsausübung. Dazu erstand außerhalb des Deutschen Reiches vor allem in Frankreich ein mächtiger Gegner, der den Kaiser ein ums andere Mal in Kriegshändel oder zumindest bedrohliche Situationen brachte. Und ein dritter Gegner erwuchs im Osmanenreich, das 1453 Konstantinopel eingenommen hatte – ein Ereignis, das den Quellen nach zu urteilen große Ängste und nicht minder großen Schrecken hervorgerufen hatte – und immer weiter in den westeuropäischen Raum vorgedrungen war. Die außenpolitische Bedrohung des Kaisers durch Frankreich von der einen und durch die Türken von der anderen Seite bestimmte lange Zeit seine Kirchenpolitik, denn in diesen Angelegenheiten war er auf die finanzielle und militärische Unterstützung der deutschen Fürsten angewiesen, auf die er sich aber wegen des konfessionellen Konfliktes nicht vorbehaltlos verlassen konnte. Oder deren Beistand er sich teuer mit so manchem Kompromiss erkaufen musste.

Der zweite entscheidende Aspekt des Wahlkönigtums ist schlicht die Tatsache der Wahl. Der Kurverein zu Rense 1338 legte fest, dass die Königswahl keiner päpstlichen Bestätigung mehr bedurfte. Dies bedeutete die Loslösung der weltlichen von der geistlichen Macht und eine Verabschiedung von der Idee des Gottesgnadentums – bzw. eine Verlagerung seiner Legitimation. Der nächste entscheidende Schritt dazu ist die Goldene Bulle 1356, welche die Wahl des Königs durch sieben Kurfürsten (Kur = Wahl) festlegt. Die Wahl sollte in Frankfurt stattfinden, die Krönung in Aachen. Zugleich sollte dieser König erwählter römischer Kaiser sein. Ganz war also die alte Idee noch nicht aufgegeben, doch trat jetzt neben den Kaiser die nicht zu unterschätzende fürstliche Macht. Die sieben zu Kurfürsten Auserwählten sind die drei geistlichen Fürsten, nämlich die Erzbischöfe von Mainz, Köln und Trier, dann die vier weltlichen, Kurpfalz, Kurbrandenburg, Kursachsen und der König von Böhmen. Im 17. Jahrhundert ist die Kurwürde Böhmens auf Bayern übergegangen. Darüber hinaus wurde die Unteilbarkeit der Kurlande festgeschrieben, was einerseits natürlich Zwistigkeiten hervorrufen konnte zwischen dem erbberechtigten Erstgeborenen und anderen Interessierten; andererseits aber sicherte dieser Passus den Kurfürstentümern auf lange Zeit uneingeschränkte und unangefochtene

Macht. Im Verlauf der Reformationsgeschichte wird noch zu beobachten sein, welche Bedeutung dies vor allem im Blick auf Kursachsen hatte. Die Zusagen, die ein Kandidat seinen potenziellen Wählern im Falle seiner Wahl machte, wurden in einer Wahlkapitulation festgehalten. Auch Karl musste eine solche Wahlkapitulation unterzeichnen. Darin wurden die Privilegien der Kurfürsten als ganz und gar unantastbar bezeichnet, der Kaiser erklärte, er werde ihre Beschwerungen ohne Tadel oder Ungnade anhören, er werde keine Bündnisse mit fremden Nationen eingehen, er werde Krieg nur im Verteidigungsfalle führen und alle Reichstage auf deutschem Boden und in deutscher oder allenfalls noch lateinischer Sprache abhalten. Für die Reformationsgeschichte besonders wichtig ist der Passus, in dem zugesichert wird, jeder, dem die Reichsacht angedroht ist, müsste zuvor angehört und dürfte erst nach einem ordentlichen Prozess verurteilt werden. Eben dieser Passus nötigte Karl 1521, Luther in Worms auf Drängen des sächsischen Kurfürsten Friedrich des Weisen hin zum Verhör zu laden.

Zugleich entstand neben dem bestehenden Königtum und dem sich emanzipierenden Fürstentum eine dritte Kraft im Reich: die Städte. Ihre Entwicklung und Blüte verdankten sich einem schwunghaften Handel und einer wachsenden Wirtschaft, die aus den Hauptumschlagplätzen – zumeist zur Wahrung der Sicherheit Burgen – „bürgerliche" Plätze machten. Die so entstandenen oder auch an strategisch günstigen Stellen neu gegründeten Städte wurden mit zahlreichen Privilegien ausgestattet. Aus den Stadtrechten, zu denen die Regalien nicht gehörten, entwickelte sich später das Stadtregiment mit städtischem Gericht und städtischer Verwaltung. Bei der Besetzung der Ämter spielten Adelige oder wohlhabende Geschlechter eine nicht unbedeutende Rolle (Patrizier), mit denen die Zünfte und Gilden, also die Verbünde der Handwerker und Kaufleute, nicht selten in Interessenkonflikte gerieten, die in den meisten dieser Auseinandersetzungen eine Beteiligung am Stadtregiment erkämpften. Mit dem Streben nach mehr Freiheiten entstanden im Späten Mittelalter mehr und mehr freie Reichsstädte, die politisch autonom waren. Es wurden Städtebünde zum Schutz städtischer Freiheiten gebildet. Der Landfrieden von Eger 1389 beendete vorerst die selbstständige Politik der Reichsstädte, doch in den Ansätzen der Reichsreform unter König Maximilian, König aus dem Hause Habsburg seit 1486, kamen sie zu neuer Bedeutung.

Diese Reichsreform war nach etlichen Wirren und Machtkämpfen unabdingbar geworden. Das ehemalige Reich drohte endgültig zu zerfallen und an verschiedensten Fronten zerrieben zu werden. Dem wirkte erfolgreich Maximilian I. entgegen. Er, der auch der „letzte Ritter" genannt wird, betrieb die auch weiterhin so außerordentlich wirkungsvolle Hausmachtpolitik der Habsburger, die ihre beinahe unvergleichliche Weltstellung begründen sollte. Dies bewirkte eine starke Stellung des Königs innerhalb Europas und ermöglichte eine ebenso wirkungsvolle Politik nach innen. Maximilian ließ auf dem Reichstag zu Worms 1495 einen ewigen Landfrieden verkünden, der das Fehderecht beseitigte; das in Frankfurt, seit 1527 in Speyer ansässige Reichskammergericht wurde zur Kontrolle installiert und sollte alle Verfahren auf rechtlichem Wege klären. Ebenso wurden der Gemeine Pfennig, eine Art erste Steuer, erhoben und ein Reichsregiment eingesetzt, das in den Zeiten der Abwesenheit des Königs für Ruhe und Ordnung sorgen sollte. 1512 legte der Reichstag zu Köln die neue Reichsverfassung vor. Die oberste Gewalt stand demnach dem Reichstag zu, dessen Vorsitz der Kaiser hatte. Der Reichstag tagte getrennt in drei Kollegien: dem Kurfürstenkolleg, dem Fürstenkolleg und dem Kolleg der freien Reichsstädte. Die Beschlüsse wurden in Reichstagsabschieden formuliert, konnten aber oftmals nur mit einem Kompromiss zustande kommen, die den eigentlichen Dissens nicht beseitigten; deshalb zögerte sich der Beschluss solcher Abschiede und dann noch einmal deren Ratifizierung oft monatelang hin. Den Abschluss der Reform bildete die Reichsmatrikelordnung von 1521, schon nicht mehr unter Maximilian, sondern unter seinem 1519 gewählten Nachfolger Karl V. gefasst, die ein Verzeichnis über die Einkünfte aller Territorien darstellen sollte, das als Grundlage für Truppen- und Steuerleistungen galt.

Diese Reformen konnten aber letztlich nicht die kaiserliche Macht stützen und stärken, sondern dienten alles in allem den Souveränitätsbestrebungen der Fürsten und Städte und führten so zu einer Schwächung der das Mittelalter prägenden weltlichen Macht. Dem korrespondiert, dass der Staat nicht mehr theologisch, sondern nunmehr philosophisch begründet wurde. Der Berater des Habsburger-Gegners Ludwig des Bayern, Marsilius von Padua (1290–1343), entwarf schon im 14. Jahrhundert in seiner Schrift „Defensor pacis" eine Staatstheorie, die rein weltlich begründet war; sie forderte Souveränität des Volkes, die Trennung von Staat und Kirche sowie die Überordnung des Konzils über den Papst. Der konziliare Gedanke, der in der Reformation eine herausragende Rolle für die reformatorische Bewegung spielen sollte, ist dort grundgelegt. Die ständige Appellation der Protestanten an ein Konzil, und zwar an ein allgemeines und freies Konzil, an dem der Papst zwar durchaus teilnehmen, das er aber nicht einzuberufen und zu leiten hätte, hat seinen Grund genau in dem, was Marsilius im „Defensor pacis" überlegt. Immerhin aber wird der Herrscher noch als christlicher postuliert, als „gläubiger Gesetzgeber", ohne dass dies näher begründet werden müsste, und die Bindung an die Schrift als oberster Instanz auch für das weltliche Leben steht unfraglich vor allem anderen. Aber auch das ist im Späten Mittelalter nicht mehr selbstverständlich: Der Mann mit dem klingendsten Namen der Zeit, Giovanni Pico della Mirandola (1463–1494), entwarf ein Weltbild aus jüdischen, antiken und christlichen Elementen und konnte von dort aus so etwas wie ein – noch mit aller Vorsicht formuliert – Naturrecht entwickeln. Und Niccolò Machiavelli (1469–1527) lobte in seinem Werk „Il principe" einen absoluten Souverän, der sich in seinen Regierungsgeschäften an nichts als an seinen eigenen Verstand und seinen Vorteil halten soll – kein Zufall, dass dieses Büchlein bis heute zur Pflichtlektüre so mancher Politiker und so mancher Manager gehört. Der Staat war mithin in dieser uns beschäftigenden Zeit kein selbstverständlich christlicher mehr, die weltlichen Machthaber hatten sich nicht mehr notwendig an christliche Maxime zu halten.

Die politischen Umstände, in die hinein die Reformation als theologische Bewegung entsteht, sind also ein idealer Nährboden für sie. Das politische Klima ist bestimmt von unterschiedlichen Interessen, stellt eine Gemengelage dar aus vielfältigen Umbrüchen, die Unsicherheit einerseits und von traditionellen Werten losgelöste Neuorientierung andererseits provozierten und förderten. Würde man die Frage nach dem „Was wäre, wenn" stellen, müsste man wohl für die Reformation zum Ergebnis kommen, dass diese politischen Umstände mindestens begünstigend wirkten, wenn nicht gar an entscheidenden Punkten antreibend.

Dies gilt mutatis mutandis auch für den Umbruch auf der nächsten, nämlich der sozialen und wirtschaftlichen Ebene.

Die sozialen und wirtschaftlichen Umstände

Der zweite Umbruch, den wir an der Wende zum 16. Jahrhundert beobachten können, ist der im sozialen Bereich. Die das Mittelalter bestimmende Ständestruktur brach nach und nach auseinander. Das bereits erwähnte Aufblühen der Städte provozierte einerseits einen kulturellen Aufschwung; die bürgerliche Kultur entstand und löste die höfische allmählich ab. Es wurde aber nicht nur die höfische Kultur abgelöst, sondern überdies auch gewissermaßen „der Hof". Die Folge war eine Verarmung des Landadels, ein Niedergang des ritterlichen Ideals und des Rittertums überhaupt. Es entstand ein Raubrittertum, das die einstigen Ideale nunmehr ins Gegenteil verkehrte; nicht mehr der Schutz der vorbeireisenden Kaufleute war ihre Aufgabe, vielmehr wurden die Händler brutal überfallen und ausgeraubt. Ein zweiter Stand hatte unter der neuen Stadtkultur zu leiden: die Bauern. Obwohl ca. 80% der Gesamtbevölkerung auf dem Land lebte, dominierte in Kultur und Gesellschaft die Stadt, was einen ständigen Gegensatz provozieren musste. In dieser Zeit des sogenannten Frühkapitalismus löste die Geldwirtschaft die Naturalwirtschaft ab; der Übergang zu Spezialproduktionen, die sich nach der Nachfrage ausrichteten, schädigte die meisten auf alle Bereiche gleichermaßen (und das hieß: gleichermaßen ausreichend, aber wenig) gerichteten Höfe; die alten lehnsherrlichen Strukturen wurden nach und nach abgelöst von der Verpachtung, die aber aus den Hörigen nun nichts anderes als Leibeigene machte; dies gilt vor allem für den Nordosten des

Reichs. Ökonomische Ausbeutung und politische Unterdrückung kennzeichneten in den meisten Territorien die Situation der Bauern. Und schließlich und endlich gab es auch in den Städten schnell verarmende Schichten, ein städtisches Proletariat, Bettel und Hunger. Die Schere zwischen Arm und Reich ging immer weiter auseinander, es kam verstärkt auch schon im 15. Jahrhundert zu Aufständen, die nicht selten blutig niedergeschlagen wurden. Die Wiederentdeckung des Menschen durch die Renaissance ermöglichte es zwar noch nicht, Freiheit zu fordern, aber doch bestimmte Rechte zu formulieren. In aller, wirklich in aller Vorsicht kann man sagen, dass es erste zaghafte emanzipatorische Versuche gegeben hat, die Strukturen wenigstens zu erkennen und von dort aus zu hinterfragen. Wir müssen uns bewusst sein, dass selbst die Bauernaufstände des 16. Jahrhunderts oder die der Reichsritter in keiner Weise einem revolutionären Akt vergleichbar sind. Lediglich einige Rechte sollten durchgesetzt werden, die aber immer noch nicht das mittelalterliche System grundsätzlich infrage gestellt hätten.

Dennoch muss man aufgrund der politischen und sozialen Misssituation insgesamt konstatieren, wie verwundbar das System war, wie es brodelte und welch einem Pulverfass diese Lage gleichkam.

Renaissance und Humanismus

Diesem scheinbar düsteren Bild steht eine andere Entwicklung gegenüber. Denn die Welt war gerade dabei, ihre Eierschalen abzustreifen und mit staunenden Augen sich selbst wahrzunehmen. Sich, die Natur, die Menschen, die Texte. Dieser Umbruch im Welt- und Menschenbild ist noch viel zu wenig wahrgenommen und ausgewertet worden hinsichtlich seiner Ursachen und seiner Folgen, was nicht zuletzt daran liegt, dass er von der Reformation gewissermaßen überrollt und überholt wurde. Jedenfalls in Deutschland. In anderen europäischen Ländern – und zwar sowohl in solchen, in denen sich die Reformation durchgesetzt hat, als auch in solchen, in denen sie nicht solche Erfolge feiern konnte – kann man das Erbe dieses Umbruchs viel deutlicher und klarer erkennen, und dort hat es dann auch wesentlich dazu beigetragen, wie sich die Reformation entwickelte. Es ist festzuhalten: Die Welt wurde durch diese neue Perspektive auf den Kopf gestellt, Horizonte wurden durchbrochen, das Leben neu definiert.

Renaissance heißt übersetzt: Wiedergeburt. Wiedergeboren wurde im 15. Jahrhundert, ausgehend von Italien, das Menschenbild der Antike. Danach war der Mensch nicht mehr ausschließlich als Geschöpf Gottes und in Hinsicht auf seine Seele zu betrachten, sondern als Individuum, das aus Seele und Leib besteht. Einem Leib, den man anatomisch untersuchen kann, den man in wunderbaren und auch erotischen Farben schildern kann, den man nackt und losgelöst von biblischen Kontexten in seiner ganzen Perfektion und auch in seiner ganzen Hässlichkeit, eben in seiner gesamten Realität darstellen kann. Schaut man sich die Renaissancekunst eines Michelangelo, eines Raffael, eines Leonardo an, dann weiß man, was unter dieser Körperlichkeit zu verstehen ist. Die Texte eines Boccaccio, der mit seinem „Decamerone" nicht nur die erste Novellensammlung der Literaturgeschichte, sondern auch höchst erotisch-pikante Texte vorgelegt hatte, spiegeln etwas von dieser Lebensfreude und der Lust am Körperlichen wider; Francesco Petrarca hatte mit seiner begeisterten Naturschilderung so etwas wie den Anfang der Renaissance markiert; und Dante Alighieri verdeutlicht in seiner „Göttlichen Komödie" wie kaum ein anderer den Übergang vom Mittelalter zur Renaissance, denn mit der Schilderung von Hölle, Fegefeuer und Himmel ist er zwar noch ganz verhaftet in mittelalterlichen Vorstellungen, sein Führer durch diese Sphären ist jedoch ein antiker Schriftsteller, nämlich Vergil. Was dem Renaissancemenschen eignete, ist, so könnte man es vielleicht auf den Punkt bringen, der Mut zum Wagnis, über den eigenen Tellerrand hinauszuschauen. Er ließ sich von nichts und niemandem einengen, von keinem System, von keinen Traditionen. Die Freiheit der Kunst und der Wissenschaft war ihm oberstes Gebot.

Von daher ist es kein Zufall, dass in die Zeit der Renaissance auch bedeutende Entdeckungen fallen, von denen die bekannteste, vielleicht aber gar nicht einmal die weitreichendste die Entdeckung Amerikas im Jahr 1492 durch Christoph Kolumbus ist. Doch wird gerade an dieser Entdeckung das Aufsprengen des alten Weltbildes und der alten Horizonte deutlich. Das Treffen auf Kulturen, die von der europäischen doch sehr weit entfernt sind, war unter anderem auch eine theologische Herausforderung. Bedeutender gerade für unseren Zusammenhang sind indes zwei andere Entdeckungen. Einmal die Erfindung des Buchdrucks mit beweglichen Lettern durch Johannes Gutenberg in der Mitte des 15. Jahrhunderts. Der Buchdruck spielte für das Bildungs- und Unterrichtswesen eine immense Rolle, half aber natürlich einfach auch, die neuen Ideen mit einer ungeheuren Geschwindigkeit zu verbreiten. Wer weiß, was aus den Gedanken Luthers geworden wäre, wenn sie sich nicht rasend schnell durch Flugblätter und durch hohe Auflagen seiner ersten Schriften verbreitet hätten. Luther beklagte sich einmal heftig, dass ihm noch während des Schreibens die Blätter zum Druck unter der Hand weggerissen wurden, sodass er keine Möglichkeit hatte, das Geschriebene noch einmal durchzulesen. Wenn man das weiß, ergeben sich manche Aspekte der Interpretation ganz neu. Wichtiger aber noch ist, dass wir in der frühen Neuzeit von regelrechten Medienereignissen sprechen müssen, die über die engen territorialen, ja sogar die nationalen Grenzen hinaus Wirkungen erzielen konnten. Die zweite Entdeckung, die in unserem Kontext von immenser Bedeutung ist, war die aus griechischen Schriften gewonnene

Wiederentdeckung, dass die Erde eine Kugel und keine Scheibe ist, und die daraus entstehende Feststellung eines heliozentrischen Sonnensystems durch Nikolaus Kopernikus (1473–1543), die er 1543 veröffentlichte. Wer einmal „Das Leben des Galilei" von Bert Brecht gelesen hat, kann sich eine ungefähre Vorstellung davon machen, was an dieser Feststellung so revolutionär war: Nicht die Erde und auf der Erde die Kirche und in der Kirche der Papst standen im Mittelpunkt des von Gott geschaffenen Alls, sondern die Erde dreht sich um die Sonne. Das von der Kirche propagierte Weltbild geriet aus den Fugen, und ihre beinahe unangefochtene Machtposition war bedroht.

Dem entspricht eine weitere Verschiebung. Im Hohen Mittelalter galt Aristoteles als der Gewährsmann für eine lupenreine, klare wissenschaftliche Auseinandersetzung mit theologischen Themen. Seine Begrifflichkeiten und seine Methoden wurden in theologischen Streitfragen eingesetzt, um auch mit den „Heiden", also den Nicht-Christen, eine gemeinsame Gesprächsbasis zu haben. Die Scholastik als wissenschaftliche Methode, theologische Inhalte philosophisch-objektiv zu erfassen und darzulegen, bediente sich des griechischen Philosophen, während sie sonst in der Regel für die heidnische Antike kaum ein Interesse zeigte. Das änderte sich in der Renaissance. Jetzt hielten unter anderem Platon und Cicero Einzug in die Köpfe der Denker. Mit beiden kam über das inhaltliche Gedankengut vor allem auch die Verpflichtung zu geschliffenem Stil und zur Beherrschung der Sprache bis hin zu einer ausgefeilten und angewandten Rhetorik zu neuer Geltung. Das oft barbarische Küchenlatein des Mittelalters (dieser Begriff dürfte eine Verballhornung des Wortes „Kirchenlatein" sein) wurde überwunden, man pflegte das Lateinische in lange nicht mehr gekanntem Maße. Dazu kam die Wiederentdeckung des Griechischen, das, wie man schnell merkte, natürlich nicht nur eine Sprache heidnischer antiker Autoren war, sondern auch die Ursprungssprache des Neuen Testaments. Plötzlich wurde die jahrhundertelang, seit Kirchenvater Hieronymus im Gebrauch stehende lateinische Übersetzung der Bibel (die sogenannte Vulgata) als unbrauchbar dargestellt und Griechisch und Hebräisch gelehrt, damit man die Bibel in ihrer ursprünglichen Sprache lesen konnte. Die Aufforderung „Ad fontes" (zurück zu den Quellen) zeigt, dass man sich nicht auf Lehrstücke anderer allein verlassen wollte, sondern bemüht war, einen neuen Zugang zu Wissenschaft und Wahrheit zu finden.

Mit diesen letzten Bemerkungen ist schon das Feld der eigentlichen Renaissance verlassen; in der Philosophie und Theologie spricht man von Humanismus. Das, was sich hinter diesen beiden Begriffen verbirgt, ist nicht schlicht deckungsgleich, aber das Grundanliegen ist identisch. Der Humanismus setzte gewissermaßen die Ideen der Renaissance bzw. die Ideen, welche die Renaissancekunst begründeten, bildungspolitisch um. Man vertrat die Überzeugung, dass über die Bildung der Mensch wirklich Mensch werden konnte, dass aus unbehauenen Rohlingen

Menschen wurden, die fähig und willens waren, in der Gesellschaft Verantwortung zu tragen. Großes Gewicht wurde auf eine Lehre schon in den Schulen gelegt, die elementare Grundkenntnisse in den antiken Sprachen, in Grammatik, Mathematik und natürlich auch in den Heiligen Schriften vermittelte. An den Universitäten sollten ebenfalls mit einer vertieften Sprachkenntnis, mit Lektüre der antiken Autoren, der Kirchenväter und der Schrift selbst Grundlagen dafür geschaffen werden, dass Wissenschaft selbst verantwortet werden konnte und nicht traditionelles Gedankengut kritiklos hingenommen werden musste. Lorenzo Valla (1405–1457) war es, der diesen philologischen Humanismus begründete. Nicht zufällig entdeckte ausgerechnet er, dass die Konstantinische Schenkung eine Fälschung war; dieser Text hatte den Schenkungsakt aus dem Jahr 756, der den Kirchenstaat begründete, aus der Fränkischen Zeit Pippins um 400 Jahre zurück in die Zeit Kaiser Konstantins verlegt und damit nicht unwesentlich zu den Machtansprüchen des Papstes beigetragen: Schon Konstantin, der das Christentum aus der Verfolgungssituation zur staatstragenden Kraft emporgehoben hatte, hätte demnach vor dem damaligen römischen Bischof das Knie gebeugt – konnte es da irgendeinen Grund geben, dass nicht alle weltliche Macht einschließlich ihres höchsten Repräsentanten den Papst als Haupt über sich anerkannten? Und nun entdeckte ausgerechnet der Sekretär *des* Papstes (Nikolaus V.), der als erster Humanist auf dem Papstthron die bis heute berühmte Vatikanische Bibliothek gründete, dass dieses Dokument eine Fälschung war. Valla jedenfalls leitete mit seiner Entdeckung einen kritischen Umgang mit Dokumenten und Akten ein und provozierte ein gesundes Misstrauen gegen kirchliche Ansprüche und Behauptungen. Noch bedeutender auf lange Sicht war sein Vergleich der Vulgata, also des lateinischen Bibeltextes, mit dem griechischen Urtext, denn damit leitete er eine kritische Bibelwissenschaft und eine grundsätzliche Infragestellung der scholastischen Methode ein. Der Bibeltext selbst wurde wichtiger als die ihn interpretierenden Auslegungen, und es wurden Methoden entwickelt, sich diesen alten Texten ganz neu zu nähern.

Einer von denen, die eine solche Methode vorstellten und selbst nach ihr arbeiteten, war das ungekrönte Haupt der humanistischen Bewegung: der Niederländer Erasmus von Rotterdam, der eine immense Bedeutung auch für die Reformationszeit hatte. Er wurde irgendwann zwischen 1466 und 1469 als illegitimer Sohn eines Priesters geboren. Die Schulzeit verbrachte er in Gouda, bevor er 1487 ins Kloster eintrat. 1492 empfing er die Priesterweihe und wurde bereits im nächsten Jahr Sekretär des Bischofs von Cambrai. Die folgenden Jahre verlebte er als wahrer Kosmopolit. Reisen führten ihn nach Paris, England und Italien, er nahm Kontakt auf zu den gebildetsten Männern seiner Zeit. In diesen Jahren des Reisens entstanden wichtige Schriften, die Erasmus zu seiner Berühmtheit verhalfen. Bereits 1494/95 verfasste er die „Antibarbari", eine Art Programmschrift, in der er vor dem Untergang der Wissenschaften warnte und diese aus kirchlichen und politischen Zwängen zu befreien suchte. 1500 veröffentlichte er eine Spruchsammlung, in der er griechische und lateinische Sprüche interpretiert, und das in einer gnadenlosen Schärfe und Bissigkeit, die sein gesamtes weiteres Werk charakterisieren sollte. 1503 erschien ein für die Auseinandersetzung mit Luther wegweisendes Werk: das „Enchiridion militis Christiani". Von der Anlage her ein Fürstenspiegel, also ein Ratgeber, wie sich in diesem Falle ein christlicher Streiter recht zu verhalten habe, formulierte er hier Grundlegendes für eine theologische Anthropologie. Die Kernaussage lautete: Der Mensch ist mit Geist, Seele, Fleisch immer in der Entscheidungssituation, zum Tier oder zum Engel zu werden. Gibt er dem Fleisch nach, wird er zum Tier; lebt er dem Geist, wird er gleichsam göttlich. Zünglein an der Waage ist der freie Wille in der Seele, der ihn zum Fleisch oder zum Geist treibt, ihn also zum Tier oder zum Engel werden lässt. 1509 veröffentlichte Erasmus sein vielleicht schönstes Werk: das „Enkomion moriae sive Laus stultitiae", „Das Lob der Torheit". Provoziert durch den Nachnamen seines Freundes Thomas Morus schrieb Erasmus dieses Werk in nur wenigen Tagen auf dem Krankenlager nieder. Die „Laus stultitiae" ist boshaft, ungeheuer spritzig und leichtfüßig, geht gnadenlos ins Gericht mit allen Ständen und ihren je eigenen Dünkeln und entwirft so im Narrengewand das Bild einer besseren Welt. Einige wenige Illustrationen: Die Torheit, die ihr eigenes Lob spricht, indem sie andere verachtet, sagt über die Philosophen: „Doch es ginge noch an, wenn sie nur vor Staatsgeschäften dastünden wie der Esel vor der Harfe; aber ebenso linkisch benehmen sie sich bei jedem Anlaß im praktischen Leben. Lade einen Weisen zu Tische – er wird dir mit mürrischem Schweigen oder aufsässigem Gefrage alles versalzen. Nimm ihn zum Reigen mit – du siehst ein Kamel tanzen. [...] Muß er einkaufen, etwas verabreden, kurzum besorgen, was eben zum Alltag gehört, so steht er da wie ein Holzbock."[1] Mit den Theologen möchte sie sich am liebsten gar nicht erst befassen, „denn die Leute sind hochnäsig und empfindlich und reiten am Ende mit ihren Schlußsätzen schwadronenweise Attacke [...] beglückt von ihrer Einbildung tun sie, als wohnten sie im dritten Himmel, und sehen auf die übrige Menschheit wie auf Vieh [...] Sie verschanzen sich hinter einer so dichten Hecke von magistralen Definitionen, Konklusionen, Korollarien und Propositionen [...], daß auch die Netze Vulkans sie nicht zu fangen vermöchten. [...] Erst Fragen wie die folgenden halten sie [...] für wahrhaft würdig [...]: [...] Hätte Gott auch in die Gestalt eines Weibes, eines Teufels, eines Esels, eines Kürbisses, eines Kiesels eingehen können? Und wie würde dann dieser Kürbis gepredigt und Wunder gewirkt haben? Wie wäre er zu kreuzigen gewesen? [...] Kaum weniger glücklich als sie leben die Menschen, die sich fromme Brüder und Klosterleute nennen, wobei der erste Name so falsch ist wie der zweite [...] Zunächst gilt es ihnen als frömmster Gottesdienst, sich der

Wissenschaft so tapfer zu enthalten, daß sie nicht einmal lesen können. Dann glauben sie, den Ohren der Heiligen einen gar herrlichen Schmaus zu bieten, wenn sie ihre abgezählten, aber unverstandenen Psalmverse mit ihren Eselsstimmen in den Kirchen herunterplärren. [...] Wenn ein solcher Prediger auf der Kanzel deklamiert, wer wollte noch Komödianten oder Marktschreiern zuhören? Lächerlich ist es doch und allerliebst, wie sie die alten Rhetoren [...] nachäffen. Großer Gott, wie sie fuchteln, wie sie passend ihre Stimme variieren, wie sie trillern!"[2] Diese Attacke gegen die Schultheologie der Zeit verdeutlicht, warum lange Jahre Reformation und Humanismus Hand in Hand gehen konnten. Aber nicht nur die Schultheologie war erklärtes und beliebtes Angriffsziel des Erasmus; auch das Mönchtum seiner Zeit geriet unbarmherzig in seine Schusslinie. Erasmus selbst war bei den „Brüdern vom gemeinsamen Leben" in die Schule gegangen, eine Schule, die er als hart empfand und in der Rückschau für vieles Misslungene in seinem Leben verantwortlich machte, auch wenn er dort eine bestimmte Form von tiefer Christusfrömmigkeit und Nachfolgemystik gelernt haben dürfte, die ihn zeitlebens prägte. Schönstes Beispiel des Hasses auf das Mönchtum ist der Dialog „Der Abt und die gelehrte Frau", in dem ein Abt sich als tumber Tor erweist, der sich gegenüber den emanzipatorischen Versuchen der Frau damit brüstet, in seinem Kloster habe noch nie ein Mönch ein Buch gelesen; lediglich das Stundenbuch werde gelesen, und zwar in der Fassung, die auch die Gottesmutter Maria gelesen habe. Übrigens darf dieser Dialog nicht so sehr als Beispiel für einen humanistischen Vorstoß in Richtung Frauenemanzipation verstanden werden; es ging Erasmus weniger darum, die kluge Frau gegen den dummen Mönch gut dastehen zu lassen, sondern den dummen Mönch noch dümmer aussehen zu lassen, der sogar dümmer war als eine Frau! Nichtsdestoweniger war Erasmus' Bildungsziel durchaus revolutionär und emanzipatorisch: Jeder Bauer hinter dem Pflug sollte die Bibel lesen können, und in diesem Sinne setzte sich der Humanistenfürst für eine Übersetzung der Bibel in die Volkssprachen ein. Wichtiger als alles andere sei es, eine Bibliothek Christi in seinem Herzen zu haben. Damit dies aber gelingen könne, bedürfe es gut ausgebildeter Menschen, die diese Bibliothek für den einfachen Mann zusammenstellen können. Erasmus entwarf ein umfassendes Bildungsprogramm, zu dem das Erlernen der klassischen, antiken Sprachen ebenso gehörte wie eine gute Schulung in Grammatik und Rhetorik. In der „Ratio" von 1518, einer theologischen Methodenlehre, stellte er vor, wie man sich mit einem Bibeltext auseinandersetzen sollte: „Man überlege, von wem es gesagt wird, zu welcher Zeit, bei welcher Gelegenheit, mit welchen Worten, mit welcher Absicht; man überlege, was vorangegangen ist, was nachfolgt. Denn von der Erwägung und Erstellung dieser Gesichtspunkte hängt es ab, wie eine Stelle verstanden sein will. In diesen Dingen ist auch die Regel zu beachten, daß der Sinn, den wir aus dunklen Worten hervorlocken, mit dem geschlossenen Kreis der Lehre Christi übereinstimmt, übereinstimmt auch mit seinem Leben, übereinstimmt schließlich auch mit dem natürlichen Anstand."[3]

Von herausragender Bedeutung für die Reformationsgeschichte indes war seine Herausgabe des griechischen Neuen Testaments. 1516 erschien dieser Text, eine Revolution, löste sie doch beinahe endgültig die Vulgata ab. Vor allem aber diente sie Martin Luther für seine Übersetzung aus der Ursprache, wobei er Erasmus sogar bei einer kleinen Schwindelei entlarvt hatte: Erasmus wollte seinen griechischen Text schneller auf dem Markt haben, weil zu befürchten war, dass ein Konkurrenzwerk, die sogenannte „Complutensische Polyglotte" – wie der Name schon sagt, eine mehrsprachige Ausgabe –, eher erscheinen und ihm frühzeitig den Rang ablaufen würde. Daher übersetzte er am Ende einfach aus dem Lateinischen zurück ins Griechische. Für Luther, den nicht humanistisch Gebildeten, eine willkommene Gelegenheit, den scheinbar Klügeren bei dieser „Mogelei" ertappt zu haben. Über das komplizierte Verhältnis der beiden, Luther und Erasmus, werden wir noch genauer zu reden haben. Für den Augenblick soll der gravierende Unterschied zwischen Humanismus und Reformation auf folgenden Satz zugespitzt sein: Während Erasmus die Wissenschaften vor den Verfehlungen der Kirche zu retten bemüht war, wollte Luther die Theologie vor einer diese nicht in ihrer Tiefe verstehenden Kirche retten.

Dennoch war es zunächst und vor allem der Humanismus, der wie ein feines Netzwerk Europa überzog und mit seinen neuen Ideen mindestens den Boden bereitete für das, was dann die Reformation zu bieten hatte. In England können wir an John Colet (1467–1519) und vor allem an den bereits erwähnten Thomas Morus denken. Der entwarf mit seinem Werk „Utopia" ein modernes Staatsgebilde, dessen Grundlagen Gemeinsinn und Toleranz sind; da der von ihm beschriebene Ort aber dem Namen nach ein „Unort" war und der Reisende, der von diesem Unort erzählt, dem Namen nach ein „Lügenredner", entzog sich Morus jeglichem ernsthaften Zugriff und jeder schädigenden Kritik. Für Frankreich sind Faber Stapulensis (um 1450–1536), der 1523 das Neue Testament übersetzte, und der Satiriker Rabelais (1495–1553) zu nennen. Auf dem Boden des Deutschen Reiches bemühte sich früh Rudolf Agricola (1444–1485) um eine Reform der Lateinschulen, die dann wiederum übergriff auf die Universitäten. Johannes Reuchlin (1455–1522) kämpfte für das Erlernen des Hebräischen und des Griechischen, damit die Bibel in rechter Weise interpretiert werden könne. Dies verwickelte ihn in einen Kampf mit den Kölner Dominikanern, insbesondere mit einem bekehrten Juden, Johannes Pfefferkorn. In der daraus entstehenden sogenannten Reuchlinistenfehde griffen die involvierten Humanisten zu einem literarischen Mittel, das in der Folgezeit den Stil der Auseinandersetzung auch auf anderen Ebenen bestimmen sollte: die Satire. In den Dunkelmännerbriefen wurden Argumente Pfefferkorns in dem denkbar

1 Der Papst und seine Gehilfen in Tiergestalt, um 1521

schlechtesten Latein nacheinander vorgebracht und entlarvten sich selbst als unsinnig. Auch die Flugblattliteratur, die weitgehend für die Verbreitung reformatorischen Gedankenguts sorgte, benutzte satirische und karikaturistische Mittel, um die Botschaft an den Mann und die Frau zu bringen. Das hier abgebildete Flugblatt (s. Abb. 1) zeigt Papst Leo X. als Löwen (leo = lat. „Löwe") und seine hilfreichen Theologen, die sich allesamt literarisch heftig mit Luther auseinandersetzten, ebenfalls als Menschen mit wenig schmeichelhaften Tierköpfen: Der Franziskaner Thomas Murner wird als Katze dargestellt, die eine Maus frisst, Hieronymus Emser aus Leipzig begegnet als Ziegenbock, Johannes Eck aus Ingolstadt als Schwein und der Tübinger Jakob Lemp als Hund.

Der bekannteste deutsche Humanist ist sicher der aus Bretten stammende Philipp Melanchthon (1497–1560), der als Lehrer für Griechisch und Hebräisch 1518 an die erste in diesem humanistischen Sinne gegründete Universität Deutschlands nach Wittenberg berufen wurde. Hier lernte er Martin Luther kennen, dessen engster Vertrauter und Berater er in der Folgezeit werden sollte. Ulrich Zwingli und Johannes Calvin sind im humanistischen Geist erzogen worden, und viele Theologen und auch Juristen, die der Reformation eine politische Heimat bereiteten, waren humanistisch gebildet. In der jüngeren Forschung spielt der Einfluss des Humanismus auf das Entstehen und Werden der reformatorischen Bewegung zu Recht verstärkt eine Rolle, und es kann mit Fug und Recht behauptet werden, dass die beiden Bewegungen enge Berührungspunkte aufweisen. Denn Renaissance und Humanismus boten gegenüber den traditionellen, mittelalterlichen Strukturen viel reformerisches, vielleicht sogar revolutionäres Potential. Vor allem die Scholastik-Kritik nimmt in den humanistisch geprägten Texten einen breiten Raum ein, denn diese Weise, Theologie zu treiben, wurde als nicht wissenschaftlich und schon gar nicht als christlich angesehen. Den reformatorischen Ideen bereitete insbesondere die Konzentration auf die Originalquellen, zu denen auch die Heilige Schrift zählte, einen fruchtbaren Boden. Auch wenn die Kritik der Reformation eine andere werden sollte und letztlich in eine ganz von Renaissance und Humanismus unterschiedene Richtung ging, muss man doch wahrnehmen und vor allem in der Forschung noch stärker, als bisher geschehen, einbeziehen, wie eng verflochten diese beiden Bewegungen, Reformation und Humanismus, über weite Strecken hin waren.

Die Kirche der Altgläubigen und die Frömmigkeit

Die reformatorischen Ideen mussten früher oder später aus dem vorgegebenen Gerüst ausbrechen und ein neues System an die Stelle des alten setzen, während Renaissance und Humanismus innerhalb des Systems die Schäden zu reparieren versuchten. Das wird deutlich, wenn nun über die Kirche der Zeit zu sprechen ist, die in Aufnahme der zeitgenössischen Terminologie nicht die „Kirche der Katholiken" oder „katholische Kirche", sondern die „Kirche der Altgläubigen" oder einfach „die Kirche" zu nennen ist; es ist darauf zu achten, dass es Konfessionsbezeichnungen zu dieser Zeit natürlich noch nicht gegeben haben konnte, weil es keine Konfessionsspaltung gab.

Das herausragende Merkmal der Kirche der Zeit ist sicherlich mit dem Stichwort „Renaissancepapsttum" verbunden und weist uns schon darauf hin, dass die Kirche es sehr wohl verstand, das Neue zu eigenen Zwecken und zum eigenen Nutzen einzubinden. Die Päpste des 15. und 16. Jahrhunderts liebten die Kunst, den Prunk und weniger ein demütig-christliches Leben. Sie hatten Konkubinen und eine Reihe illegitimer Sprösslinge; sie feierten prunkvolle Feste, mischten sich in alle möglichen und unmöglichen politischen Händel ein; und sie gaben das Geld der Gläubigen für prachtvolle Bauten und unsterblich gewordene Kunstwerke aus. Dafür sind unter anderem die Gemälde der Sixtinischen Kapelle und der Neubau des Petersdomes in Rom die eindrücklichsten Beispiele. Daneben wurden andere Aufgaben der Kirche, namentlich im pastoralen Bereich, zu wenig beachtet und verschwanden geradezu hinter diesem Erscheinungsbild der Kirche. Die theologische und sittliche Verwahrlosung des niederen Klerus tat ein Übriges dazu. Während der höhere und ausgebildete Klerus entweder im Reichtum schwelgte oder sich intensiv um theologische oder sonstige Studien kümmerte, überließ er die Seelsorge und die Predigt häufig Vikaren, die in keiner Weise für diesen Dienst zugerüstet waren. Die Konzentration auf die Eucharistie und das häufige Messelesen waren daher nicht so sehr theologisch begründet und keine Tugend, sondern Ausdruck einer Not: Die meisten Priester konnten nichts anderes. Das wiederum gab Volkspredigern Gelegenheit, allerlei durch kirchliche Lehre nicht unbedingt gedeckte Inhalte zu verbreiten. Ein neues Tor für Häresie und Ketzerei war geöffnet worden. Wenn dieses Problem auch nicht unbedingt ein neues für die Kirche war, so wurde es doch in ungeahnter Weise relevant, als die Gläubigen etwa in wirtschaftlichen Notzeiten nach Antworten suchten. Auch die Klöster, die früher als Bildungsanstalten fungierten und oft theologische Lehre und theologische Praxis auf förderliche Weise miteinander verbanden, schufen hier keine Abhilfe.

Oft hatten die Bischöfe, um Künstler zu unterstützen oder Ämter zu kaufen, sehr viele Schulden. Die Geldwirtschaft erlaubte es, in großem Stil Schulden zu machen. Das Bankhaus der Fugger in Augsburg gehörte zu den einflussreichsten Geldgebern der Zeit, zu seinen Kunden zählten die wichtigsten und bedeutendsten weltlichen und geistlichen Fürsten der Zeit. Aber auch hier begegnen zwei Seiten einer Medaille, denn mit den erwirtschafteten Erträgen unterstützten die Fugger die Armen und Benachteiligten; die Fuggerei ist heute noch eine Sozialsiedlung, in der Menschen mit wenig finanziellen Mitteln ein sauberes und den Umständen entsprechend gemütliches Zuhause geschenkt wird. Zu den Kunden des Bankhauses gehörte auch der Erzbischof von Mainz, Albrecht, der sich die Kardinalswürde erkaufen wollte. Um sein Ziel zu erreichen und in großem Maße sein Scherflein zum Bau des Petersdomes beizutragen, ließ er einen der wirkungsvollsten Ablassprediger durch seine Territorien reisen: Johannes Tetzel.

Das Geldproblem war eines der heftigsten der Zeit. In diesem Kontext, wenn auch nicht ausschließlich in diesem, ist es zu sehen, dass Frömmigkeitsformen zunahmen, die nicht nur dem Seelenheil dienen sollten, sondern zudem dem Zuwachs im Geldsäckel. Auch dieses Phänomen muss von mindestens zwei Seiten aus betrachtet werden. Es ging hier nicht um Ausbeutung und Verdummung des gläubigen Volkes, wie dies gerne schon in der zeitgenössischen Polemik, aber natürlich auch in der späteren, kirchenkritischen Wahrnehmung gedeutet wurde. Sondern etwas, von dessen Richtigkeit und theologischer Legitimität man ohnehin überzeugt war, wurde genutzt und fruchtbar eingesetzt. Die Gläubigen waren nicht so sehr die dummen Schafe. Vielmehr waren sie die zufriedenen Schafe, die das, was sich da abspielte, für genauso richtig hielten wie diejenigen, die ihnen diese Angebote machten. Es war keineswegs so, dass sich die Kirche Neues ausgedacht hätte, um die Schatztruhen zu füllen; lediglich wurde das Altbewährte und Bekannte gesteigert. So nahmen Wallfahrten und Bußzüge zu, die angesichts einer nahen Endzeiterwartung sehr nützlich werden konnten für das Seelenheil. Und es wurde ein florierender Reliquienhandel betrieben. Jeder Splitter eines Backenzahnes eines echten oder eines vermeintlichen Heiligen wurde zur Verehrung bereitgestellt; dass so etwas natürlich auch absurde Züge haben konnte, wird schnell deutlich, wenn man sich nur einmal einen kleinen Ausschnitt aus dem Wittenberger Heiltumsbuch vor Augen führt, das neben vielen anderen folgende Reliquien der Allerheiligenkirche aufführt: „Von der Stätte, da die Jungfrau Maria geboren ist, eine Partikel; von etlichen Fäden, die sie gesponnen hat, eine Partikel; vom Haus, darin sie gewohnt hat, als sie vierzehn Jahre alt war, eine Partikel; von der Stelle des Berges Zion, unter dem Maria gewohnt hat, zwei Partikel; von der Kammer, da Maria von dem Engel gegrüßt wurde, zwei Partikel; von der Milch der Jungfrau Maria fünf Partikel; von dem Baum, da Maria den Herrn gesäugt hat, bei dem Balsamgarten, eine Partikel; von den Haaren Marias vier Partikel; von dem Hemd Marias drei Partikel; vom Rock Marias drei Partikel; von anderen Kleidern Marias acht Partikel; von dem Gürtel Marias vier Partikel; von den Schleiern Marias sieben Partikel; vom Schleier Marias, besprengt mit dem Blut Christi unter dem Kreuz, zwei Partikel; von der Stelle, wo Maria gestorben ist, eine Partikel; [...] von der Stelle, wo der Herr Jesus geboren ist, vier Partikel; von den Tüchlein, darin er gebunden war, eine Partikel; von der Krippe Jesu dreizehn Partikel; von der Wiege eine Partikel; [...] von der Stelle, wo Christus das Vaterunser gepredigt hat, zwei Partikel; vom Stein, von welchem aus Christus auf den Esel gestiegen ist, eine Partikel [...] Summa summarum aller Partikel: 5005 Partikel. Für jede Partikel 100 Tage Ablass. Es sind acht Gänge. Jeder Gang hat in Sonderheit 100 Tage und einen vierzigtätigen Ablass. Selig sind, die daran teilhaben."[4] Insgesamt, so wird geschätzt, dürfte Luthers Landesherr, Friedrich der Weise (1463–1525), an die 19000 Reliquien gesammelt haben, die alle zu sehen oder gar zu berühren umgerechnet etliche hunderttausend Jahre Ablass beschert hätten – angesichts der Ewigkeit natürlich nichts, aber immerhin besser als gar nichts.

Solche Reliquien ließen sich zudem bestens vermarkten. So gab es im Späten Mittelalter nicht nur einen – um es etwas respektlos so zu nennen – Reliquientourismus; sondern es gab vor allem auch einen schwungvollen Ablasshandel, welcher der Kirche außerordentlich gutes Geld einbrachte. Nun war der Ablass keine Erfindung dieser Zeit, sondern es gab ihn in der Geschichte und Praxis der Kirche schon lange. Neu und problematisch waren jetzt aber verschiedene Elemente, die das ganze Unternehmen auf theologisch äußerst bedenkliche Füße stellten. Der Ablass gehört zum mittelalterlichen Bußwesen ganz selbstverständlich dazu; danach besteht die Buße aus drei Teilen: 1. der Zerknirschung des Herzens: der Reue (contritio cordis), 2. dem Bekenntnis mit dem Munde: der Beichte (confessio oris) und 3. der Genugtuungsleistung durch ein gutes Werk (satisfactio operis). Im Kontext der Beichte war dem Priester die Vollmacht gegeben, auf der Basis der verhängten Bußstrafe einen Strafnachlass zu gewähren. Dabei verstand sich dieses Bußwerk als Ausdruck der Reue, also des wichtigen und unaufgebbaren ersten Schrittes. Insofern konnte nur die persönliche Reue des Büßers auch eine Absolution nach sich ziehen. Die mittelalterliche Theologie hatte aber im Laufe der Jahrhunderte eine Lehre entwickelt, die wesentliche Elemente dieses Verständnisses ad absurdum führte, nämlich die Lehre vom Gnadenschatz, vom Schatz der Verdienste (thesaurus meritorum). Diese besagte: Jesus Christus selbst und unzählige Heilige haben so viel gutes Werk verrichtet, dass sie selbst gewissermaßen im Übermaß heilig waren; ihr Verdienst hätten sie selbst in keiner Weise aufbrauchen können. Daher sei aus ihren Verdiensten ein Schatz im Himmel angesammelt, aus dem nun geschöpft werden könne für alle diejenigen, die selbst nicht oder nicht mehr in der Lage seien, gutes, verdienstliches Werk zu verrichten. Den Schlüssel zu diesem Schatze habe die Kirche in der Hand, die nach Ableistung bestimmter Vorleistungen aus diesem Schatz an die in welcher Weise auch immer Suchenden und Fragenden verteilen könne. An dieser Lehre kann man zweierlei entdecken. Einmal, welch merkwürdige Vorstellung einer solchen Idee zugrunde liegt: Als ob Gott am Jüngsten Tag mit einer Rechenmaschine addierte und subtrahierte, die roten Zahlen mit den schwarzen verrechnete und Himmel oder Hölle, ewiges Leben oder ewige Verdammnis als Ergebnis dieser niederen Mathematik verkündete. Und dann, dass sich über den Gnadenschatz auch ohne Reue und ohne Genugtuungswerk Absolution erlangen ließ. Damit konnte auch für Verstorbene Ablass erworben werden. Beispiel: Wer gerne einen Freund oder Verwandten vorzeitig aus den Qualen des Fegefeuers retten wollte, konnte dies tun; und wer keine Lust hatte, dafür eine entsprechende Anzahl Gebete zu sprechen, kaufte sich eine Bescheinigung zum Gegenwert der sonst abzuleistenden Gebete. Reue über seine Tat war nicht nötig. Das geflügelte Wort „Wenn das Geld im Kasten klingt, die Seele in den Himmel springt" trifft beide Elemente sehr genau. Dass dieser Ablasshandel funktionieren konnte, liegt daran, dass sich entsprechend der mittelalterlichen Vorstellung von Gnade auch die Vorstellung von der Zeit nach dem irdischen Tod entwickelt hatte. Es stand die Frage im Raum, was eigentlich in der Zeit zwischen dem individuellen Tod und dem Tod der ganzen Welt, dem das Jüngste Gericht als Hürde vorstand, geschieht. Die mittelalterliche Theologie installierte als Antwort auf diese Frage nach dem individuellen Tod das Partikulargericht, das der Seele ihren (bis zum Jüngsten Gericht vorübergehenden) Ort nach dem unmittelbaren Ableben zuwies. Als Droh- und Lockmittel zugleich entstand dabei die Lehre vom Fegefeuer, das – wie das lateinische Wort „purgatorium" verrät – als Läuterungsort, als Ort der Reinigung gedacht war; hier hatte die Seele noch einmal die Chance, das nachzuholen, was sie auf der Erde versäumt hatte, um dann beim Endgericht zu bestehen. Aus diesem Fegefeuer konnte man Seelen ursprünglich einmal durch heftige Fürbitte gewissermaßen freibeten, jetzt durch Ablassbriefe freikaufen. Das Fatale an diesem System des Ablasses war, dass es im Grunde auch und sogar die traditionellen Vorstellungen ad absurdum führte, weil nun die Seligkeit nicht einmal mehr durch gute Werke erarbeitet werden musste, sondern erkauft werden konnte. An dieser Praxis regte sich heftiger Widerstand zunächst aus den Humanistenkreisen, dann aber auch in der angestachelten Bevölkerung, die das gepredigte Armutsideal und die reiche Realität der Kirche nicht in Einklang bringen konnten. Jeder Zusammenhang von Person und Werk war aufgebrochen. Für unseren Kontext und unsere Frage nach dem theologischen Proprium der Reformation wird zu beachten sein, dass es dieses Auseinanderbrechen von Person und Werk war, das Luther so maßlos erregt hat, nicht so sehr die Vermischung von pekuniärem und seelsorgerlichem Aspekt. Natürlich auch dies, aber – wie wir noch an den Ablassthesen sehen werden – erst in zweiter Linie.

An einer Musterpredigt zum Ablass soll diese unglückselige Verquickung von Heilsangst, Finanzinteressen und kirchlicher Macht deutlich werden. Dass sie von Tetzel stammt, ist wahrscheinlich, aber nicht sicher, jedenfalls dürfte sie aus seinem zeitlichen und geographischen Umfeld kommen. „Deine Kirche ist zur Peterskirche in Rom, und deine Priester sind zu apostolischen Pönitentiaren gemacht worden. Die [hiesigen] Kirchen sind nämlich wie jene sieben Kirchen in Rom zur Vergebung aller Sünden bestimmt. Die sieben Altäre sind wie jene sieben, die in Sankt Peter sind, wo die vollkommene Vergebung gewährt wird. Also was überlegst du? Was säumst du, dich zu bekehren? Warum vergießt du jetzt in dieser Zeit keine Tränen um deine Sünden? Warum beichtest du nicht jetzt vor den Stellvertretern unseres allerheiligsten Herrn Papstes? Hast du nicht das Vorbild von Laurentius, der die übergebenen Schätze, die er hatte, aus Liebe zu Gott ausgeteilt hat und seinen Leib dem Feuer übergeben hat? Nimmst du nicht von Bartholomäus, Stephanus und anderen Heiligen das Vorbild, die den grausamsten Tod um des Seelenheils willen gerne gewollt haben? Und du gibst nicht nur keine unermesslichen Schätze, sondern nicht einmal ein mäßiges Almosen. Sie haben ihre Körper zur Marter hingegeben, du aber verschmähst nicht Genüsse und Lust. Du Priester, du Adliger, du Kaufmann, du Weib, du Jungfrau, du Verheiratete, du Jüngling, du Greis, gehe doch hinein in deine Kirche, die, wie gesagt, St. Peter ist, und besuche das allerheiligste Kreuz, das für dich aufgerichtet ist, das dich ununterbrochen laut ruft […] Bedenke, dass du auf dem tobenden Meer dieser Welt in so wildem Sturm und so großer Gefahr bist und nicht weißt, ob du zum Hafen des Heils gelangen kannst […] Du sollst wissen: Wer gebeichtet hat und zerknirscht ist und Almosen in den Kasten legt, wie ihm der Beichtvater rät, der wird vollkommene Vergebung aller seiner Sünden haben und auch nach der Beichte und nach dem Jubeljahr an jedem Tag, an dem er das Kreuz und die Altäre besucht, den Ablass erlangen, wie wenn er in der Kirche von St. Peter jene sieben Altäre besuchen würde, wo der vollkommene Ablass gewährt wird. Was steht ihr also müßig? Laufet alle zum Heil eurer Seele! Sei rasch und besorgt um das Seelenheil, wie um zeitliche Güter, wovon ihr weder Tag noch Nacht ablasst. […]

Hört ihr nicht die Stimme eurer toten Eltern und anderer Verstorbener, die schreien und sagen: Erbarmt, erbarmt euch doch meiner, weil die Hand Gottes mich berührt hat. Wir sind in schlimmster Strafen und Pein, wovon ihr uns mit wenigen Almosen erretten könntet, und doch nicht wollt.' [...] Ihr könnt jetzt Beichtbriefe haben, durch deren Kraft ihr im Leben und in der Todesstunde und in den nicht vorbehaltenen Fällen sooft wie nötig den vollkommenen Nachlass der für die Sünden schuldigen Strafen haben könnt. [...] O, ihr Kritiker, ihr Verleumder und alle, die ihr dieses Werk hindert auf direkte oder indirekte Weise, wie übel steht es mit euch; Ihr seid außerhalb der Kirchengemeinschaft! Keine Messen, keine Predigten, keine Gebote, keine Sakramente, keine Fürbitten helfen euch. Keine Äcker, keine Weinberge, keine Bäume und kein Vieh tragen ihre Frucht, Weine und Spirituosen werden trocken und verdorrt [...]."[5]

Dieses System konnte natürlich nur funktionieren, weil es Adressaten in diesem System gab, die darauf eingingen. Nun haben wir schon festgestellt, dass wir es nicht so sehr mit dummen als vielmehr mit zufriedenen Schafen auf der Seite der Gläubigen zu tun haben, denen das System alles bot, was sie brauchten und wollten: Heilssicherheit. Eine Predigt wie die gerade dargebotene machte Eindruck und hinterließ tiefe Spuren in den Herzen der Hörenden, und die Bereitschaft, sich über den Kauf eines Ablassbriefes Seelenheil zu garantieren, war groß. Die wirtschaftlichen Krisen, die Epidemien, zu einem Teil auch eine unbestimmte Angst vor einer Jahrhundertwende, die zudem ein halbes Jahrtausend abschloss, diffuse apokalyptische Vorstellungen und das vor Augen, was einem drohen konnte, wenn man unvorbereitet und der Sünden voll vor dem Weltenrichter steht, wovon Altarmalereien und Weltgerichtsszenen beredt Auskunft gaben – dies alles steigerte eben diese Bereitschaft. Die Menschen wollten keine komplizierten theologischen Systeme durchschauen, sondern sie wollten einfache Antworten auf die letzten Fragen. Und die bekamen sie. Daher kam die Kritik an diesem Angebot auch nicht von ihnen. Sie kam aus den Kreisen derer, die im System beheimatet waren und durch Kenntnis der Bibel Zweifel an dessen theologischer Richtigkeit hatten.

„Vorreformatorische" Bewegungen

Weder Humanismus noch Reformation waren die ersten, denen die gerade beschriebenen Missstände in der Kirche aufgefallen sind. Es gab immer schon und immer wieder den Ruf nach Reformen in der Kirche, insbesondere zu dem Zeitpunkt, als Europa vom großen abendländischen Schisma, das von 1378 bis 1415 andauerte, erschüttert war. In diesem war es zu der grotesken Situation gekommen, dass die Kirche plötzlich drei Päpste hatte, die alle von sich behaupteten, rechtmäßig auf dem Stuhle Petri zu sitzen: einer in Rom, einer in Avignon und ein dritter, der gewählt wurde, nachdem man – eigentlich um die Schwierigkeiten zu beseitigen – beide abgesetzt hatte. Es war klar, dass diese Situation haltlos war, denn die Glaubwürdigkeit der Kirche stand auf dem Spiel. Die Frage wurde gestellt, ob überhaupt der Papst, der römische Bischof, legitimerweise das Oberhaupt der Kirche genannt werden durfte oder ob andere Organisationsformen dem christlichen Ursprung in der ersten Kirche näher kamen. So forderten besonders die Konziliaristen, also diejenigen, die nicht im Papst, sondern in einem Konzil eben diese ursprünglichere Form erblickten, eine Reform der Kirche an Haupt und Gliedern (reformatio ecclesiae in capite et membris). In drei Reformkonzilien sollten nicht nur das Schisma beseitigt und umfangreiche Reformen eingeleitet werden (causa unionis: die Forderung nach Einheit und causa reformationis: die Forderung nach Reform), sondern zugleich die grundsätzliche Frage nach Konziliarismus oder Papalismus geklärt und über neue, häresieverdächtige theologische Ideen beraten werden (causa fidei: die Forderung, über Angelegenheiten des Glaubens zu entscheiden). Wichtig in unserem Zusammenhang ist Folgendes: die Vorstellung, der römische Bischof sei das Oberhaupt der Kirche, dem zu gehorchen und in Glaubensdingen zu folgen war, hat sich in diesem Prozess durchgesetzt. Die alternative Idee, ein Konzil habe diese vorrangige Stellung in der Kirche inne, ist damit aber lange nicht erledigt gewesen. In der faktischen Realität der Kirche hat sich also der Papalismus behauptet. Der Konziliarismus indes und die damit verbundenen Forderungen nach umfassender Reform blieben mehr oder weniger offen lebendig. Der immer wieder mit aller Vehemenz geäußerte Wunsch der Reformatoren, ein Konzil möge die strittige Glaubenssache lösen, hat hierin seinen historischen Grund.

Ebenso wichtig für den die Reformation günstig vorbereitenden Boden sind zwei Bewegungen, die sich mit den Namen Jan Hus und John Wyclif verbinden. Beide Namen stehen für eine große und wirkungsvolle Reformbewegung, die durchaus Elemente enthielt, auf die wir in der Reformationszeit erneut stoßen werden; so wurde Luther mehrmals vorgeworfen, ein Hussit zu sein. Jan Hus (ca. 1370–1415) hatte seine Ideen an die des Oxforder Theologieprofessors John Wyclif angelehnt. Diese hatte er durch Studenten, die in Oxford studiert hatten und nach Prag zurückgekehrt waren, kennengelernt und in seine eigenen Reformbestrebungen integriert. Im Kontext von Universitätsstreitigkeiten gelangte Hus zu Ansehen und Einfluss und damit verstärkt zu der Möglichkeit, diese Ideen zu verbreiten. Da nun Wyclif bereits wegen seiner scharfen Kirchenkritik den Kirchenoberen mitten in den anderweitigen Konflikten äußerst ungelegen kam und als persona non grata galt, geriet Hus selbst in den Strudel der Verdächtigungen. Seit etwa 1410 bekam das Vorgehen gegen Hus Züge einer Ketzerverfolgung. Wyclifs Schriften wurden öffentlich verbrannt, in Prag kam es zu Unruhen; und als Hus den nicht gerade als diplomatisches Meisterstück einzuschätzenden Versuch machte, Wyclifs Verurteilung zum Ketzer mit einer entsprechenden Eingabe in Rom anzufechten, traf ihn 1411 ebenfalls der päpstliche Bann. Dieser zwang ihn zur Flucht, bis dann das Konstanzer Konzil – eines der Reformkonzilien, die dem abendländischen Schisma Herr werden sollten – den Fall erneut aufrollte, Hus vorlud – und sich buchstäblich brennend für seine Ideen interessierte: Hus wurde 1415 trotz der Zusicherung des freien Geleits in Konstanz verbrannt. Nachdem die Verurteilung der Lehren Wyclifs als häretisch bestätigt und erneuert wurde, eigentlich ein logischer Schritt, obwohl Hus alles in allem wesentlich gemäßigter war als sein Oxforder Kollege. Jedenfalls wurde an Hus das Exempel statuiert, das an Wyclif nicht mehr statuiert werden konnte, weil er bereits 1384 gestorben war. Doch weder der Tod Wyclifs noch die Verbrennung Hus' ließen die Ideen sterben, für die beide standen. Sie lebten in den Reformanhängern fort, die unter verschiedenen Namen begegnen: Taboriten (eine eher apokalyptisch orientierte Gruppe, deren Ideen in hussitischen Reformkreisen weiterlebten, die sich nach 1450 zu den Gemeinden der Böhmischen Brüder zusammenschlossen) und Utraquisten bzw. Calixtiner (die so heißen, weil sie Forderung nach der Darreichung des Abendmahls unter beiderlei Gestalt – sub utraque specie –, d. h. mit dem Kelch – lateinisch „calix" – vehement vertraten).

Die Gefahr, die von Wyclif und Hus für das Selbstverständnis der römischen Kirche ausging, kann man sich am eindrücklichsten vergegenwärtigen, wenn man sich die vier Artikel anschaut, welche die Hussiten 1420 im Sinne des gerade in Rauch aufgegangenen Hus verfasst haben und die man so etwas wie den Bekenntnistext der Bewegung nennen darf. Dort heißt es: „Daraus ist das erste Stück, dass das Wort Gottes, soweit das Königreich Böhmen reicht, frei und ungehindert von den Priestern Jesu Christi gepredigt und verkündet werde [...] Das zweite Stück ist, dass der Leib unseres Herrn Jesu Christi in Gestalt des Brotes und sein heiliges Blut in Gestalt des Weines allen gläubigen Christen, die das begehren und nicht durch Todsünden davon ausgeschlossen sind, uneingeschränkt und ungehindert gereicht werden sollen [...] Das dritte Stück ist, dass die weltliche Herrschaft über die zeitlichen Schätze und Güter der Priesterschaft, die sie entgegen dem Gebot Christi und zum Schaden der priesterlichen Würde und der weltlichen Herrschaft besitzt, genommen und befreit werde und dass das Priestertum zur Ordnung und zum Leben zurückgebracht werde [...] Das vierte Stück [ist], dass alle Todsünden, vor allem der Umgang mit Huren, die Sünden und jeder Verstoß gegen das Gesetz Gottes in jeder Hinsicht von den Amtsträgern, die vom Gesetz Christi her dazu verpflichtet sind, gründlich und bewusst vernichtet und beseitigt werden. [...]"[6] Diese offensichtliche Kritik an der bisherigen Praxis und den sie begründenden hierarchischen Strukturen war in dieser Form neu und gefährlich.

Dass Luther in ähnlicher Weise eine Konzentration auf und einen freien Gebrauch der Heiligen Schrift forderte, das Abendmahl aus der Gefangenschaft des Gebrauchs sub una specie befreien wollte, die Ablasspraxis monierte und eine Unterscheidung der beiden Gewalten betonte, liegt auf der Hand und lässt erahnen, in welchen Umgang er sich mit seinen Äußerungen brachte. Andererseits müssen doch auch deutlich die Unterschiede beachtet werden, die es schwierig erscheinen lassen, wirklich von „Vorreformation" zu sprechen. Wyclif und Hus hatten Ideen und Reformvorschläge, die – wie die der Humanisten – dann in der Reformation an die Wurzel geführt wurden.

3 Die Reformation als historisches Ereignis

1 Das Werden – 1517 bis 1525

Wenn man sich also noch einmal die zeitlichen Umstände vergegenwärtigt, in die hinein die Reformation wächst, dann ist diese Reformation in ganz bestimmter Hinsicht eine Art Antwort auf diese Zeit, auf ihre vielfältigen Krisen und Fragen. Sie wird aber diese Fragen und Krisen nicht lösen, wie man vielleicht erwarten könnte. Sie wird sie vielmehr so lösen, dass sie die Geschichte zunächst in eine neue und nunmehr tatsächlich irreversible Krise führt.

Diese Lösung findet nicht von einem Tag auf den anderen statt, sondern zieht sich über mehrere Jahrzehnte hin, an verschiedenen Schauplätzen, mit verschiedenen Akteuren. Die Kirchengeschichtsdarstellung hat unterschiedliche Wege beschritten, dieser Vielfalt in einem längeren Zeitraum gerecht zu werden. Der in dieser Darstellung zu beschreitende Weg begegnet dabei eher selten und stellt ein Wagnis dar: Er wird nämlich einen Parforceritt durch die gesamte europäische Reformationsgeschichte versuchen, eine chronologische Darlegung all der Geschehnisse und Ereignisse, die das Werden und den Verlauf der reformatorischen Bewegung bzw. der reformatorischen Bewegungen markieren. Diese weitestgehend rein der Chronologie folgende Aufführung historischer Begebenheiten verfolgt drei miteinander in Beziehung stehende Ziele: 1. soll ein Gesamteindruck des historischen Rahmens vermittelt werden, in dem sich theologische Gedanken entwickelten; 2. soll ein Eindruck entstehen von der Verquickung der politischen und der theologischen Umstände und 3. wird nur so in rechter Weise deutlich, welch rasante Entwicklung die Reformation bedeutete und wie revolutionär sie in mannigfacher Hinsicht wirklich gewesen ist.

Das erste öffentliche Auftreten der Reformation: Der Thesenanschlag

Vieles in der Profan- wie auch in der Kirchengeschichte bleibt letzten Endes Gegenstand unfruchtbarer Spekulationen. Zu diesem Vielen gehört auch die Frage, wann denn eigentlich die Reformation begonnen habe. Die Diskussion darüber hat es nun elementar damit zu tun, was in der Einleitung Gegenstand war: Was ist eigentlich „Reformation" und „reformatorisch"? Meistenteils wird dieses Problem mit dem der sogenannten „reformatorischen Wende" in Luthers Theologie verknüpft, wozu an geeigneter Stelle noch mehr zu sagen sein wird. Hier sei aber nun der relativ unkritische Weg gewählt und der Beginn der Reformation mit ihrem ersten öffentlichen In-Erscheinung-Treten verknüpft.

Danach erblickte die Reformation das Licht der Welt, wenn man so will, am 31. Oktober 1517 – jedenfalls das Licht der öffentlichen Welt. Dass da schon länger etwas in dem Mönch Martin Luther brodelte, was sich an diesem Tag bzw. in dem Akt des Thesenanschlags Luft machte, ist offensichtlich, darf uns aber im Augenblick noch nicht so sehr interessieren. Was uns dagegen interessieren sollte, ist, dass späteren Berichten zufolge ein bis dato unauffälliger Augustinermönch, Dozent an der Universität Wittenberg, an diesem Tag eine Thesenreihe an die Tür der Schlosskirche zu Wittenberg genagelt haben soll, die zu einer öffentlichen Disputation über die in seinen Augen verkehrte Ablasspraxis aufrief. Das war guter akademischer Stil und in keiner Weise unüblich oder aufsehenerregend.

Mit diesen Informationen verlassen wir aber bereits das Terrain des einigermaßen Sicheren. Denn die Bemerkung „späteren Berichten zufolge" (genauer: einem Bericht Melanchthons zufolge) sollte schon stutzig gemacht haben. Das Datum ist ebenso umstritten wie das Ereignis selbst. Es verwundert, dass Luther später auf dieses Ereignis so gut wie gar nicht zurückgeblickt hat. Ein Umstand, der die Forschung veranlasst hat, infrage zu stellen, ob es tatsächlich stattgefunden hat oder nicht. Andererseits: Wenn es nicht stattgefunden hat – warum sollte Melanchthon dann darüber berichten? Sollte es sich dabei schon um so etwas wie die „Denkmalisierung" Luthers zu Lebzeiten gehandelt haben? Die neuere Forschung hat inzwischen wieder Hinweise, dass es den Thesenanschlag zu diesem Datum vielleicht doch gegeben hat. Wie auch immer: Selbst wenn alles nur von der Nachwelt erfunden wurde, um Luther frühzeitig auf ein Podest zu heben und ihn zum Helden gegen Kaiser und Kirche zu stilisieren – es wäre immerhin gut erfunden gewesen. Denn gepasst hätte der Termin ausgezeichnet, ist doch der 1. November der Allerheiligentag, der mit seinen zahlreichen Wallfahrten, Ablassverkäufen und Reliquienanbetungen das Absurde des Systems ans Tageslicht gebracht hätte. Als Kontrast wäre also der 31.10. gut gewählt gewesen. Und ein Thesenanschlag an der Schlosskirchentür hätte insofern gut gewirkt, als dort eine Menge gelehrter Menschen vorbeigekommen wäre, die des Lesens kundig war – und nicht nur das: die auch noch des Lateinischen mächtig war. Die Tatsache, dass Luther die Thesen auf Latein verfasste, dürfte im Übrigen das deutlichste Zeichen dafür sein, dass er jedenfalls alles andere im Sinn hatte als das Volk aufzuwiegeln. Was er provozieren wollte, war eine akademische Auseinandersetzung über eine in seinen Augen fragwürdig gewordene Praxis.

Zu der Disputation allerdings erschien niemand. Was immer die Gründe für dieses völlige Desinteresse gewesen sind, hätte dies die frühe Todesstunde der Reformation sein können. Doch aus bisher noch nicht eindeutig nachzuvollziehenden Gründen verbreiteten sich die Ablassthesen Martin Luthers, die berühmten 95 Thesen, in Windeseile, sie wurden nachgedruckt, verteilt, gelesen und diskutiert. Verantwortlich dafür waren die Humanisten, die einen neuen Stern an ihrem eigenen Himmel aufgehen sahen. Und plötzlich war ein Mann in aller Munde, den vorher kaum jemand beachtet hatte.

Zwei Dinge müssen zu diesem Zeitpunkt festgehalten werden: 1. Die Reformation war in ihrem öffentlichen Auftreten eine Reaktion auf die kirchlichen Missstände der Zeit. Es wäre jedoch fatal, sie darauf zu reduzieren. Das Anschlagen der Thesen markiert vielmehr einen Punkt in einem Prozess des Wachsens und Werdens der reformatorischen Erkenntnis. Wir halten also fest: Das öffentliche Erscheinungsbild der Reformation als Kritik an kirchlichen Missständen ist nicht mit ihrem Wesen zu verwechseln. 2. Es ist aus dem Abstand der Jahrhunderte schwer zu begreifen, warum ausgerechnet die im Grunde recht unspektakulären Thesen Luthers ein solches Interesse fanden und einen solchen Wirbel verursachten. Es kommen viele Faktoren zusammen, die aber alle für sich genommen noch keine hinreichende Erklärung liefern. Womöglich erspürte die Gegenseite, die noch gar nicht als solche gemeint war, in den Argumenten des Mönches eine Gefahr, die größer war als das, was bisher aus humanistischen oder innerkirchlichen Kreisen sonst an Kritik verlautet worden war. Vor allem der Schriftbezug könnte in Aufregung versetzt haben, weil dieser – konsequent durchgeführt – noch so manches andere ins Wanken bringen konnte – und das auch getan hat, wie noch zu sehen sein wird. Wenn an späterer Stelle die Thesen einmal genauer untersucht werden, dann wird schnell zu konstatieren sein, welches Potential tatsächlich darin verborgen war. Spätere Darstellungen, auch bildliche, haben auf jeden Fall in diesem Ereignis den Beginn der Destruktion der römisch-traditionellen Kirche erblickt. Besonders schön ist das an einem Druck zu entdecken, der wohl aus Anlass des hundertjährigen Reformationsjubiläums gefertigt wurde und einen Traum des Kurfürsten Friedrich darstellen soll. Daran lässt sich gut illustrieren, wie dieser Zusammenhang gesehen wurde (s. Abb. 2). In der linken Bildhälfte ist Luther zu sehen, der mit einem überdimensionalen Federkiel die Thesen auf ein Papier an die Schlosskirchentür zu Wittenberg schreibt. In der linken Hand hält er ein Buch, aus dem er offensichtlich abschreibt und in dem die reformatorische Kernerkenntnis in zwei Schlagwörtern zusammengefasst ist: „Iustificamur gratis" – „Wir sind umsonst gerechtfertigt". Der Thesenanschlag ist also richtigerweise bereits als Ergebnis eines Prozesses begriffen, der es zentral mit Luthers Verständnis von der Rechtfertigung des Gottlosen zu tun hat. Obwohl Luther Rom nicht im Mindesten im Blick hat, schafft es doch der riesige Federkiel, dem mit ängstlich erhobenen

2 Allegorische Darstellung von Luthers Thesenanschlag, um 1617

Armen in den Mauern Roms stehenden Papst sein Machtsymbol, die dreistufige Kopfbedeckung, die Tiara, vom Kopf zu stoßen. Dabei dringt der Federkiel zuvor noch durch das Hirn eines Löwen, des Symboltieres des Papstes. Hinter dem Papst, nicht minder ängstlich und wie sich versteckend, stehen seine Gesellen, Kardinäle, Bischöfe und Mönche, die dem Geschehen allerdings nichts entgegensetzen können. Dass dieses Ereignis in Rom offensichtlich gottgewollt ist, wird ersichtlich an dem sich über dieser Szene Abspielenden: Die heilige Trinität Gott-Vater, Gott-Sohn und Gott-Heiliger Geist begleitet die Geschehnisse, wobei das, was in Rom passiert, ganz offensichtlich als Wirken des Heiligen Geistes begriffen wird. Ein weiterer Strahl der himmlischen Trinität geht auf einen zum zweiten Mal in diesem Bild auftretenden Luther, der auf einem Felsen sitzend in der Bibel liest. Dass er ausgerechnet auf einem Fels sitzt, soll eine Anspielung auf Mt 16, 18 sein und damit die Vorrang- und Machtstellung des römischen Bischofs in der Kirche destruieren: Der Fels der Gemeinde ist nicht Petrus und sind nicht seine Nachfolger, sondern ist die Schrift allein, die studiert, gepredigt und gelehrt werden will. Zudem wird Luther in dieser Darstellung in einer bestimmten Tradition stehend verstanden: In der linken oberen Ecke wird die Verbrennung des Jan Hus in Konstanz abgebildet, der in seinem Symboltier, dem Schwan, auch als den Thesenanschlag beobachtend begegnet.

Trotz der Bedeutung, die also spätere Generationen dem Ereignis des Thesenanschlags zuweisen, bleibt dennoch festzuhalten: Die Ablassthesen und mit ihnen das öffentliche Erscheinungsbild der Reformation sind zu diesem Zeitpunkt eher unspektakulär und lassen sich im Großen und Ganzen einreihen in die gängigen Kritikmuster, auch wenn die Kritik an manchen Stellen tiefer geht. Jedoch ist in keiner Weise etwas zu spüren von einer Romfeindlichkeit oder einem inneren oder äußeren Aufruhr eines Einzelnen oder einer Gruppe.

Dennoch traf Luther zu diesem Zeitpunkt schon mehr mit seiner Kritik als nur die Ablasspraxis. Denn Rom brauchte zu diesem Zeitpunkt Geld für den Neubau der Peterskirche in Rom. Zu diesem Zweck war bereits 1506 durch Papst Julius II. ein besonderer Ablass als Plenarablass verkündet worden, der Petersablass, den Leo X. nach seinem Machtantritt sofort erneuert hat. In dem Luther benachbarten Gebiet, nämlich in Magdeburg und Halberstadt, war im Auftrage des Mainzer Erzbischofs Albrecht, dem auch diese beiden Bistümer unterstanden, der Dominikaner Johannes Tetzel als Ablassprediger unterwegs. Seit 1517 verkündete er den Petersablass und hatte mehrfach wegen agitatorischer Predigten allgemeines Missfallen erregt, durchaus auch in eigenen Kreisen. Obwohl Luther in den Ablassthesen selbst den Papst als jemand hoch schätzte, der sicher nur nichts von diesem Missbrauch wusste und, wenn er davon wüsste, sicher dagegen einschreiten würde, witterten Tetzel und andere in den Thesen einen Angriff gegen Rom und seinen Bischof.

Zunächst hatte nur der unmittelbar betroffene Mainzer Erzbischof Albrecht eine Notiz an die Kurie nach Rom geschickt und wollte prüfen lassen, ob sich hier tatsächlich eine Häresie verbirgt oder nicht. „Unmittelbar betroffen" versteht sich dabei in zweierlei Hinsicht. Zum einen hatte Luther ihm die Ablassthesen zukommen lassen, um ihn darauf aufmerksam zu machen, was Tetzel in seinem Territorium für einen Unfug trieb. Zum anderen hatte Albrecht selbst höchstes Interesse daran, dass Tetzels Ablasspredigt erfolgreich war, denn er stand beim Papst für alle ihm erwiesene Gunst mit 24.000 Dukaten in der Schuld – die wollten beschafft sein. Eine Kritik an dem, was in seinem Territorium geschah, und womöglich noch eine Kritik mit entsprechenden Folgen, hätte verheerende Konsequenzen für Albrechts Geldbeutel bedeutet. Denn wie agitatorisch Tetzel auch immer predigte – er hatte Erfolg. Albrecht konnte also niemanden gebrauchen, der die Ablasspraxis offen kritisierte und womöglich das Volk dagegen aufstachelte. Und so gelangte die Angelegenheit „Luther" nach Rom und wurde zum „Fall Luther", zur Causa Lutheri.

Inzwischen hatte Luther ganz offenbar Gefallen an seinen eigenen Ideen. Er vertiefte seine Ablasskritik und brachte sie stärker mit dem in Verbindung, was ihm im Kontext des Schriftstudiums aufgegangen war. Seine Rechtfertigungserkenntnis und -erfahrung, die hier später entfaltet werden soll, drückte sich unter anderem in seiner Namensänderung aus: Aus Martin Luder wurde in dieser Zeit Martin Luther – möglicherweise eine Integration des griechischen „eleutheros", das „frei" bedeutet und ein Hinweis darauf sein könnte, wie sehr Luther die Erkenntnis der Rechtfertigung des Gottlosen als persönliche Befreiung empfunden hat. Im Frühjahr 1518 veröffentlichte er einen Ablasssermon auf der Basis der Thesen und einer Erklärung derselben. Dieser Sermon provozierte eine literarische Kontroverse, die nach und nach verdeutlichte, wie ernst die Sache genommen wurde. Der Ingolstadter Theologieprofessor Johannes Eck (1486–1543) mischte sich in die Debatte ein und gab dem Verdacht Nahrung, hier könne es sich tatsächlich um einen Angriff auf die Kirche handeln. So war er es, der Luther mit den Hussiten identifizierte, natürlich mit der Absicht, Luther der Ketzerei zu überführen. Hus hatte schon gebrannt; jetzt sollte das Feuer für den Wittenberger Mönch geschürt werden. Eck schickte, um Luther entsprechend anzuschwärzen, an seinen Eichstätter Bischof einen Kommentar zu den Ablassthesen, den er „Obelisci" (zu Deutsch: Spieße) titulierte. Obelisci sind textkritische Zeichen, die in Bibelausgaben verwendet werden, um anzuzeigen, dass es sich wohl um unechte Stellen handelt. Luther antwortete stilgerecht mit einem Text, den er „Asterisci" nannte (zu Deutsch: Sternchen); Asterisci markieren in der Textkritik den ursprünglicheren, also den besseren Text. Einen gewissen humanistischen Humor kann man Luther also nicht absprechen. Genutzt hat es ihm allerdings wenig: Im Sommer 1518 wurde das Inquisitionsverfahren gegen Luther eröffnet.

Der römische Prozess gegen Martin Luther

Quasi über Nacht war Luther so zum Häretiker avanciert. In Rom beschäftigte sich die Inquisitionsbehörde mit dem Vorwurf der Ketzerei. Der Kurientheologe und Dominikaner Silvester Mazzolini, der aus Prierio stammte und deshalb besser bekannt ist als Silvester Prierias (1456–1523), schrieb ein Gutachten gegen Luther, das sich auf die Häresievorwürfe Tetzels und des deutschen Dominikaners Konrad Wimpina stützte. Das Ergebnis seiner Untersuchung war eindeutig, die Behörde konnte tätig werden. Und sie wäre auch bestimmt zu einem für Luther nicht gerade angenehmen Urteil gekommen, wären nicht die politischen Umstände gewesen, die ein harsches Vorgehen gegen ihn stark einschränkten. Der Enkel des Habsburger Kaisers Maximilian, Karl, König von Spanien, sollte und wollte zum Kaiser gewählt werden. Dagegen erhob sich allerdings einiger Widerstand. So sahen etwa die Fürsten in einem starken Habsburger ihren Drang zur Souveränität gefährdet; der französische König erhob seinerseits Ansprüche auf die Kaiserwürde; und allen voran fürchtete Papst Leo X. eine Umklammerung des Kirchenstaates durch die Habsburger und unterstützte daher Franz I. von Frankreich in seinen Bemühungen. Nicht gerade als Zünglein an der Waage, aber doch als ein entscheidender Faktor in dieser Gemengelage erwies sich der sächsische Kurfürst Friedrich der Weise, Luthers Landesherr, humanistisch gebildet und äußerst reformfreudig. Wollte der Papst also irgendeine Chance gegen die Wahl Karls bewahren, dann konnte es nichts schaden, Friedrich hinter sich zu wissen. Da Friedrich sich ziemlich deutlich hinter seinen Theologieprofessor Luther stellte, konnte der Papst ihn also nicht so angehen, wie es aus römischer Sicht der Sache angemessen gewesen wäre und wie er wollte. Was Friedrich zu dieser konsequent betriebenen Lutherschutzpolitik bewogen hat, ist nicht genau zu bestimmen. Friedrichs humanistische Bildung könnte in Anschlag gebracht werden, wofür die Neugründung der Universität Wittenberg ein sicheres Zeichen gewesen ist; sicher dürfte auch Georg Spalatin, Friedrichs Berater, Geheimsekretär und Hofprediger, Einfluss geübt haben, der Luther aus Studienzeiten kannte. Wie viel theologische Überzeugung aber und wie viel Machtkalkül eine Rolle gespielt hat – das bleibt Gegenstand müßiger Spekulation.

Jedenfalls kam es der Luthersache gerade recht. Denn gleich der erste Schritt, der gegen Luther unternommen wurde, geriet so eher etwas halbherzig. Eigentlich hätte Luther zum Verhör nach Rom kommen müssen, und entsprechend wurde er vorgeladen. Luthers Landesherr, Friedrich der Weise, erwirkte hingegen, dass Luther die Gelegenheit bekam, auf dem 1518 in Augsburg stattfindenden Reichstag den Häresieverdacht zu entkräften. Auch das war eigentlich nichts Spektakuläres, denn die sogenannten „Gravamina", eine Beschwerdemöglichkeit seit Mitte des 15. Jahrhunderts, sah die Möglichkeit, in seinem eigenen Land verhört zu werden, ausdrücklich vor. Dennoch wäre es wohl dem Papst möglich gewesen, auf ein Verhör in Rom zu bestehen, wenn er nicht auf das Wohlwollen und die Gunst des Kursachsen angewiesen gewesen wäre. Papst Leo stimmte dem Verhör in Augsburg nolens volens zu. Das Verhör sollte Thomas de Vio aus Gaeta, daher Cajetan (1469–1534), führen, seines Zeichens päpstlicher Legat und überdies Dominikaner, also bestens geeignet, einen Ketzer zu überführen und in seine Schranken zu weisen. Außerdem gehörte Cajetan zu den Männern um den Papst, der selbst durchaus bereit war zu einem kritischen Wort. Insofern war zu erwarten, dass Luther nicht sanft, aber zumindest fair behandelt wurde.

Das Verhör fand vom 12. bis zum 14. Oktober 1518 statt – und hielt sich gar nicht lange bei höflichen Vorreden auf. Es ging sofort um den Kern der Angelegenheit. Und welcher Kern das war, verdeutlicht, warum Rom solchen, nennen wir es mal: Respekt vor Luther hatte. Man stritt sich nicht ausführlich um den Ablass oder um die Rechtfertigungserkenntnis, das Sünden- oder das Gnadenverständnis Luthers. Man stritt sich um die Bedeutung der Kirche. Dass Luther mit seinen Ablassthesen möglicherweise die kirchliche Lehrautorität hinterfragte und insbesondere der Bulle „Unigenitus Dei filius" von 1343 widersprach (dort war die Lehre vom thesaurus meritorum festgelegt worden), geriet beinahe zu einem marginalen, formalen Punkt. Während Cajetan energisch darauf beharrte, der rechte Sakramentsempfang sei nicht von der Glaubensgewissheit im Blick auf die Rechtfertigung abhängig, pochte Luther darauf, der Glaube stelle eine persönliche Beziehung zu Gott her, und zwar – und das machte Cajetan hellhörig – unter Absehung der Kirche; vielmehr werde die Glaubensgewissheit nicht subjektiv vom Gläubigen erwirkt, sondern komme ausschließlich vom Gegenstand des Glaubens, also von Jesus Christus her. Damit stellte Luther die Grundfesten der römischen Kirche in Frage. Nicht die Kirche in ihren Sakramenten, sondern der auf der Verheißung basierende Glaube vermittelt das Heil. Neben dem wirtschaftlichen Fiasko, das sich aus solch einer Ansicht jedenfalls in der damaligen Zeit ergeben hätte, bedeutete dies nichts Geringeres, als dass das Fundament wegbrach, auf dem die Kirche bis dato stand. Das darf in keiner Weise außer Acht gelassen werden, denn es zeigt zum einen das fundamental Neue Luthers, zum anderen aber auch, dass es nicht damit abgetan ist, die Kirche des 16. Jahrhunderts in ihren Missständen vor Augen zu haben, wenn man die Legitimation von Luthers Kritik hinterfragt; es geht nicht um die Missstände, sondern es geht immer um die Wurzeln, die dann möglicherweise auch zu solchen Missständen führen.

Interessant ist, wie unterschiedlich Cajetan und Luther das Augsburger Verhör schildern. Cajetan berichtet: „Dann kam Bruder Martin zu uns, und er entschuldigte sich zuerst, dass er sich wegen Feindschaften usw. freies Geleit erwirkt habe. Darauf sagte er, dass er gekommen sei, um uns anzuhören und die von uns erkannte Wahrheit zu bekennen. Wir haben ihn voller Freude und sehr freundlich aufgenommen und ihn väterlich umarmt. Ich habe vor allem gesagt, dass er gemäß der Heiligen Schrift allein und den heiligen Kirchengesetzen verhört werden solle und dass ich, wenn er in sich gehe und sich des Weiteren vorsehe, sein Erbrochenes wieder aufzufressen [Spr 26,11], und wir [wieder] in Ruhe schlafen können, die ganze Sache mit der Autorität unseres Heiligsten Herrn beilegen würde. Darauf erklärte ich ihm und mahnte ihn väterlich, dass seine Disputationen und Predigten gegen die apostolischen Lehren seien, insbesondere über die Ablässe, und ich zitierte die Extravagante Clemens VI., die eindeutig gegen ihn steht, sowohl hinsichtlich der Ursache wie auch der Wirkung der Ablässe. Außerdem führte ich die altehrwürdige und allgemeine Gewohnheit der römischen Kirche an, legte die Interpretation eines anderen Artikels, nämlich vom Glauben beim Sakramentenempfang, dar und mahnte ihn, dass seine Auffassung nicht richtig sei, sondern offensichtlich abweiche von der Heiligen Schrift und der rechten Lehre der Kirche, die ihm ganz und gar entgegensteht. Er sagte zu der klaren und deutlichen Extravagante, ich weiß nicht was, es ist der Erwähnung nicht wert, und er forderte einen Tag zum Überlegen und bekräftigte, er werde wiederkommen. Ich mahnte ihn, in sich zu gehen, und entließ ihn. Am folgenden Tag kam er wieder, zusammen mit dem Generalvikar der Kongregation und vielen Begleitern. Und als ich erwartete, dass er sich besinnen und die Wahrheit erkennen würde, begann er vor einem Notar, den er mitgebracht hatte, eine förmliche Erklärung abzugeben. Ich lächelte dazu und ermahnte den Menschen wiederum sehr freundlich, er solle diesen unnützen Entschluss aufgeben, in sich gehen und zum gesunden Menschenverstand zurückkehren. Es würde ihm schwer werden, wider den Stachel zu löcken. Darauf sagte er, er wolle mir seine Antwort und seine Gründe nur schriftlich vorbringen, ich hätte am Tage vorher mich genug mit ihm mit Worten herumgeschlagen. Erstaunt über die Kühnheit des Menschen sagte ich: ‚Mein Sohn, weder habe ich mich mit dir herumgeschlagen, noch will ich mich mit dir herumschlagen. Ich bin bereit, dich mit Rücksicht auf den durchlauchtesten Herzog Friedrich väterlich und freundlich (nicht um mit dir zu disputieren oder zu zanken) anzuhören, zur Wahrheit zu ermahnen und zu belehren und auch, wenn du willst, unserem allerheiligsten Herrn und der römischen Kirche zu empfehlen.' Da baten mich sowohl er als auch zugleich sein Ordensvikar, dass ich ihn schriftlich hören wolle. [...] Danach kam er zum dritten Male zurück und überreichte mir eine lange Denkschrift, in der er nur albern auf die Extravagante des Papstes antwortete und auch Seine Heiligkeit nicht schonte, von der er sagte, sie missbrauche die Autorität der Heiligen Schrift. [...] Zur Sache aber will ich drei Dinge versichern. Erstens: Wenn auch die Aussagen des Bruders Martin in den [95] Thesen nur disputativ gestellt waren [also sich als Diskussionsbeitrag verstanden], so sind sie doch in den von ihm geschriebenen Sermonen affirmativ und assertorisch vorgetragen und, wie man sagt, in deutscher Sprache bekräftigt. Diese sind aber teilweise gegen die Lehre des Apostolischen Stuhls und zum Teil sogar verdammlich. Und eure Durchlaucht möge mir glauben, dass ich die Wahrheit sage und aus sicherem Wissen rede, nicht nur aufgrund von Vermutungen. Zweitens ermahne und bitte ich Eure Durchlaucht, eure Ehre und euer Gewissen zu bedenken und den Bruder Martin entweder in die Stadt [nach Rom] zu schicken oder aus Eurem Lande zu jagen, nachdem er seinen Irrtum trotz der väterlichen Ermahnungen nicht erkennen und mit der allgemeinen Kirche nicht übereinstimmen will. Schließlich soll Eure Durchlaucht wissen, dass eine so schwerwiegende und verderbliche Angelegenheit sich auf keinen Fall lange halten kann, denn in Rom wird man die Sache weiterverfolgen, sobald ich meine Hände gewaschen und diese List und Tücke dem Allerheiligsten Herrn, unserem Herrn, berichtet habe."[1] Luthers Sicht ist da eine ganz andere: „Darauf antwortete ich, dass ich nicht allein die Extravagante des Clemens sorgfältig betrachtet hätte, sondern auch andere gleichlautende oder ähnliche des Sixtus IV. [...] Sie hätte aber bei mir nicht genügend Autorität, aus vielen anderen Gründen, vor allem aber dem, dass sie die Heilige Schrift missbrauche und die Worte [...] ziemlich frech zu einem anderen Sinn verdrehe [...]. Deshalb müsse die Schrift, der ich in meiner These folgte, ihr entschieden vorgezogen werden [...]. Darauf hat er angefangen, gegen mich die Gewalt des Papstes in den Himmel zu heben, dass sie über dem Konzil, über der Schrift und über der ganzen Kirche stehe. [...] Ich habe dagegen geleugnet, dass der Papst über dem Konzil und der Schrift stehe. [...] Am anderen Tag [...] legte ich folgende Erklärung vor [...]: ‚Zuerst bezeuge ich, Bruder Martin Luther, Augustinermönch, dass ich die heilige römische Kirche in allen meinen Reden und Taten, den gegenwärtigen, vergangenen und zukünftigen, verehre und ihr folge. Wenn also dagegen etwas anderes geredet worden ist oder wird, will ich es für nicht geredet gehalten wissen und halten. Danach aber hat der hochwürdigste Herr, wie er sagte auf Befehl des Herrn Papstes, mir vorgelegt und mich aufgefordert, dass ich wegen der Disputation, die ich über den Ablass gehalten habe, diese drei Forderungen erfülle: erstens, dass ich mich besinne und den Irrtum widerrufe, zweitens, dass ich mich verbürge, in Zukunft nicht darauf zurückzukommen, drittens, dass ich verspreche, von allem Abstand zu nehmen, was die Kirche Gottes verwirren könnte. Ich, der ich disputiert und die Wahrheit gesucht habe, konnte nicht vom Forschen ablassen und noch viel weniger zum Widerruf gezwungen werden, der ich weder gehört noch überwunden worden bin – ich erkläre heute, dass ich mir nicht bewusst bin, etwas gesagt zu haben, was gegen die Heilige Schrift, die Kirchenväter, die päpstlichen Dekretalen oder die rechte Vernunft ist. Sondern alles, was ich gesagt habe, erscheint mir auch heute noch als heilsam, wahr und katholisch. Nichtsdestoweniger bin ich ein Mensch, der irren kann. Darum habe ich mich unterworfen und unterwerfe mich auch jetzt dem Urteil und der Entscheidung der rechtmäßigen heiligen Kirche und allen, die es besser verstehen. Dennoch erbiete ich mich zum Überfluss, persönlich hier oder an einem anderen Ort, auch öffentlich, über meine Äußerungen Rechenschaft zu geben. Wenn aber dieses dem hochwürdigsten Herrn nicht gefällt etc., bin ich bereit, seinen Entgegnungen, wenn er beschließt, welche gegen mich vorzubringen, schriftlich zu antworten und darüber das Urteil und die Meinung der ausgezeichneten Gelehrten der Reichsuniversitäten Basel, Freiburg, Löwen oder, wenn das noch nicht genügt, auch der Universität Paris, der Mutter aller wissenschaftlichen Schulen und von alters her immer christlichen und in der Theologie überaus blühenden Universität, zu hören."[2]

Cajetan nun blieb angesichts solcher Behauptungen gar nichts anderes übrig, als ohne Umschweife Luthers Widerruf zu fordern. Der aber dachte gar nicht daran. Im Gegenteil appellierte er, sich durchaus bewusst, dass die Exkommunikation die Folge dieser Weigerung sein würde, an ein Konzil, das über seine Ansichten urteilen sollte. Und das tat er trotz eines entsprechenden Verbotes von 1460. Die immer noch aktiven Anhänger der Idee des Konziliarismus hörten davon mit Begeisterung und machten diesen Akt gleich in Flugschriften publik. Damit gewann Luther immer mehr ein öffentliches Interesse, gespeist aus unterschiedlichsten Kräften, die er – zu Recht oder zu Unrecht – hinter sich wusste. Das wäre nun nach geltender Sachlage ein günstiger Moment gewesen, sich Luthers zu entledigen, zumal in der Bulle „Pastor aeternus" 1516 gerade ausdrücklich die Machtansprüche Bonifaz VIII. aus der Bulle „Unam sanctam" von 1302 bestätigt worden waren. Papst Leo wendete sich gegen die Pragmatische Sanktion von Bourges 1449, in der die Freiheiten des Papstes stark eingeschränkt wurden, und verlautete, dieses Dokument habe keine Gültigkeit; gelten würde dagegen „nicht nur aufgrund des Zeugnisses der heiligen Schrift, der Aussagen der heiligen Väter und auch anderer Römischer Bischöfe, Unserer Vorgänger, sowie der Dekrete der heiligen Kanones, sondern auch des eigenen Bekenntnisses ebendieser Konzilien unzweifelhaft [...], daß allein der Römische Bischof für die Dauer seiner Amtszeit kraft der ihm eigenen Autorität über alle Konzilien das volle Recht und die Vollmacht hat, Konzilien einzuberufen, zu verlegen und aufzulösen"³.

Cajetan stachelte daraufhin Leo an, ein von ihm selbst entworfenes Dekret über den Ablass zu verkünden. Das tat der am 9. November 1518 und stellte darin unmissverständlich klar, wem Autorität und Schlüsselgewalt in der Kirche eignet. Es heißt dort: „Damit künftig keiner mehr Unkenntnis der Lehre der römischen Kirche in bezug auf solche Ablässe und ihre Wirksamkeit geltend machen oder sich unter dem Vorwand einer solchen Unkenntnis entschuldigen oder sich durch eine erdichtete Bekundung helfen [kann], sondern damit sie wegen offenkundiger Lüge als strafbar überführt und zu Recht verurteilt werden können, meinten Wir, Dir durch das vorliegende [Schreiben] kundtun zu sollen, dass die Römische Kirche, der als Mutter zu folgen die übrigen gehalten sind, [folgendes] überliefert hat: Der Römische Bischof, der Nachfolger des Schlüsselträgers Petrus und Stellvertreter Jesu Christi auf Erden, kann kraft der Vollmacht der Schlüssel, die dazu dienen, das Himmelreich aufzuschließen, indem sie seine Hindernisse in den Christgläubigen beseitigen (nämlich die Schuld und die für die aktuellen Sünden geschuldete Strafe, und zwar die Schuld mittels des Sakraments der Buße, die für die aktuellen Sünden gemäß der göttlichen Gerechtigkeit geschuldete zeitliche Strafe aber mittels des kirchlichen Ablasses), aus vernünftigen Gründen ebendiesen Christgläubigen, die durch das Band der Liebe Glieder Christi sind – ob sie nun in diesem Leben seien oder am Reinigungsort –, aus dem Überfluss der Verdienste Christi und der Heiligen Ablässe gewähren; und indem er kraft apostolischer Autorität sowohl für Lebende wie für Verstorbene einen Ablass gewährt, pflegt er den Schatz der Verdienste Jesu Christi und der Heiligen auszuteilen und auf diese Weise der Lossprechung den Ablass selbst zu gewähren oder auf diese Weise der Fürbitte ihn zu übertragen. Und deswegen werden alle, sowohl Lebende wie Verstorbene, die wahrhaft alle diese

Ablässe erlangt haben, von einem solch großen Maß der zeitlichen Strafe, wie sie sie gemäß der göttlichen Gerechtigkeit für ihre aktuellen Sünden schulden, befreit, wie es dem gewährten und erworbenen Ablass entspricht. Und Wir entscheiden kraft apostolischer Autorität aufgrund ebendieses vorliegenden [Schreibens], dass es so unter Tatstrafe der Exkommunikation [...] von allen festgehalten und verkündet werden muss."[4] Damit war das Schicksal Luthers besiegelt – eigentlich.

Denn just in diesem Augenblick starb Kaiser Maximilian. Luther hatte also wieder einmal das Glück auf seiner Seite, denn erneut war Diplomatie gefordert, wenn die anstehende Kaiserwahl im Sinne der päpstlichen Interessen vonstattengehen sollte. Wie kurios dabei manchmal die Wege der Diplomatie sein können, sehen wir an einem schönen Beispiel, dem Zwischenspiel gewissermaßen zwischen Augsburger Verhör und Wormser Reichstag: der sogenannten „Miltitziade". Der sächsische Adlige und Kammerjunker Karl von Miltitz machte sich – durchaus aus eigener Initiative, aber mit Billigung der Kurie – auf, die ganze Angelegenheit friedlich zu lösen und vor allem Friedrich den Weisen bei Laune zu halten. Dazu wollte er ihm Ablassprivilegien zukommen lassen und überreichte ihm eine hohe römische Auszeichnung für weltliche Fürsten: die goldene Rose oder Tugendrose. Tatsächlich brachte Miltitz Luther dazu, sich zu einem Kompromiss bereit zu erklären: Er sollte in der Ablasssache schweigen und sich dem Papst gegenüber als unterwürfig erklären, wofür ihm im Gegenzug ein weiteres Verhör auf deutschem Boden gestattet würde. Luther verfasste daraufhin einen kurzen Traktat, der gemäßigt die päpstliche Autorität anerkannte und in milderer Form zu Ablass, Heiligenverehrung etc. Stellung nahm. Warum Luther sich darauf einließ, werden wir kaum ergründen können. Vermutlich dürften ihn Friedrich und Spalatin zur Mäßigung gemahnt haben, um die Sache insgesamt nicht zu gefährden. Doch bleibt die Angelegenheit ein Zwischenspiel, das Luther allerdings noch einmal Luft verschaffte.

Diesen neuen Handlungsfreiraum nutzte Luther sofort aus. Schauplatz des nächsten Geschehens war Leipzig, wir schreiben inzwischen das Jahr 1519. Dort führte gerade Johannes Eck den reformatorisch gesinnten Theologen Andreas Bodenstein aus Karlstadt, kurz: Karlstadt, in einer Disputation gnadenlos vor. Man stritt sich um die Frage der Willensfreiheit, seit Luthers Disputation in Heidelberg ein Jahr zuvor ein neu ins Interesse gerücktes Thema und also durchaus diskussionswürdig. Doch Karlstadt, erst Luthers Lehrer, dann sein Kollege in Wittenberg, war nicht gerade sehr geschickt im Disputieren. Zuerst war er auf dem Weg nach Leipzig mit der Kutsche umgefallen, was er als sehr schlechtes Omen wertete – man war damals durchaus Christ und zugleich sternengläubig und abergläubisch. Und wie sich herausstellte, lag er damit gar nicht so falsch, denn die Disputation gestaltete sich für ihn nahezu desaströs. Karlstadt hatte nämlich nach Leipzig einige Diener und viele Bücher mitgebracht, dazu einen thematischen Zettelkasten. Bevor er irgendein Argument zu äußern wagte, blätterte er in seinem Zettelkasten, ließ einen Diener das entsprechende Buch holen und zitierte dann Kirchenväter und andere Autoritäten. Eck hingegen erwies sich als brillanter Disputator und konnte seine Argumente auch ohne „Fußnoten" aus dem Ärmel zaubern, zudem vermochte er es, seine Gewährsmänner auswendig zu zitieren. Luther, der an der Disputation als Zuhörer teilnahm, mochte sich dieses Trauerspiel nicht länger ansehen und befreite Karlstadt davon, sich bis auf die Haut zu blamieren, indem er selbst dessen Part in der Diskussion übernahm. Sehr schnell entfernten sich Luther und Eck in ihrem Wortgefecht von dem eigentlichen Thema der Willensfreiheit und diskutierten über die Frage nach der kirchlichen Autorität. Ein Thema, das spätestens seit Luthers Auftritt in Augsburg in der Luft lag. Nachdem er in Augsburg noch dabei verblieben war, dass der Papst nicht über dem Konzil und vor allem nicht über der Schrift zu stehen komme, was die Konziliaristen so erfreut hatte, bestritt er nun die Lehr- und vor allem die Auslegungsautorität von Papst und Konzilien. Damit bestätigte er nicht nur alles, was man gegen ihn vorgebracht hatte, sondern er ließ jetzt das ganze altgläubige Kirchengebäude heftig wanken. Er trieb seine Ansichten auf eine neue Spitze, indem er behauptete, auch Konzilien könnten irren. Wenn nun weder Papst noch Konzilien aufgrund dessen sagen können, was verbindlich zu glauben ist – wer dann? Über Luthers Antwort auf diese Frage werden wir noch an geeigneter Stelle zu sprechen kommen. Eck sah jedenfalls seine Vorwürfe gegen Luther erhärtet und untermauerte seinen Vergleich von Luther und Hussiten, der sich fortan im altgläubigen Lager hielt. Bei Luther seinerseits ist fortan eine verschärfte Papstkritik festzustellen, die sich insbesondere in der Rede vom Papst als Antichrist niederschlug. Es bleibt jedoch festzuhalten, dass Luthers Kritik an Papst und römischer Kirche erst eine Folge seiner reformatorischen Erkenntnis gewesen ist, keineswegs ihr Auslöser, wie immer mal wieder gerne zu hören und zu lesen ist.

Die Disputation in Leipzig dauerte vom 27. Juni bis zum 15. Juli. Eck hatte nichts Eiligeres zu tun, als die Angelegenheit nach Rom zu melden. An Jakob Hochstraten, den Kölner Erzbischof, schrieb er über die Verhandlungen: „Ihr hättet die Verwegenheit der Leute hören müssen, wie blind sie sind und zu Bosheiten unerschrocken. Luther leugnet, dass Petrus der Oberste der Apostel gewesen ist, leugnet, dass der kirchliche Gehorsam durch göttliches Recht legitimiert ist, sondern er sei durch menschliche oder kaiserliche Zustimmung eingeführt. Er leugnet, dass die Kirche auf Petrus gebaut ist [...] Über die Artikel der Böhmen sagte er, von den vom Konzil zu Konstanz verdammten Artikeln seien einige sehr christlich und evangelisch. Durch diesen verwegenen Irrtum hat er viele abgeschreckt und bewirkt, dass sie sich [von ihm] abwendeten, obwohl sie ihm zuvor wohlgesonnen waren. [...] Viele von ihnen waren da: die beiden Doktoren [Karlstadt und Luther] selbst, Herr Lang, Augustinervikar, zwei Lizentiaten der Theologie, einer davon ein Neffe

Reuchlins [Melanchthon], sehr arrogant, drei juristische Doktoren, viele Magister, und sie unterstützten [ihn] privat und öffentlich, sogar in der Disputation. Ich dagegen stand allein, nur von der Gerechtigkeit begleitet."[5] Wir dürfen davon ausgehen, dass sein Bericht nach Rom nicht viel freundlicher gewesen ist. Dort nun konnte man endlich weiter gegen Luther vorgehen, denn inzwischen war ein Kaiser gewählt und das diplomatische Abwarten überflüssig geworden.

Dass nun doch der Habsburger Karl König geworden war, gefiel Rom zwar nicht, doch verstand sich Karl immerhin als so dezidiert katholisch und römisch, dass man sich um den Fortbestand des christlichen Abendlandes keine Sorgen machen musste. Karl hatte indes mit ganz anderen Anfangsschwierigkeiten in seiner Regierungszeit zu kämpfen. Denn seine Wahlkapitulation ließ ihm weder im Blick auf uneingeschränkte Machtausübung noch im Blick auf die finanziellen Mittel nach Regierungsantritt viel Freiraum. Weder also konnte er den Souveränitätsansprüchen der Territorialfürsten wirkungsvoll etwas entgegensetzen noch konnte er frei planen – er steckte bis zum Hals in einem großen Schuldenberg. Um gewählt zu werden, hatte er Wahlgelder in beträchtlicher Höhe benötigt. Er stand mit fast 690.000 Gulden bei den beiden großen Bankhäusern der Fugger und der Welser in der Kreide. Ein fürstlicher Geheimrat im 16. Jahrhundert hätte für diese Summe 6.900 Jahre arbeiten müssen bei einem Verdienst von maximal 100 Gulden im Jahr. Man kann sich also ungefähr vorstellen, wie astronomisch hoch der Betrag gewesen ist. Wenn man sich weiter vorstellt, dass ein König Kriege führen, für Verhandlungen finanzielle Lockungen bieten können und Entdeckungsreisen finanzieren muss usw., um sich ein Reich zu schaffen und zu sichern, in dem die Sonne dann wunschgemäß tatsächlich nicht untergeht, dann kann man erahnen, welch ein Hindernis ein solcher Schuldenberg ist. Denn immer würde Karl auf fremde Unterstützung angewiesen sein, und wer das Wohlwollen anderer will, muss zu weiteren Kompromissen bereit sein. Im weiteren Verlauf der Reformationsgeschichte wird es immer wieder zu erleben sein, wie ihr Gang genau davon bestimmt sein wird.

Nichtsdestoweniger: Karl war gewählt, und Rom konnte handeln. Der Papst wartete auch gar nicht lange und gab am 15. Juni 1520, also ziemlich genau ein Jahr nach der Wahl, eine Bulle heraus, die Luther den kirchlichen Bann androhte. Dieser deshalb Bannandrohungsbulle genannte und nicht mit der Bannbulle aus dem folgenden Jahr zu verwechselnde Text mit den Anfangsworten „Exsurge Domine" (eine Anspielung auf Ps 74, 22) ließ keinen Zweifel daran, wie man in Rom die Luthersache einschätzte und was man von diesem Häretiker erwartete. Eck und der päpstliche Nuntius Girolamo Aleander (1480–1542) wurden mit der Verbreitung der Bulle betraut; allerdings war ihr Erfolg nur mäßig.

Luther wurde erneut zum Widerruf aufgerufen, wozu er 60 Tage Zeit hatte. Er widerrief indes wiederum nicht, sondern nutzte die Zeit für die Veröffentlichung wichtiger Schriften, die seine Auffassungen zur Reife brachten und das Gegenüber zu Rom und zur gesamten altgläubigen Tradition deutlich zutage treten ließen. Auf die Hauptschriften des Jahres kommen wir noch zu sprechen. Zudem setzte er sich literarisch, sarkastisch und polemisch mit den in der Bannandrohungsbulle zitierten und als häretisch verworfenen Sätzen auseinander. Schon früh wurden dadurch theologische Gegensätze festgeschrieben, hinter die es nur sehr schwer ein Zurück geben konnte. Auch insofern also kommt der Bulle und Luthers Reaktion darauf eine prominente theologiegeschichtliche Bedeutung zu. Schließlich trieb Luther das Ganze auf die Spitze, als er die Bannandrohungsbulle zusammen mit den Büchern des kanonischen Rechts und einigen anderen Büchern am 10. Dezember in Wittenberg öffentlich verbrannte. Deutlicher kann man eine Missachtung Roms nicht ausdrücken, auch wenn der Akt der Verbrennung eine Reaktion auf die Verbrennung seiner Bücher durch Aleander gewesen ist. Dieser Akt jedenfalls und die schlichte Tatsache, dass an diesem Tag auch die Widerrufsfrist abgelaufen war, machte Luther in den Augen Roms zum notorischen, das heißt unbekehrbaren und nicht zu heilenden Ketzer, und die Bannbulle „Decet Romanum Pontificem" folgte am 3. Januar 1521 auf dem Fuße. Darin wurde Luther folgerichtig exkommuniziert, seinen Anhängern wurde das Gleiche angedroht, die Verbreitung seiner Bücher wurde verboten, und schließlich unterließ es der Papst nicht, die eigenen Reihen zu entsprechender Gegenpropaganda aufzurufen – ein Aufruf, dem sich nur allzu gerne viele Altgläubige anschlossen und der eine Flut von polemischen Schriften losbrechen ließ.

Hält man an dieser Stelle einmal für einen Augenblick inne und schaut bis hierhin auf die Ereignisse zurück, dann ist verblüffend, wie rasant sich die Dinge entwickelten, und zwar in eine Richtung, die wohl von keiner Seite, am allerwenigsten von Luther selbst, so vorgesehen war. Luther wurde in ein Gegenüber zur Papstkirche mehr getrieben, als dass er dieses Gegenüber gesucht hätte, auch wenn dieses Gegenüber in seiner reformatorischen Erkenntnis angelegt war beziehungsweise sich logisch und konsequent daraus ergab. Den ihm durch politische, diplomatische Umstände geschenkten Freiraum nutzte Luther, um seine Ideen literarisch umzusetzen, doch war sehr schnell nicht mehr er allein es, der die reformatorische Bewegung vorantrieb. Die vorhandenen Reformkräfte suchten direkt oder indirekt seine Nähe, ob dies nun immer inhaltlich angemessen war oder nicht. Luther war im Nu beides zugleich geworden: persona non grata und persona gratissima. Als beides trat er auf dem Wormser Reichstag 1521 auf, und als beides wurde er anschaulich bestätigt.

Mit dem Reichstag zu Worms wird der nächste Abschnitt der Reformationsgeschichte eingeläutet. Auf diesem Reichstag sollte der gerade gewählte und sich als katholisch bekennende Kaiser den Sack gewissermaßen zuschnüren. Er, jüngst im Oktober 1520 zum Kaiser gekrönt, wurde in die undankbare Rolle des Schiedsrichters gedrängt und wusste genau, dass er sich eigentlich nur zwischen alle Stühle setzen würde. Kurfürst Friedrich drängte ihn dazu, Luther freies Geleit zuzusichern und ihn noch einmal anzuhören, was nach geltendem Recht völlig unnötig gewesen wäre, ja, gegen dieses sogar verstieß. Doch Karl gab dem für ihn noch weiterhin wichtigen Friedrich nach, gegen manchen Ratschlag und vor allem sehr zum Missfallen Aleanders. Dass dieser durchaus recht hatte, erwies sich schon an der Reise Luthers nach Worms, die einem Triumphzug glich. Das Volk jubelte ihm zu, und so wurde auch dem Kaiser und den Reichsständen mehr als deutlich, dass mit der durch ihn ausgelösten Bewegung nicht mehr zu spaßen und ihr nicht so ohne Weiteres beizukommen war.

Die Luthersache war von Rechts wegen kein Verhandlungsgegenstand des Reichstages, und so fand das Verhör Luthers nicht auf einer Reichstagssitzung, sondern im kaiserlichen Privatquartier statt. Es wurde vom Gerichtsherrn des Trierer Erzbischofs, Johann von der Ecken, am 17. April geführt und verlief gar nicht im Sinne Luthers. Der hätte gerne seine Lehre dargelegt, aber wie schon in Augsburg drei Jahre zuvor wurde nur eins von ihm gefordert: sein Widerruf. Auf die Frage, ob die vorgelegten Bücher und Schriften von ihm stammten, konnte er nicht mit Nein antworten, und zu der erhofften inhaltlichen Auseinandersetzung kam es nicht. Daher erbat sich Luther für den Widerruf – auf den Rat der kurfürstlichen Juristen hin – einen Tag Bedenkzeit. Den bekam er – um dann am folgenden Tag sein berühmtes Plädoyer für die Wahrheit zu halten. Er selbst berichtete: „Also hat mir Kais. Maj. erstlich vorhalten lassen, anzuzeigen, ob ich mich zu den benannten Büchern bekenne und dieselben widerrufen oder darauf beharren wolle oder nicht. Nachdem ich mich zu den Büchern, die von mir gemacht und durch die mir Mißgünstigen oder auf andere Weise nicht verkehrt und zum Nachteil verändert worden sind, untertänig bekannt habe, habe ich mich untertänig vernehmen lassen: Weil meine Schriften mit dem klaren und lauteren Wort Gottes bekräftigt seien, ist mir auf das Höchste beschwerlich, unbillig und unmöglich, Gottes Wort zu verleugnen und solche meine Bücher dermaßen zu widerrufen. Und (ich habe) in Demut gebeten, Kais. Maj. wolle mich zu solchem Widerspruch auf keine Weise drängen lassen, sondern meine Schriften und Bücher, entweder selbst oder durch andere – und seien es die Geringsten –, die es vermögen, untersuchen, um die Irrtümer, die darin sein sollen, durch göttliche, prophetische und evangelische Schriften [als solche] zu erweisen. [...] So es erwiesen würde, dass ich geirrt haben sollte, wollte ich allen Irrtum widerrufen und der Erste sein, der meine Bücher in das Feuer werfen und mit den Füßen darauf treten wollte. Darauf ist von mir begehrt worden, ich wollte eine kurze und richtige Antwort geben, ob ich widerrufen oder bei meinem Vorhaben bleiben wollte. Deshalb habe ich abermals […] untertänigst geantwortet: Weil mein Gewissen durch die göttliche Schrift, die ich in meinen Büchern anführe, gefangen und ergriffen sei, so könne ich auf keine Weise ohne Weisung durch die heilige göttliche Schrift etwas widerrufen. Also haben darauf folgend etliche Kurfürsten, Fürsten und Etliche aus den Ständen des Heiligen Römischen Reichs mit mir verhandelt, ich sollte und wollte meine Bücher der Kais. Maj. und der Stände des Heiligen Reichs Entscheidung anheim stellen […]. Darauf habe ich mich abermals erboten wie zuvor, sofern ich durch göttliche Schrift oder helle und klare Ursachen unterwiesen würde. Das Letzte war das, dass ich etliche Artikel, die aus meinen Büchern gezogen waren, der Entscheidung eines Konzils anvertrauen sollte. Und ich bin allezeit und -wege in Untertänigkeit willig gewesen, alles zu tun und lassen, was mir möglich war. Es hat sich endlich allein daran gestoßen, dass ich nicht diesen christlichen Maßstab habe erlangen können, dass Gottes Wort frei und unverbunden wäre, und dass ich meine Bücher Kais. Maj. und des heiligen Reichs und Stände oder eines künftigen Konzils Entscheidung, Urteil und Beschluss [nur] so anheim stellte, dass nichts wider das heilige Wort Gottes darin von mir aufgegeben oder von ihnen beschlossen, gesprochen und erkannt würde. Denn Gott, der aller Herzen erforscht, ist mein Zeuge, dass Kais. Maj. in allen Dingen Gehorsam zu leisten, es betreffe Leben oder Sterben, Tun oder Lassen, Ehre oder Schande, Gut oder Schaden, ich ganz willig und beflissen bin. Ich habe mich dazu auch viele Male erboten und erbiete mich nochmals, nichts vorbehalten als allein das göttliche Wort, darin nicht allein des Menschen ewiges Leben (wie Christus Matth. 4 sagt), sondern auch der Engel Freude und Wonne stehet, welches über alle Dinge frei und ungebunden sein soll und muss, wie Paulus (2. Tim. 2, 9) lehrt. Und es steht in keines Menschen Gewalt, das aufzugeben oder es in Gefahr zu bringen, wie groß, viel, gelehrt und heilig sie immer sein mögen […] Denn in zeitlichen Sachen, die Gottes Wort und ewige Dinge nicht betreffen, sind wir schuldig, einander zu vertrauen, das beachtend, dass derselben Dinge Aufgeben, Gefahr und Verlust, die wir doch fahrenlassen müssen, für die Seligkeit unschädlich sind. Aber in Gottes Wort und ewigen Dingen kann und will Gott nicht leiden, dass man sich frei stütze und verlasse auf einen oder viele Menschen, sondern allein auf ihn selbst, der allein die Ehre und Namen hat und haben soll, dass er wahrhaftig und die Wahrheit selbst ist, aber alle Menschen eitel sind, wie das Paulus an die Römer meisterlich einführt."[6] Gegenüber dem Kaiser, dem er zunächst ausdrücklich seine Loyalität bekundete (und von der er übrigens nie abgewichen ist), erklärte er: „Wenn ich nicht durch Schriftzeugnisse oder einen klaren Grund widerlegt werde (denn weder dem Papst noch den Konzilien allein glaube ich, weil feststeht, dass sie ziemlich oft geirrt und sich selbst widersprochen haben), so bin ich durch die von mir angeführten Schriftworte bezwungen. Und solange mein Gewissen durch die Worte

Gottes gefangen ist, kann und will ich nichts widerrufen, weil es weder sicher noch redlich ist, etwas gegen das Gewissen zu tun. Ich kann nicht anders, hier stehe ich, Gott helfe mir. Amen."[7] Das hier mit zitierte und über alle Maßen berühmte „Ich kann nicht anders, hier stehe ich" ist erst in einem späteren Druck zu finden und dürfte – wie vieles andere auch – eher legendarischen Wert haben. Wichtiger ist in der Tat auch etwas ganz anderes: die Berufung auf das Gewissen. Der Grund evangelischer Freiheit ist genau in dieser Gewissensfreiheit zu sehen, welche die Freiheit des Glaubenden vor seinem Gott bezeichnet. Wie sehr dies missverstanden wurde – etwa als Freibrief, daraus eine politische Unabhängigkeit abzuleiten – zeigten bald auf dramatische Weise die sozialen Unruhen, die schließlich im verheerenden Bauernkrieg gipfelten. Luther indes spricht an dieser und auch an späteren Stellen unmissverständlich und ausschließlich von der Glaubensfreiheit, die ihn zum assertorischen, offenen und kompromisslosen Bekenntnis geradezu zwingt, wenn er nicht sein Gewissen erneut belasten und in eine heillose Gefangenschaft bringen will.

Der Kaiser hatte nach diesem Auftritt Luthers keine Wahl mehr. Er hatte den Sack zuzuschnüren, und er tat dies, indem er zuerst den Reichsständen eine Erklärung abgab, die deutlich machte, wo er langzugehen gedachte und aus welchem Motiv heraus er handeln würde; und dann und endgültig mit dem Wormser Edikt. Zunächst die Erklärung: „Ihr wisst, ich stamme ab von den allerchristlichsten Kaisern der edlen deutschen Nation, von den katholischen Königen Spaniens, den Erzherzögen Österreichs, den Herzögen von Burgund, die alle bis zum Tod treue Söhne der römischen Kirche gewesen sind, immer Verteidiger des katholischen Glaubens, der heiligen Zeremonien, Gesetze, Anweisungen und der heiligen Gebräuche – zur Ehre Gottes, Mehrung des Glaubens und zum Heil der Seelen. Nach ihrem Heimgang haben sie uns dank angestammten Rechts die genannten heiligen katholischen Verpflichtungen als Erbe hinterlassen, um ihnen gemäß zu leben und zu sterben nach ihrem Beispiel – ihnen gemäß haben wir als wahre Nachahmer dieser unserer Vorgänger kraft der Gnade Gottes bisher [und auch heute] gelebt. Aus diesem Grund bin ich fest entschlossen, alles aufrechtzuerhalten, was meine genannten Vorgänger und ich bis zur Stunde aufrechterhalten haben: besonders aber, was meine genannten Vorgänger verordnet haben sowohl auf dem Konstanzer Konzil als auch auf anderen. Denn es ist gewiss, dass ein einzelner [Ordens]bruder irrt mit seiner Meinung, die gegen die ganze Christenheit steht, sowohl während der vergangenen tausend und mehr Jahre als auch in der Gegenwart; andernfalls wäre die ganze genannte Christenheit immer im Irrtum gewesen und würde es [noch heute] sein. Deshalb habe ich mich entschlossen, alles in dieser Sache daranzusetzen: meine Königreiche und Herrschaften, meine Freunde, meinen Leib, mein Blut, mein Leben, meine Seele. Denn es wäre eine große Schande für mich und für Euch, die edle und gerühmte deutsche Nation, über die wir durch Privileg und einzigartiges Prestige berufen sind zu Verteidigern und Schutzherren des katholischen Glaubens, wenn, was unsere Zeit anbetrifft, nicht allein Häresie, sondern [schon] Häresieverdacht oder eine Minderung der christlichen Religion durch unsere Nachlässigkeit im Gedächtnis der Menschen nach uns bliebe, zu unserer und unserer Nachfolger ewigen Unehre. Und nachdem wir die hartnäckige Antwort gehört haben, die Luther gestern in unser aller Gegenwart gegeben hat, erkläre ich Euch, dass es mich reut, so lange gezögert zu haben, gegen den genannten Luther und seine falsche Lehre vorzugehen; und ich bin fest entschlossen, ihn ferner nicht mehr zu hören; vielmehr möchte ich, dass er sofort gemäß dem Wortlaut des Mandats zurückgeführt werde, in Beobachtung des Textes seines Freigeleits: [aber] ohne zu predigen und ohne das Volk zu unterweisen in seiner schlechten Lehre und ohne es darauf anzulegen, dass eine [Volks]bewegung ausbreche. Und, wie ich oben gesagt habe, bin ich fest entschlossen, mich so [zu ihm] zu verhalten und gegen ihn vorzugehen wie gegen einen notorischen Häretiker; Euch aber ersuche ich, dass Ihr Euch in dieser Sache als gute Christen erweist, wie Ihr es ja zu tun gehalten seid und wie Ihr es mir versprochen habt."[8] Das ließ nichts zu wünschen übrig und verdeutlichte, in welcher Tradition stehend sich Karl verstand und was ihm keine andere Möglichkeit zuließ, als mit ganzer Schärfe gegen Luther vorzugehen. Keineswegs war geplant, ihm noch einmal irgendein öffentliches Forum zur Verteidigung seiner Lehre zu verschaffen. Das Edikt vom 26. Mai selbst stellte dann so etwas wie das Siegel unter diese persönliche Erklärung dar: „[…] Unserem römischen kaiserlichen Amt steht es zu, […] darauf zu achten, dass im Römischen Reich keine Befleckung durch Ketzerei oder Argwohn unseren heiligen Glauben verunreinige […]. Wenn wir deshalb einige Ketzereien, die innerhalb von drei Jahren in der deutschen Nation entstanden sind und früher durch die heiligen Konzilien und päpstlichen Satzungen mit Gutheißung der gesamten Kirche tatsächlich verdammt wurden und nun aufs Neue aus der Hölle heraufgezogen sind, tiefer einwurzeln ließen und aus unserem Versäumnis nachsichtig und duldsam wären, würde unser Gewissen merklich beschwert und unseres Namens ewiger Ruhm schon am glückseligen Beginn unserer Regierung mit einem dunklen Nebel umfangen. Es ist unbezweifelt und allen unverborgen, wie weit die Irrungen und Ketzereien vom christlichen Weg abweichen, die ein gewisser Martin Luther aus dem Augustinerorden in die christliche Religion und Ordnung vor allem in der durchlauchtigsten deutschen Nation, die Unglauben und Ketzerei unaufhörlich zerstört, einzuführen und zu besudeln sich untersteht, und zwar dergestalt, dass – wenn dem nicht schleunigst begegnet wird – dadurch eben diese ganze deutsche Nation und schließlich durch solche Einwurzelung alle anderen Nationen in unmenschliche Trennungen und erbärmlichen Abfall von den guten Sitten, vom

Frieden und christlichen Glauben kommen werden. [Es folgt eine Aufzählung der Irrtürmer und ketzerischen Stücke.] Da nun die Sache dermaßen verlaufen ist und Martin Luther also ganz verstockt und verkehrt in seinen offenkundigen ketzerischen Auffassungen verharrt [...], haben wir [...] festgesetzt, dass Ihr den erwähnten Martin Luther als ein von Gottes Kirche abgesondertes Glied und einen verstockten Häretiker und offenbaren Ketzer von uns und Euch allen und jedem insbesondere zu achten und zu halten erkennt und erklärt und dasselbe kraft dieses Schreibens in die Tat umsetzt. Und weiter gebieten wir Euch [...], dass Ihr samt und sonders nach Ablauf der oben erwähnten 20 Tage [des freien Geleits ...] den vorgenannten Martin Luther nicht in euer Haus aufnehmt, nicht bei Hofe empfangt, ihm weder zu essen noch zu trinken gebt, ihn nicht versteckt, ihm nicht mit Worten oder Werken heimlich noch öffentlich irgendeine Hilfe, Anhängerschaft, Beistand oder Vorschub erweiset, sondern wo ihr ihm beikommen, ihn ergreifen und seiner mächtig werden könnt, ihn gefangen nehmt und uns wohlbewahrt zusendet [...]."[9] Ebenso sollten Luthers Bücher keine weitere Verbreitung finden und der religiöse Buchdruck insgesamt unter die bischöfliche Zensur gelegt werden. Die Verhängung der Reichsacht machte Luther und seine etwaigen Anhänger zu Vogelfreien; er war aus allen sicheren Strukturen der damaligen Zeit ausgeschlossen, was in anderen Fällen den sicheren Tod bedeutete. Aber das Edikt achtete sorgfältig darauf, das Luther zugesagte freie Geleit einzuhalten; erst nach 20 Tagen sollten die der Acht zugehörigen Maßnahmen greifen. Hierfür bildete natürlich das Schicksal des Jan Hus auf dem Konstanzer Konzil 1415 den Hintergrund, denn trotz der Zusage des freien Geleits den Gebannten und Geächteten sofort den Flammen zuzuführen und damit die Glaubwürdigkeit von Reich und Kirche in Misskredit zu bringen, das sollte nicht noch einmal geschehen.

Eben diese Einhaltung des freien Geleites erwies sich aus Sicht des Kaisers als schwerer taktischer Fehler. Wieder sollte sich der mächtige Arm des sächsischen Kurfürsten als lang und stark erweisen. Er ließ den nunmehr gebannten und geächteten Luther kurzerhand entführen und auf die Wartburg bringen, wo er als Junker Jörg vor Verfolgern sicher sein sollte. Der falsche Name sollte seine wahre Identität verbergen, Luther ließ zudem die Tonsur zuwachsen und sich einen Bart stehen, sodass er zumindest nicht mehr auf den ersten Blick als der Mönch, der in Worms geächtet worden war, erkannt werden konnte. Allerdings war Luthers Aufenthalt auf der Wartburg ein mehr oder weniger offenes Geheimnis. Dass niemand ihn dem weltlichen Gericht überantwortete, ihn anzeigte oder gar selbst Hand an ihn legte, sowie die Tatsache, dass das Wormser Edikt, das ja eigentlich die Ausbreitung der reformatorischen Bewegung hätte unterbinden sollen, nicht überall durchgesetzt wurde, zeigt, dass hier etwas auf dem Vormarsch war, dem nur der Kaiser wirkungsvoll hätte Einhalt gebieten können, wenn er auf konsequente und schonungslose

Weise die Durchsetzung des Edikts verlangt und kontrolliert hätte. Doch hatte er Wichtigeres zu tun. Vor allem außenpolitische Händel verhinderten, dass er vor 1530 wieder ins Reich kam, und da war es für eine Durchsetzung des Ediktes und ein wirkungsvolles Vorgehen gegen die reformatorische Bewegung schon zu spät. Die reformatorisch Gesinnten, Theologen, Juristen, Landesherren, nutzten die neun Jahre bis zum Reichstag 1530, um die Bewegung innerlich zu stabilisieren, die Lehre auszubauen, diese in die Praxis umzusetzen und Mitläufern ihre Grenzen aufzuzeigen. Das Edikt wurde so gut wie nirgends mit ganzer Strenge durchgesetzt – mit Ausnahme der habsburgischen Erblande, den Niederlanden –, es wurde größtenteils einfach ignoriert. Daher war die Durchsetzung des Ediktes immer wieder Thema auf den Reichstagen und bestimmte formal den weiteren Gang der Reformation.

Doch blicken wir nun auf die Schweiz, wo es unter Ulrich Zwingli ebenfalls und von Wittenberg unabhängige reformatorische Entwicklungen zu beobachten gilt.

Die Anfänge der Reformation in der Schweiz unter Ulrich Zwingli

Auch wenn man namentlich in populärwissenschaftlichen Darstellungen, aber auch in so manchem Schulbuch etwa, den Eindruck gewinnen könnte, „Reformation" sei eigentlich und wesentlich identisch mit Martin Luther, so muss doch, im Sinne dessen, was im einleitenden Kapitel gesagt wurde, festgehalten werden, dass dem natürlich keineswegs so ist. Es hat andere reformatorische Bewegungen gegeben, und die jetzt zu beschreibende steht mit der Wittenberger Bewegung nur in einem zeitlichen Zusammenhang; ansonsten hat sie sich weitgehend unabhängig entwickelt.

Die Rede ist von der reformatorischen Bewegung in der Schweiz, die untrennbar mit dem Namen Huldrych beziehungsweise Ulrich Zwingli verbunden ist. Zwingli, am 1. Januar 1484 im ostschweizerischen Wildhaus geboren, war in einer bestimmten Richtung scholastischer Tradition und im Humanismus erzogen und 1506 zum Priester geweiht, wirkte als Pfarrer erst in Glarus, dann in Einsiedeln und wurde 1519 zum Leutpriester (also Gemeindepfarrer) an das Großmünster in Zürich berufen. Diese Berufung war keine zufällige: Der Rat der Stadt Zürich, die faktisch ein unabhängiger Stadtstaat war, setzte sich für Reformen der kirchlichen Verhältnisse ein und baute dazu auf die theologischen Fähigkeiten Zwinglis. Der predigte auf der Basis einer im humanistischen Sinne gestalteten Exegese, was ihm viele Befürworter innerhalb der Hörerschaft eintrug, aber auch den Widerstand der Kleriker und Mönche. Der Rat der Stadt war es, der daraufhin 1520 ein Mandat erließ, dass die Verkündigung gemäß der Schrift stattfinden solle – damit haben wir in Zürich eine reformatorische Bewegung vor Augen, die von der Obrigkeit und nicht gegen sie vollzogen wurde. Zwingli selbst kann zu dieser Zeit immer noch durchaus als romtreu bezeichnet werden. Ein Konflikt trat – wenn man das dann überhaupt so nennen will – erst auf, als er sich gegen das Pensionenwesen, das sogenannte Reislaufen, den Söldnerdienst für auswärtige Mächte, im Sinne einer erasmianischen Friedensliebe aussprach, selbst auf seine Pension verzichtete und mit Erfolg verhinderte, dass dem Papst Söldner für den Krieg um Italien zur Verfügung gestellt wurden.

Offiziell begann die Reformation in Zürich allerdings dann im März 1522 mit einem Wurstessen. Was zunächst ein wenig lächerlich, ja geradezu despektierlich klingt, stellt tatsächlich einen ungeheuren Affront dar. Denn dieses Essen war ein demonstratives, es fand in der Fastenzeit statt, im Hause des Buchdruckers Christoph Froschauer. Der Bruch mit dem, was auch vonseiten der weltlichen Obrigkeit geboten war, konnte nicht deutlicher zum Ausdruck gebracht werden. Infolgedessen schritt der Kleine Rat der Stadt gegen die Fastenbrecher ein, während der Große Rat es mit Zwingli hielt. Zwingli hatte übrigens an dem Wurstessen nicht teilgenommen, aber er wurde indirekt dafür verantwortlich gemacht. Nachdem Zwingli sich in der Folgezeit vor allem mit Bettelordensleuten angelegt und über die Fastenfrage seine ersten reformatorischen Schriften veröffentlicht hatte, fand 1523 in Gegenwart des Konstanzer Generalvikars und Beraters König Ferdinands, Johannes Fabri, die Erste Zürcher Disputation statt, als deren Ergebnis der Rat Zwinglis Rechtgläubigkeit feststellte, ihm weiterhin das Predigen erlaubte und die schriftgemäße Verkündigung vorschrieb. Damit maßte sich der Rat bischöfliche Rechte an und setzte das reformatorische Schriftprinzip durch. Zwingli hatte inzwischen profiliert Position in allen entscheidenden kontroverstheologischen Fragen bezogen und übrigens auch geheiratet.

Mit dieser Entscheidung des Rates war der Weg zum Zürcher Staatskirchentum eröffnet. Im selben Jahr 1523 fand in Zürich die Zweite Disputation statt, bei der sowohl die Messe als auch Bilder als illegitim konstatiert wurden; zuvor hatte es erhebliche Unruhen gegeben, als verschiedene radikale Gruppen zu Bilderstürmen angesetzt hatten. Der Rat setzte jedoch zunächst einen Kompromiss durch, dass beides, Messe und Bilder, dennoch erst einmal beibehalten werden sollte. Das traf nicht auf ungeteilte Freude und es kam zu erheblichen Spannungen innerhalb des reformerischen Lagers. Insbesondere Konrad Grebel und der Waldshuter Pfarrer Balthasar Hubmaier sahen in Messe und Bildern einen widergöttlichen Kult, der sofort abgeschafft gehörte; in solchen Dingen hätte eine weltliche Obrigkeit keine Entscheidungsbefugnis. Hier deutete sich bereits die spätere Abspaltung der Täufer an, denen die Reformen nicht weit und nicht schnell genug gingen. Trotz dieser Tendenz zur inneren Spaltung gab es aber keinen Abbruch für die stets anwachsende Bewegung. Zunächst gab die Entwicklung dem obrigkeitlichen, taktischen Kompromiss recht, denn beinahe wie von selbst stießen nach und nach bestimmte Bräuche wie Prozessionen, Privatmessen und Marienandachten auf immer weniger Akzeptanz. Seit dem Sommer 1524 vollzog sich die dritte Phase der Zürcher Reformation: Die Bilder wurden aus den Kirchen entfernt, Klöster aufgehoben; im Großmünster wurde mit der Prophezei eine Bibelschule für den theologischen Unterricht eingerichtet. Zwingli, Leo Jud, Oswald Myconius und der Elsässer Konrad Pellikan waren dort als Exegeten tätig. Eine Frucht dieser Arbeit war die Bibelübersetzung, die zunächst auf einer alemannischen Übertragung von Lutherübersetzungen beruhte, dann aber 1529 mit den Prophetenbüchern eine eigene Gestalt bekam. Ab Ostern 1525 gab es eine evangelische Gottesdienstordnung. Und hier wurde jetzt wirklich unmissverständlich klar, dass man es mit etwas ganz anderem als dem römischen Katholizismus zu tun hatte – aber auch mit etwas ganz anderem als mit der Wittenberger Reformation, denn radikaler hätten die Änderungen nicht sein können: Es gab kein Orgelspiel und keinen Chorgesang mehr, die Kirchenräume sollten kahl sein, Abendmahl wurde nur noch an drei bis vier Sonntagen im Jahr gereicht; der gesamte Gottesdienst wurde auf Schriftlesung, Predigt und Gebet reduziert. Die theologische Begründung für diese Schlichtheit und Konzentration auf das Wort war die Auffassung, die wahre Begegnung mit Gott finde im Geist statt, daher müsse alles vermieden werden, den Geist abzulenken.

Der nach außen hin vielleicht deutlichste Bruch mit Rom zeigte sich dann seit Mai 1525, als an die Stelle des bischöflichen Ehegerichts ein Konsistorium trat, das aus vier Ratsherren und drei Geistlichen bestand und künftig in Fragen der Ehe zu entscheiden hatte. Damit nicht genug wurden unter anderem auch die kanonischen Ehehindernisse eingeschränkt. Dem Konsistorium wurde kurz darauf auch die Aufsicht über die Sittenzucht übertragen; was Zwingli selbst gerne in den Händen der Kirche gesehen hätte, fiel jetzt in die weltliche Zuständigkeit.

Zwinglis unmittelbare Wirkung war eher gering. In Konstanz unter Ambrosius Blarer und in Basel mit Johannes Oekolampad entwickelten sich reformatorische Bewegungen, die zwar in verschiedener Hinsicht eher Übereinstimmungen mit Zwingli als mit Luther aufwiesen, aber doch auch sehr eigenständige Züge trugen. Zwingli selbst hatte nur wenig damit zu kämpfen, dass er als mit Luther Gleichgesinnter unter die Folgen von dessen Acht und Bann geraten wäre; man betrachtete ihn eher als „Häretiker zweiter Klasse". Zürich war zuerst in seinen reformatorischen Bemühungen innerhalb der schweizerischen Eidgenossenschaft ziemlich isoliert und musste befürchten, durch die altgläubigen Kräfte im Verbund mit Habsburg/Österreich aufgerieben zu werden. Zwingli und seine Anhänger wurden nach der theologischen Disputation von Baden 1526 sogar gebannt. Jedoch zeigte sich schnell, dass es auch an anderen Stellen schon so etwas wie eine „Sympathie" für die reformerischen Ideen gab: Bern, Basel und Schaffhausen trugen den Badener Beschluss nicht mit, und so hatte die Bannung keine politischen Folgen. Die Reformation in Zürich konnte also weiter fortgesetzt werden und trug neue Früchte: Die Sozialdisziplinierung ging vollständig auf die Obrigkeit über; dazu gehörten unter anderem die Aufsicht über den sonntäglichen Gottesdienstbesuch sowie die Exkommunikation bei Ehebruch und Hurerei.

Nach Zürich schloss sich als Erstes St. Gallen den reformatorischen Umgestaltungen an, 1528, also nur ein Jahr später, folgte Bern, das ein straffes Staatskirchentum auszeichnete. So gelang es Bern, seit 1531 zur politischen Vormacht des schweizerischen Protestantismus aufzusteigen. Bern und Zürich schlossen 1528 ein Bündnis zum Schutz des evangelischen Glaubens, was an anderen Schweizer Orten der Reformation zum Durchbruch verhalf. So gab es in der Schweiz evangelische und römisch-katholische Kantone nebeneinander, die Eidgenossenschaft wurde nicht aufgekündigt, was man sich schon aus Angst vor Umklammerung und Vereinnahmungen nicht leisten wollte. Doch hatten die evangelischen Kantone durchaus vor, diesen Zustand nicht beizubehalten. Allen voran Zwingli betrieb Unternehmungen, die katholischen Orte an die Reformation anzuschließen. Die haben dieses Bemühen verständlicherweise nicht widerstandslos hingenommen, sondern rüsteten ihrerseits gegen eine reformatorische Vereinnahmung. Der Konflikt fand seinen traurigen Höhepunkt in einer kriegerischen Auseinandersetzung, die mit der Niederlage der Reformierten in der Schlacht bei Kappel 1531 endete. Zwingli, der als Feldgeistlicher an der Schlacht teilnahm, fiel. Während in Zürich Heinrich Bullinger das Erbe Zwinglis antrat und vor allem auf dem Gebiet der Kirchenordnung maßgeblich und langfristig wirkte, wurde auf politischer Ebene das Nebeneinander beider Konfessionen in der Schweiz beschlossen – etwas, was auf Reichsebene erst 1555 zustande kam.

Was geschah aber, während in der Schweiz alles auf einen vorläufigen Abschluss der reformatorischen Bewegung zusteuerte, im Reich?

Die Wittenberger Unruhen und der sogenannte „Linke Flügel" der Reformation

Der Titel ist schon problematisch. Und zwar aus zweierlei Gründen. Erstens ist die Bezeichnung „Linker Flügel" sehr modern, von ganz bestimmten, geschichtsphilosophischen und ideologischen Grundüberzeugungen beeinflusst und ein Sammelsurium für alles, was sich nicht in den vermeintlichen reformatorischen „Mainstream" einordnen lässt. Und zweitens ist es historisch und theologisch nicht ganz korrekt, die Wittenberger Unruhen und diesen sogenannten „Linken Flügel" in einem Atemzug zu nennen. Dass es dafür dennoch gute Gründe gibt, soll im Folgenden gezeigt werden.

Einer dieser guten Gründe ist vor allem in dem zu sehen, was mutatis mutandis beides ausgelöst hat. Wie wir bisher beobachten konnten, waren die Erkenntnis Luthers und die daraus resultierenden Auseinandersetzungen mit Kaiser und Papst zwar alles andere als konfliktfrei und sanft den theologischen Gegnern gegenüber; dennoch stand mindestens für Luther selbst bis dato völlig außer Frage, dass sich, was immer an Reformen auf den Weg zu bringen war, innerhalb der Bahnen der bestehenden Kirche und mit den Mitteln der staatlichen Gewalten vollzogen werden sollte. Eine Revolte gegen die bestehenden Systeme hat er, trotz aller Radikalität, nicht im Sinn gehabt. Für verschiedene seiner Zeitgenossen, ja sogar solche, die zunächst seine Weggefährten gewesen waren, stand allerdings ebenso außer Frage, dass die von Luther geplanten Veränderungen nur möglich waren, wenn man zugleich das gesamte System infrage stellte, das solche Veränderungen zu verhindern und nicht zu befördern schien. Auch ihnen ging es dabei in erster Linie um theologische Fragen. Sie sahen aber diese theologischen Fragen mit anderen, politischen Problemen anders oder stärker verknüpft, und deshalb ging die Forderung nach kirchlicher Reform Hand in Hand mit der nach politisch-sozialer Reform.

Dass sich die theoretischen Überlegungen irgendwann und irgendwie auch in der Praxis umsetzen lassen mussten, war auch Luther klar. Die Erkenntnis der Rechtfertigung des Sünders allein aus Glauben musste Konsequenzen haben. Wie die Themen zusammenhängen, wird noch genauer zu klären sein. Jedenfalls führte kein Weg an einer kirchlichen, praktischen Umsetzung des reformatorischen Programms vorbei. Indes gab es heftige Unterschiede in der Frage, in welcher Weise, wie schnell und in welcher Radikalität diese Umsetzung geschehen sollte. In Wittenberg selbst, der Stadt, in der die Bewegung sozusagen ihren Anfang genommen hat, sollte natürlich auch mit der Umsetzung begonnen werden. Der Theologieprofessor Andreas Bodenstein, genannt Karlstadt (1486–1541), der uns im Zusammenhang der Leipziger Disputation schon begegnet war, wo er eine ausgesprochen unglückliche Figur gemacht hatte, war der Auffassung, man könne nicht schnell genug damit anfangen. Luthers Abwesenheit von der Stadt – er war auf der Wartburg gefangen und konnte sich nur unter Gefahr für Leib und Leben von ihr fortbewegen, außerdem war er mit der Übersetzung der Bibel beschäftigt – kam ihm da gerade recht, und er sah seine Chance gekommen, die Reformen in seinem Sinne durchzusetzen. Ihm zur Seite stand unter anderem Gabriel Zwilling (ca. 1487–1558), der ganz ähnlich wie er den Kairos, den rechten Augenblick, gekommen sah, endlich und endgültig mit den römischen Missbräuchen aufzuräumen. Und dieses Aufräumen nahmen die beiden sehr wörtlich. Getrieben von einigen verworrenen mystischen Vorstellungen und einem theologisch-politischen Rigorismus gestalteten sie zunächst die Messfeier von Grund auf neu, denn diese war – man gestatte das Bild – in der alten Form ein sehr römischer Dorn in einem sehr evangelischen Auge. Die Privatmessen wurden abgeschafft, die Eucharistie demonstrativ unter beiderlei Gestalt, also mit Brot und Wein, gefeiert, Karlstadt hielt Weihnachten 1521 die Messe in ziviler Kleidung; es kam vermehrt zu Klosteraustritten, die entflohenen Mönche und Nonnen heirateten relativ zügig. Aus Zwickau waren unterdessen einige Enthusiasten, Zwickauer Propheten genannt, wegen ihres radikalen Spiritualismus ausgewiesenen worden. Zu ihnen zählte unter anderem der Tuchmacher Nikolaus Storch. Sie flohen nach Wittenberg und schienen dort eine geistige Heimat zu finden. Karlstadt hatte also unverhofft Gleichgesinnte gefunden, und die Gemäßigteren wie Philipp Melanchthon waren mit der Situation schlicht überfordert.

Hervorragender Kopf dieser radikalen Wittenberger Bewegung war und blieb Karlstadt. Er hatte schon früher die in Wittenberg vertretene Theologie verteidigt und trat dabei kompromisslos auf. Die auf seine Initiative hin und unter seiner Ägide entstandene Wittenberger Ordnung vom 24. Januar 1522 zeugt sowohl von dieser Kompromisslosigkeit als auch von der Breite der Konsequenzen. Dort heißt es u.a.: „Erstlich ist einhellig beschlossen, dass aller Zins der Gotteshäuser, Priesterschaften und Zünfte zusammen in einen gemeinen Kasten getan werden sollen. Dazu werden je zwei Mitglieder des Rates und der Gemeinde und ein Schreiber verordnet, die solchen Zins einnehmen, verwalten und damit arme Leute unterstützen sollen. [...] Es sollen auch keine Bettler in unserer Stadt geduldet werden, die [angeblich] ihres Alters oder Krankheit wegen nicht geeignet sind zu arbeiten. Man soll sie zur Arbeit treiben oder aus der Stadt verweisen. Jene aber, die durch Unglücksfälle wie Krankheit oder aufgrund von Armut [wirklich bedürftig sind], sollen aus dem gemeinen Kasten in der angeordneten, angemessenen Weise versorgt werden. [...] Ebenso soll es keinem Mönch gestattet werden, in unserer Stadt zu betteln. Sie sollen mit dem Zins, den sie bisher haben, und darüber hinaus sich mit ihren Händen erhalten und nähren. [...] Die Priester, die wir jetzt haben, sollen, da ihr Zins auch in den gemeinen Kasten gezogen wurde, von der sie persönlich für die Vigilien, die sie halten, an die acht Gulden jährlich gehabt haben, mit sechs Gulden jährlich versorgt werden; da jedoch die Seelenmessen und Vigilien abgeschafft sind, sollen sie für dasselbe Geld arme, kranke Leute besuchen und sie in ihren Nöten trösten [...] Ebenso sollen auch die Bilder und Altäre in der Kirche entfernt werden, um Abgötterei zu vermeiden, drei Altäre ohne Bilder sollen genügen. [...] Die Messen sollen nicht anders gehalten werden, als sie Christus beim Abendmahl eingesetzt hat."[10] Insbesondere der Umgang mit dem Bettel gibt ein eindrückliches Zeugnis davon, wie hier gewissermaßen theologische, kirchliche Argumente mit sozialen Hand in Hand gehen: Der Bettel als Einnahme verschiedener Klostergemeinschaften war ja nicht so sehr ein Dorn im Auge wegen des sozialen Faktors, sondern wegen des

Mönchsstandes an sich, und die Kritik am Mönchsstand bildete den Hintergrund für diese Forderung – dann mit der entsprechenden Konsequenz hinein in den sozialen Bereich. Sprechend ist auch der Punkt, der die Priester an ihre eigentliche Aufgabe mahnt, die nicht im Messelesen besteht, sondern in der Fürsorge für Arme und Kranke. Karlstadt hatte noch im Januar 1522 eine Schrift veröffentlicht, die unter dem Titel „Von Abtuhung der Bilder" gegen die bildliche Darstellung des Heilsgeschehens usw. vorging. Dort heißt es u.a.: „Liebe Brüder, Gott bewahre euch vor diesem ketzerischen Sermon und Wort. Und dass ihr ja nicht sprecht: ‚Wir befolgen das alte Gesetz nicht oder nehmen es nicht an. Denn das gehört den Unchristen an und bricht und verkleinert die Lehre Christi'. Denn Christus beweist seine Lehre aus Mose und den Propheten. [...] Lieber Freund, du sagst: ‚[Nur] das alte Gesetz verbietet Bilder'. Deswegen willst du sie in Gotteshäusern gestatten und willst solches Verbot gering achten. Warum sagst du nicht auch, dass wir Vater und Mutter nicht schuldig sind zu ehren, weil das [nur] im alten Gesetz geboten ist? Weiterhin sind Totschlag, Unkeuschheit, Diebstahl und ähnliche Missetaten auf den Tafeln verboten, auf denen auch die Bilder verboten sind. Und das Verbot der Bilder steht obenan als das hauptsächlichste und größte. Das Verbot der Unkeuschheit, des Diebstahls usw. steht untenan als das geringere und kleinste."[11] Ein Argument, dem man sich nur schlecht entziehen kann. Unter Karlstadts Führung und gegen den Widerstand des Rates kam es infolgedessen im Februar zu einem Bildersturm, in dem Teile der Einrichtung der Stadtkirche zerstört wurden. Was noch weitere Auswirkungen hatte und auf noch größeren Widerstand gestoßen ist, war, dass Karlstadt nicht nur die Bilder, sondern auch die Bildung höherer Art ablehnte. Die Lateinschule wurde aufgehoben, viele Studenten wollten plötzlich ein Handwerk lernen. Das konnte der humanistisch orientierten Obrigkeit nicht gefallen, die daraufhin versuchte, Karlstadt und seine Genossen in ihre Grenzen zu weisen. Erfolglos.

Nun sah sich Luther auf den Plan gerufen, gegen die Ausschreitungen einzugreifen und dem Treiben in Wittenberg Einhalt zu gebieten. Er kam – riskant genug – von der Wartburg geeilt und hielt in der Woche vom 9.–16. März 1522 seine berühmten Invokavitpredigten. Der erste Sonntag der Passionszeit wird in Anlehnung an Ps 91 „Invokavit" genannt, und Luther hielt in dieser Woche mehrere Predigten, mit denen er die Wittenberger zur Ruhe aufrief. Gleich in der ersten, der Predigt am Sonntag Invokavit, wird überaus deutlich, worin Luther die Hauptaufgabe des Christenmenschen sieht: Er muss und soll für Gott und sein Wort eintreten, aber dies in Geduld aus Rücksicht dem Nächsten gegenüber. „Zum dritten", so ist nachzulesen, „ müssen wir auch die Liebe haben und durch die Liebe einander tun, wie uns Gott durch den Glauben getan hat, ohne welche Liebe der Glaube nichts ist [...]. Habt Ihr allhier, liebe Freunde, nicht sehr gefehlt? Ich spüre in keinem die Liebe und merke sehr wohl, dass Ihr Gott für solchen reichen Schatz und Gabe nicht dankbar gewesen seid. [...] Ich sehe wohl, dass Ihr viel von der Lehre zu reden wisst, die Euch gepredigt ist, von dem Glauben und der Liebe. Und das ist kein Wunder: Kann doch schier ein Esel singen lernen, solltet Ihr dann nicht auch die Lehre oder die Wörtlein reden und lernen? So besteht, liebe Freunde, das Reich Gottes, das wir sind, nicht in der Rede oder in Worten, sondern in der Tatkraft, das heißt in der Tat, in den Werken und Übungen. Gott will nicht Zuhörer oder Nachredner haben, sondern Nachfolger und Täter, [und] das in dem Glauben durch die Liebe. Denn der Glaube ohne die Liebe ist nicht genug, ja: ist kein Glaube, sondern ein Schein des Glaubens, wie ein Angesicht, im Spiegel gesehen, nicht ein wahrhaftes Angesicht ist, sondern nur ein Schein des Angesichts. Zum vierten ist uns auch not die Geduld. Denn wer den Glauben hat, Gott vertraut und seinem Nächsten die Liebe erzeigt, in der er sich täglich übt, der kann ja nicht ohne Verfolgungen sein. Denn der Teufel schläft nicht, sondern gibt ihm genug zu schaffen. Und die Geduld wirkt und bringt die Hoffnung, welche sich frei ergibt und in Gott schwingt, und so nimmt der Glaube durch viele Anfechtung und Anstöße immer zu und wird von Tag zu Tag gestärkt. Solches Herz, mit Tugenden begnadet, kann niemals ruhen noch sich still verhalten, sondern ergießt sich wiederum zu dem Nutzen und Wohltun an seinem Bruder, wie ihm von Gott geschehen ist. [...] Merk dir ein Gleichnis: Die Sonne hat zwei Dinge, den Glanz und die Hitze. Es ist kein König so stark, dass er den Glanz der Sonne biegen oder lenken könne, sondern der bleibt an seiner Stelle. Aber die Hitze lässt sich lenken und biegen und ist stets um die Sonne. Ebenso muss der Glaube allezeit ganz unbeweglich in unseren Herzen bleiben und wir dürfen nicht davon weichen, sondern die Liebe beugt und lenkt sich, [dass] unser Nächster [sie] zu begreifen und [ihr zu] folgen vermag. Es sind etliche, die können gut rennen, etliche können gut laufen, etliche kaum kriechen. Darum müssen wir nicht unser Vermögen, sondern das unseres Bruders betrachten, auf dass der Schwache im Glauben, so er dem Starken folgen wollte, nicht vom Teufel zerrissen werde."[12] Die Mahnung zur Ruhe und zur Geduld aus Rücksicht auf die Schwachen steht an erster Stelle. Luther sieht ganz klar in dem Wittenberger Treiben den Teufel am Werke, der sich über alle Seelen freut, die ihm so gegen alle Absicht zugeführt werden. Noch deutlicher wird Luther in der Predigt am Montag: „Summa summarum: predigen will ich es, sagen will ich es, schreiben will ich es. Aber zwingen, mit Gewalt dringen will ich niemand, denn der Glaube will willig, ungenötigt angenommen werden. Nehmt [Euch] ein Beispiel an mir. Ich bin dem Ablass und allen Papisten entgegen gewesen, aber mit keiner Gewalt, ich habe allein Gottes Wort getrieben, gepredigt und geschrieben, sonst habe ich nichts getan. Das hat, wenn ich geschlafen habe, wenn ich Wittenbergisches Bier mit meinem Philipp [Melanchthon] und Amsdorff getrunken habe, so viel getan, dass das Papsttum so schwach geworden ist, dass ihm noch nie ein Fürst noch Kaiser so viel Abbruch getan hat. Ich hab nichts getan, das Wort hat es alles gewirkt und ausgerichtet. Wenn ich mit Ungestüm hätte vorgehen wollen, wollte ich das deutsche Land in ein großes Blutvergießen gebracht haben, ja ich wollte wohl zu Worms ein Spiel angerichtet haben, dass der Kaiser nicht sicher gewesen wäre. Aber was wäre es [gewesen]? Ein Narrenspiel wäre es gewesen."[13] Luther scheut sich also nicht, sein eigenes Beispiel anzuführen um zu demonstrieren, wie das Wort Gottes sich selbst Bahn bricht. Es bedarf nicht des menschlichen Zutuns, dass dies geschieht, sondern das Wort hat so viel Kraft, dass es auch am Werk ist, wenn der Mensch schläft oder sich mit Freunden ein Bier gönnt. Wer in blindem Aktionismus wütet, schadet hingegen dem Wort. Was Luther in diesem Zusammenhang betonte, war die sorgfältige Unterscheidung zwischen den Dingen, die frei sind, d. h. die man tun oder auch lassen kann, und den Dingen, die zu tun oder zu lassen um des Evangeliums willen notwendig sind. Die Frage nach Bildern in der Kirche und auch die Frage nach der Darreichung des Abendmahls unter beiderlei Gestalt gehörte für ihn zu den freien Dingen, von denen das Heil nicht abhängt. So kann er in der Predigt am Mittwoch nach Invokavit sagen: „Darum muss ich es zugeben: Die Bilder sind weder das eine noch das andere, sie sind weder gut noch böse, man mag sie haben oder nicht haben."[14]

Die Predigten Luthers zeigten Erfolg. Die Bevölkerung, die kräftig mit gegen Heiligenbilder, Abendmahlsgerät und anderes angestürmt war, beruhigte sich; Karlstadt wurde auf seine universitäre Tätigkeit beschränkt, was ihm bald aber nicht mehr ausreichte, sodass er in der Folgezeit als Volksaufklärer unterwegs war; Zwilling erhielt in Wittenberg Predigtverbot, ging nach Torgau und führte dort die Reformation in gemäßigterer Form ein. Es bleibt in diesem Kontext natürlich eine Frage offen, die man legitimerweise aber stellen muss: ob Luther zur Mäßigung aufrief, weil er den strengen Arm der Obrigkeit fürchtete, weil er die Sache der Reformation gefährdet sah – oder weil er tatsächlich davon überzeugt war, dass zwischen theologischer und politischer, auch kirchenpolitischer Reform klar differenziert werden muss. Eindeutig wird die Frage nicht zu beantworten sein, und die Forschung spiegelt an dieser Stelle wider, wie sehr eine Antwort abhängig ist vom jeweiligen Kontext, in dem sich das Problem stellt.

Karlstadt und Zwilling waren erste Vertreter einer Bewegung innerhalb des Gesamts der Reformation, die in einem oder mehreren Punkten von dem so zu bezeichnenden „Mainstream" abwichen. Es ist schon erwähnt worden, wie schwierig es ist, überhaupt so etwas wie einen „Mainstream" in dieser frühen Zeit auszumachen und zu beschreiben. Deshalb muss nun danach gesucht werden, ob es so etwas gibt beziehungsweise worin sich die wiederum ganz unterschiedlichen Zweige des radikalen Flügels treffen. Luther selbst übrigens benutzte den Begriff der „Schwärmer" oder „Schwarmgeister", was dann in der Folgezeit ein beliebter Begriff wurde. Wolf-

Dieter Hauschild bietet in seiner Darstellung der Reformationsgeschichte eine, wie ich finde, nützliche und brauchbare Zusammenstellung von Charakteristika dieser Gruppierungen: „1. Sie wollten die wahrhaft reine Kirche der entschiedenen Gläubigen und Heiligen darstellen in Separation von der Masse der verweltlichten Christenheit (der Volkskirche); ihre Gemeindebildung war damit i.w. auf Kleingruppen beschränkt. – 2. Sie lehnten die objektiv-institutionelle Heilsvermittlung durch Wort und Sakrament (als Gottes Handeln verstanden) ab bzw. relativierten sie stark zugunsten einer gläubigen Subjektivität oder eines im Glauben erfahrbaren und praktizierten Christenlebens (oft auch mit beträchtlichen Unterschieden zur reformatorischen Rechtfertigungslehre). – 3. Sie standen mit ihrer Ablehnung der Volkskirche auch der traditionellen Gesellschaftsstruktur kritisch gegenüber und erstrebten ihre reformatorischen Veränderungen grundsätzlich (oder z.T. nur faktisch) ohne Verbindung mit den Obrigkeiten in Stadt und Territorium. – 4. Sie verstanden Reformation umfassend als Änderung der gesamten Lebensordnungen, der kirchlichen wie der weltlichen i.S. der traditionellen Vorstellung vom corpus christianum, unterscheiden also nicht wie Luther und Zwingli die beiden Bereiche [...]."[15] Wenn Hauschild auch eingestehen muss, dass diese Charakteristika nicht alle oder nicht alle so auf die einzelnen Gruppierungen zutreffen, so ergibt sich doch daraus ein einigermaßen geschlossenes Bild, das jedenfalls eine Zuordnung zu erleichtern vermag. Von dort aus unterscheidet er drei Typen, auf die diese vier Elemente zutreffen und die jeweils einen bestimmten Schwerpunkt, eine bestimmte Fokussierung erkennen lassen: die Apokalyptik, den Spiritualismus und das Täufertum.

Zur Apokalyptik, verbunden mit mystisch-chiliastischen und von dort aus revolutionären Elementen verknüpft, ist Thomas Müntzer (ca. 1490–1525) zu rechnen, der vielleicht bekannteste und populärste „Linke", nicht zuletzt deshalb, weil sich die marxistische Geschichtsforschung in besonderem Maße für ihn interessiert hatte. Nicht ganz zu Unrecht, denn anders als Luther hat er den Konflikt mit der Obrigkeit nicht gescheut, ja, vielleicht sogar im Gegenteil manchmal gesucht. Aber auch nicht ganz zu Recht, denn Müntzer war weder ein moderner Theologe (er war z.B. mehr von spätmittelalterlichen Ideen beeinflusst denn von humanistischen), noch war er in erster Linie politisch interessiert. Was er politisch getan und nachhaltig bewirkt hat, entsprang einem eminent theologischen Interesse. Und dies war eben apokalyptisch-spiritualistisch geprägt. In Zwickau kam er in Kontakt mit dem bereits erwähnten Nikolaus Storch, und nicht zuletzt durch diesen Kontakt verschärfte sich seine ohnehin radikale Kirchenkritik. Der Rat verwies ihn der Stadt, als es aufgrund seiner Versuche, Anhänger um sich zu scharen, zu Spaltungen kam. Er zog nach Böhmen, wo er zwar auch keine rechte Resonanz fand, immerhin aber Grundzüge seiner Gedanken 1521 im Prager Manifest sammelte. Dort kann man u.a. Folgendes lesen: „Diesen unerträglichen und bösen Schaden der Christenheit habe ich mir tief betroffen zu Herzen genommen, nachdem ich mit ganzem Fleiß die Geschichte der Kirchenväter gelesen habe. Ich finde, dass nach dem Tode der Apostelschüler die unbefleckte, jungfräuliche Kirche durch den geistlichen Ehebruch zur Hure geworden ist, und zwar der Gelehrten halber, die immer obenan sitzen wollen [...]. Auch finde ich in keinem Konzil das wahrhaftige Zeugnis nach der lebendigen Ordnung des untrüglichen Wortes Gottes. Es sind eitel kindische Possen gewesen. Durch den nachsichtigen Willen Gottes ist das alles zugelassen worden, damit alles, was der Mensch vermag, hervorkommen konnte. Es soll aber – Gott sei gebenedeit – nicht noch länger so zugehen, dass die Pfaffen und Affen die christliche Kirche sein sollen. Es sollen vielmehr die auserwählten Freunde des Gotteswortes auch prophezeien lernen, wie Paulus lehrt, damit sie wahrhaftig erfahren, wie freundlich Gott [...] mit all seinen Auserwählten redet. Um solche Rede an den Tag zu bringen, bin ich willig, um Gottes willen mein Leben zu opfern. Gott wird wunderliche Dinge mit seinen Auserwählten tun, besonders in diesem Lande [i.e.: Böhmen]. Denn hier wird die neue Kirche anfangen, und dieses Volk wird ein Spiegel der ganzen Welt sein. Darum rufe ich einen jeglichen Menschen auf, dass er dazu helfe, dass Gottes Wort verteidigt werden kann."[16] Die Scheidung in Gut und Böse, die Verdorbenheit der Christenheit und die nahe Erlösung sind die Hauptthemen in diesem Text. Dass Müntzer überzeugt war, selbst zu den von ihm genannten Auserwählten zu gehören, steht außer Frage. Alles in allem enttäuscht von seinem Aufenthalt in Böhmen zog er 1523/24 zunächst unstet umher und dann weiter in das kursächsische Allstedt, wo er zunächst mit Gottesdienstreform und Sammlung Gleichgesinnter beachtliche Erfolge erzielte. Seine Bemühungen jedoch in der Fürstenpredigt, Herzog Johann, den Mitregenten Friedrichs des Weisen, dazu zu bewegen, die Scheidung in Auserwählte und Gottlose obrigkeitlich mit Gewalt vorzunehmen, scheiterte, brachte ihn endgültig bei Luther und der Obrigkeit in Verruf und zwang ihn, sich schon bald wieder eine neue Wirkungsstätte suchen zu müssen. Luther war mit ihm hart ins Gericht gegangen, namentlich in der Schrift „Brief an die Fürsten von Sachsen von dem aufrührerischen Geist" vom Juli 1524. Müntzer galt ihm als „Satan von Allstedt", von dem er schreibt: „Nachdem der ausgetriebene Satan jetzt ein Jahr oder drei durch dürre Stätten umhergelaufen ist und Ruhe gesucht und nicht gefunden hat, hat er sich in E.F.G. Fürstentum niedergelassen und zu Allstedt ein Nest gemacht, und denkt unter unserm Frieden, Schirm und Schutz gegen uns zu fechten."[17] Besonders Müntzers Anspruch, im Besitz des Heiligen Geistes zu sein, der ihn antreibe und anstachele, ärgerte Luther, und er schrieb: „Das wäre eine feine Frucht des Geistes, durch die man ihn prüfen könnte, wenn er sich nicht im Winkel verkröche und das Licht scheute, sondern öffentlich vor den Feinden und Widersachern stehen müsste, bekennen und Antwort geben. Aber der Geist zu Allstedt meidet solches wie der Teufel das Kreuz und treibt doch derweil in seinem Nest die unerschrockensten Worte, als wäre er des Heiligen Geistes voll. [...] So spüre ich auch noch keine besondere Frucht des Allstedtischen Geistes, außer dass er mit der Faust schlagen und Holz und Steine zerbrechen will. Liebe, Friede, Geduld, Gütigkeit und Sanftmut haben sie bisher noch zu beweisen aufgespart, auf dass des Geistes Früchte nicht zu allgemein werden. Ich kann aber durch Gottes Gnade viel Früchte des Geistes bei den Unseren anzeigen, und wollte auch noch wohl meine Person allein, die die geringste und sündlichste ist, allen Früchten des ganzen Allstedtischen Geistes entgegensetzen, wenn es ums Rühmen gehen sollte, wie hoch er auch mein Leben tadelt."[18] Wieder wird man fragen müssen, ob Luthers Auseinandersetzung mit Müntzer rein theologisch oder nicht doch auch zugleich politisch motiviert war und ob nicht eine gehörige Portion Eitelkeit mit im Spiel war. Der Hinweis darauf jedenfalls, wie sehr er als Bekenner und vor dem Kaiser mutig Widerstehender doch viel näher am Heiligen Geist ist als der Allstedtische Satan, ist deutlich. Müntzers Antwort ließ nicht lange auf sich warten, er äußerte sich verschiedentlich und ließ dann seine Polemik gipfeln in der Schrift „Hochverursachte Schutzrede und Antwort wider das geistlose, sanftlebende Fleisch zu Wittenberg". Der Titel zeigt klar an, dass hier niemand mehr mit Samthandschuhen angefasst wird, sondern dass pure Polemik Stil des Angriffs gegen Luther ist, den er als „Doktor Lügner" bezeichnet: „Er schilt mich gar heftig und wirft mir die Güte des Sohnes Gottes und seiner lieben Freunde vor, nachdem ich den Ernst des Gesetzes gepredigt habe, wie es der Strafe für die geistlosen Übertreter wegen (auch wenn sie Regenten sind) nicht aufgehoben, sondern mit dem allerhöchsten Ernst vollzogen werden soll [...] Über deinem [i.e.: Luthers] Rühmen möchte wohl einer vor deiner unsinnigen Torheit entschlafen. Dass du zu Worms vor dem Reich gestanden bist, Dank sei dem deutschen Adel, dem du das Maul so wohl bestrichen und Honig gegeben hast, denn er wähnte nicht anders, du würdest mit deinem Predigen böhmische Geschenke machen [die Säkularisierung von Kirchengütern nach hussitischem Vorbild], Klöster und Stifte, welche du jetzt den Fürsten verheißt. Wenn du zu Worms gewankt hättest, wärest du eher vom Adel erstochen als losgegeben worden, [das] weiß doch ein jeder. Du darfst dir wahrlich nichts zuschreiben; wolltest du dann noch einmal, wie du dich rühmst, dein edles Blut daran wagen, so gebrauchtest du mit den Deinen wilde Tücke und Liste. Du ließest dich auf deinen Rat gefangen nehmen und stelltest dich unwillig. Wer sich auf deine Schalkheit nicht verstünde, schwüre wohl zu den Heiligen, du wärest ein frommer Martin. Schlafe sanft, liebes Fleisch! Ich röche dich lieber gebraten in deinem Trotz durch Gottes Grimm in der Röhre oder Topf beim Feuer [...], denn in deinem eigenen Südlein gekocht sollte dich der Teufel fressen [...] Du bist ein Eselsfleisch, du würdest langsam gar und ein zähes Gericht werden deinen Milchmäulern."[19] Das ließ an Deutlichkeit nun wirklich nichts zu wünschen übrig. Das Tischtuch zwischen Luther und den Fürsten einerseits und Müntzer andererseits war zerschnitten. Er machte sich selbst zu einer tragischen Gestalt. Nach der Ausweisung aus Allstedt war ihm die Begegnung mit den Bauernaufständen in Südwestdeutschland ein Zeichen, dass das Ende der Welt nahe herbeigekommen sei, und dies verstärkte seine in Anbetracht dessen immer hektischeren Versuche, eine Gruppe von Auserwählten zu finden, die mit ihm zusammen das Himmelreich ererben sollten. Auf die Fürsten hoffte er nicht mehr, im Gegenteil. Er war inzwischen davon überzeugt, dass die Bauern als göttliches Werkzeug für die Umsetzung der Reformideen kämpfen mussten. Gewalt war für ihn dabei ein probates und nicht erst das letzte Mittel. Er, der sich als Prophet verstand und sich in Analogie zu Elia und Jeremia sah, kehrte 1525 zurück ins thüringische Mühlhausen. Er schloss sich den aufständischen Bauern an, fungierte als deren Prediger und Stratege – und kam schließlich mit ihnen zusammen um. Allerdings nicht unmittelbar in der verheerenden Schlacht bei Frankenhausen am 15. Mai 1525; nach seiner Gefangennahme wurde Müntzer vielmehr gefoltert, aber er, der sich als Werkzeug Gottes sah, widerrief nicht. Zwölf Tage nach der Niederschlagung der Bauernaufstände wurde er mit dem Schwert hingerichtet. Seine Ideen fanden allerdings kein Ende, sondern wurden in veränderter Form vor allem von dem apokalyptischen Täufer Hans Hut aufgenommen.

Die zweite von Hauschild genannte Gruppe ist die der Spiritualisten. Wie der Name schon sagt, hatten es deren Vertreter in einer besonderen Weise mit dem Heiligen Geist zu tun. Ihnen gemeinsam war, dass sie die Institution Kirche ablehnten und auf eine unmittelbare, das heißt nicht durch Wort und Sakrament gespendete Einwirkung des Geistes vertrauten. Damit verbunden waren eine entsprechende Institutionenkritik, die nicht bei der Kirche haltmachte, und die Separation; es hat so gut wie keine spiritualistischen Gruppen gegeben, wohl aber Einzelne, die dann wiederum auf andere einzelne „Außenseiter" wirkten. Obwohl durchweg eine sofortige historische Wirkung ausblieb, hielten sich die Ideen der Spiritualisten und drangen in Nebenbereiche der Reformation und später des Protestantismus.

Als Erster in der Reihe der Spiritualisten muss noch einmal Karlstadt genannt werden. Nach seinem unrühmlichen Abgang aus Wittenberg suchte er sich eine neue Wirkungsstätte im thüringischen Orlamünde. Seine alten Reformideen (Gemeindegottesdienst mit deutscher Liturgie, Gedächtnismahl, Ablehnung der Kindertaufe, Ablehnung der Bilder) wurden aber auch hier von Luther torpediert, der in ihm einen Kampfgenossen Müntzers witterte, und tatsächlich erwirkte Luther die Ausweisung Karlstadts. Den hielt es fortan nicht lange an einem Ort, er zog gen Süden und wirkte durch zahlreiche populäre Schriften; seine Tauflehre beeinflusste die Täuferbewegung nachhaltig. Der Anschluss an die Zürcher Reformation befreite ihn von dem Verdacht des Separatismus. Dass dennoch namentlich der Gegensatz zu Luther frappierend war, liegt auf der Hand und ist unbestritten: Für Karlstadt spielte die persönliche, innerliche Glaubensvergewisserung eine viel entscheidendere Rolle als die Heilsvermittlung durch die Sakramente oder auch durch das Wort.

Karlstadts Ideen wurden von verschiedenen Vertretern des Spiritualismus wie auch des Täufertums aufgenommen. Zu nennen sind u.a. Melchior Hoffmann, Kaspar von Schwenckfeld, Sebastian Franck, Ludwig Hätzer und Hans Denck. Hoffmann (ca. 1500–1543) stammte aus Schwäbisch Hall und bemühte sich anfangs um Anbindung an die Wittenberger Reformation. So ließ er sich 1525 seine evangelische Legitimität von Luther und Johannes Bugenhagen, dem Reformator Norddeutschlands, bestätigen, nachdem er zuvor wegen seines Antiklerikalismus, des Bildersturms und apokalyptischer Predigten in seinen Wirkungsstätten seit 1523, Dorpat und Reval, Verdacht erregte. Dann allerdings geriet er in ein immer stärkeres Gegenüber insbesondere zur lutherschen Sakramentenlehre; er hinterfragte das Schriftprinzip und pochte vielmehr auf die unmittelbare Wirkung des Heiligen Geistes ohne Vermittlung. Schnell geriet er auch in ein Gegenüber zur Obrigkeit. Unter seinem Einfluss entstand in den Niederlanden eine besonders militante Form des Täufertums: die Melchioriten, deren Führer Jan Mathys (1490/1500–1534) wurde, ein Bäcker aus Haarlem. Ähnlich wie später die Täufer unter Hans Hut wollten auch die Melchioriten die letzten Auserwählten sammeln, die nach dem nahe erwarteten Weltende das Himmelreich ererben sollten. So wurden Apostel, Sendboten, Missionare ausgeschickt. Zur Vorbereitung auf das nahe Reich Gottes sollten dann diese letzten Gerechten theokratische Zwischenreiche errichten – deren eines in Münster zu Hause war, wovon später noch die Rede sein muss. Hätzer (ca. 1500–1529) und Denck (ca. 1500–1527) waren von der Mystik ebenso beeinflusst wie vom Humanismus. Beide bestritten wie auch Hoffmann das Schriftprinzip und die Heilsbedeutung der Bibel; es komme viel mehr als auf dieses äußerliche Wort auf das innerliche Wort Gottes an. Hätzer ging noch weiter und bestritt den trinitarischen Personenbegriff und die Gottheit Christi.

Der Schlesier Schwenckfeld (1489–1561) widmete sich als Laie selbst intensiv dem Bibelstudium und begründete eine Art Erweckungstheologie auf der Basis mystischer Elemente. Auch er lehnte die Institution Kirche ab; die Auserwählten, mit Christus mystisch Vereinigten bedürften weder der Wassertaufe noch der Sakramente, geschweige denn des Wortes, um selig zu werden. Wirklich auffällig wurde auch er erst, als er – ähnlich wie Hätzer – zum Angriff auf die altkirchlichen Symbole, die unangefochten gültigen Bekenntnistexte also, überging und eine Art monophysitische Christologie vertrat, das heißt, dass nach der Himmelfahrt die menschliche Natur Jesu Christi von der göttlichen absorbiert worden sei. Diese

Ansicht Schwenckfelds wurde durch einen Theologenkonvent in Schmalkalden 1540 verurteilt und galt selbst den Protestanten als Ketzerei, denen sehr daran gelegen war, die Übereinstimmung ihrer Lehre mit den Lehrformeln der Alten Kirche zu kennzeichnen. Schwenckfelds Schriften wurden dennoch weiter verbreitet, und man kann ihre Wirkungen vor allem auf andere spiritualistisch Orientierte wie Valentin Weigel und Jakob Böhme verfolgen, bis in den Pietismus hinein. 1734 wanderte eine verfolgte Gruppe nach Pennsylvania aus, wo es bis heute eine Denomination der Schwenckfeldianer gibt.

Bleibt noch Sebastian Franck (ca. 1499–1542), der Gott als an den Menschen gebundenen Geist verstand und von einer pessimistischen Geschichtsphilosophie geprägt war: Das Böse würde zunehmen, behauptete er. Die Bibel sei in Wahrheit ein papiernes Gebilde, dem der Geist fehle, die wahre Kirche gebe es nicht mehr. Daher komme man nur mit einer Religion des Geistes weiter, ohne Bibel und Bekenntnis. Da er auch noch die Toleranz postulierte, dürfen wir uns an die beginnende Neuzeit erinnern und ihn in sehr vorsichtiger Hinsicht als Wegbereiter einer aufgeklärten Theologie verstehen.

Nicht unerwähnt bleiben soll in dieser Übersicht Theophrast von Hohenheim – besser bekannt unter der latinisierten Form Paracelsus (1493/4–1541), der eigentlich römisch-katholisch war und blieb, aber doch in seinem schroffen Antiklerikalismus und seiner nicht minder schroffen Bibeltheologie in aller Vorsicht und Vorläufigkeit zu den radikalen Reformatoren gerechnet werden kann.

Wenn wir uns nun noch den Täufern zuwenden, dann kommt neben den anderen Elementen, die „Schwärmer" zu „Schwärmern" machen, als weiteres und beinahe hauptsächliches die Erwachsenentaufe oder besser: die Glaubenstaufe hinzu. Die Überzeugung, nur der bewusst Glaubende könne sich taufen lassen und dadurch geheiligt werden, hatte als weitere Konsequenz die Auflehnung gegen bestehende klerikale Formen – auch reformatorisch bestimmte Formen. Die Separation war dann sozusagen unerlässlich, das Gegenüber zur Obrigkeit ebenso; Staats- und Kriegsdienst wurden genauso abgelehnt wie der Eid. Der Eid nun hatte im Gemeinwesen des 16. Jahrhunderts eine besondere Stellung inne, weil der Zusammenhalt eben dieses Gemeinwesens wesentlich von dem Schwur darauf abhängig war. Er war, so könnte man vielleicht sagen, so etwas wie die freiwillige Bindung an die Gemeinschaft. Diese Elemente machten die zahlenmäßig kleinen Täufergemeinden in den Augen der Obrigkeit verdächtig und setzten sie der Verfolgung aus. Sie galten als diejenigen, die das Gemeinwesen unterhöhlten.

So ist es kein Zufall, dass die ersten Täufergemeinden aus Hauskreisen entstanden sind, die sich aus dem Umfeld der Mitstreiter Zwinglis gebildet hatten. Ihnen war Zwingli nicht radikal genug und zu sehr noch an die bestehenden kirchlichen

Strukturen gebunden. Die Wortführer Konrad Grebel (ca. 1498–1526) und Felix Mantz (ca. 1500–1527) bildeten in diesem Sinne erste Konventikel; auf dem Land kamen, anders als in Zürich selbst, dringend notwendige Veränderungen in wirtschaftlicher Hinsicht dazu, die ebenfalls zu einer radikaleren Reform drängten. Die Tauffrage rückte erst ab 1524 in den Mittelpunkt der Auseinandersetzung, nun insbesondere auch mit Zwingli direkt. Nachdem Grebel und andere nach einer gescheiterten Disputation zu Beginn des Jahres 1525 zunächst in Hauskreisen die Glaubenstaufe praktizierten, erwuchs im Zürich nahen Zollikon bald darauf eine erweckte Täufergemeinde. Dies erschien dem Rat der Stadt überaus verdächtig und wurde von ihm als Wiedertaufe deklariert. Zur Abschreckung verhaftete man etliche der Protagonisten und ließ Felix Mantz 1527 durch Ertränken hinrichten – im Blick auf den Hauptgegenstand der täuferischen Glaubensüberzeugung eine besonders subtile Form der Hinrichtung.

Diese Hinrichtung zeigte aber nicht die erhoffte, abschreckende Wirkung, denn die Ideen der Täufer hatten natürlich schon weitere Kreise gezogen und ergriffen einige, die vom eher lahmen Gang der Reformation enttäuscht waren. So auch Balthasar Hubmaier (ca. 1480/5–1528), einen ehemaligen Schüler Johann Ecks aus Ingolstadt, der Kontakte zu verschiedenen Schwärmern unterhielt und als Pfarrer im schwarzwäldischen Waldshut 1525 die Glaubenstaufe einführte. Auch er geriet natürlich in den Verdacht, ein Wiedertäufer zu sein, obwohl folgende Textstelle schön belegt, dass er selbst diesen Begriff scharf ablehnte: „Wenn gefragt wurde, warum wir uns wiedertaufen ließen (obwohl es keine Wiedertaufe ist), so antworteten wir, dass uns nichts beweist, ob wir getauft seien oder nicht. Sie verbreiteten über uns weiterhin, dass wir uns rühmten, wir könnten nach der Taufe nicht mehr sündigen. Auch viel anderes erdichtetes und unwahres Gerede unterstellen sie uns, das mir oder einem anderen rechtgesinnten und gutherzigen Christen nie in den Sinn gekommen ist [...W]ir bilden weder Rotten noch Sekten, sondern handeln in dieser Sache nach dem Worte Gottes. Daran werden uns weder Engel noch Teufel oder Menschen in Ewigkeit hindern. Obwohl etliche noch so wild dagegen toben und drucken, sieht man an ihrem Schreiben sehr wohl, dass sie lieber die klaren, hellen und lauteren Taufschriften verdunkeln und verfinstern wollen, damit man ihre Verirrung und Niederlage nicht sehe, als dass sie begehren, das rechte Verständnis hervorzuholen und deutlich zu machen [...] So bekennen wir unverhohlen, dass wir in der Kindheit nicht getauft worden sind. Deshalb lassen wir uns taufen kraft des ernstlichen Befehls Christi und der Apostel an vielen Stellen."[20] Genutzt hat ihm die Verteidigung seiner Positionen nichts. Nach dem Aufenthalt an einigen Zufluchtsorten unter anderem im böhmischen Nikolsburg wurde er 1528 in Wien verhaftet und verbrannt.

Auch Michael Sattler, ein ehemaliger Benediktiner, gehört zu den Märtyrern der Täufer (er wurde 1527 hingerichtet). Aus seiner Feder stammen die Schleitheimer Artikel, die sich als so etwas wie das Glaubensbekenntnis der Täufer verstehen. Dort heißt es: „Liebe Brüder und Schwestern! Wir, die wir zu Schleitheim am Randen im Herrn versammelt gewesen sind, tun allen Liebhabern Gottes kund, dass wir in den Stücken und Artikeln übereingekommen sind, die wir im Herrn halten sollen, wenn wir gehorsame Kinder, Söhne und Töchter Gottes sein wollen, die in allem Tun und Lassen abgesondert von der Welt sind und sein wollen. Gott allein sei Preis und Lob, dass es ohne den Widerspruch irgendeines Bruders und in voller Zufriedenheit geschehen ist. Darin haben wir gespürt, dass die Einigkeit des Vaters und des uns alle verbindenden Christus mit ihrem Geist mit uns gewesen ist. [...] Zum Ersten merkt euch über die Taufe: Die Taufe soll all denen gegeben werden, die über die Buße und Änderung des Lebens belehrt worden sind und wahrhaftig glauben, dass ihre Sünden durch Christus hinweggenommen sind, und all denen, die wandeln wollen in der Auferstehung Jesu Christi und mit ihm in den Tod begraben sein wollen, auf dass sie mit ihm auferstehen mögen, und all denen, die es in solcher Meinung von uns begehren und von sich selbst aus fordern. Damit wird jede Kindertaufe ausgeschlossen, die das höchste und erste Gräuel des Papstes ist. [...] Zum Dritten, was das Brotbrechen anlangt, sind wir uns einig geworden und haben Folgendes vereinbart: Alle, die ein Brot brechen wollen zum Gedächtnis des gebrochenen Leibes Christi, und alle, die von einem Trank trinken wollen zum Gedächtnis des vergossenen Blutes Christi, die sollen vorher vereinigt sein zu einem Leib Christi, das ist zur Gemeinde Gottes, deren Haupt Christus ist, nämlich durch die Taufe. [...] Alle, die Gemeinschaft haben mit den toten Werken der Finsternis, die haben kein Teil mit denen, die aus der Welt zu Gott berufen sind. [...] Zum Vierten haben wir uns über die Absonderung geeinigt. Die soll geschehen von dem Bösen und vom Argen, das der Teufel in die Welt gepflanzt hat, damit wir ja nicht Gemeinschaft mit ihnen haben und mit ihnen in Gemeinschaft mit ihren Gräueln laufen. [...] Nun gibt es nie etwas anderes in der Welt und in der ganzen Schöpfung als Gutes und Böses, gläubig und ungläubig, Finsternis und Licht, Welt und solche, die aus der Welt sind, Tempel Gottes und die Götzen, Christus und Belial, und keins kann mit dem andern Gemeinschaft haben [...]."[21] Wir sehen daran, dass sich viel reformatorisches Gedankengut mit einem radikalen Separatismus verbindet und so eine explosive Mischung darstellt.

Hans Hut (ca. 1490–1527) war uns bereits im Zusammenhang mit Thomas Müntzer begegnet, dessen Ideen er aufgenommen und in gewisser Hinsicht noch zugespitzt hatte. Fest davon überzeugt, die Welt werde 1528 untergehen, sammelte er Missionare um sich, die er ausschickte, die Wenigen zu retten, die sich dem Täufertum und damit dem allein selig machenden Weg anschließen wollten. Dies wurde sowohl von der Obrigkeit als auch von den Theologen kritisch beäugt; das Täufertum wurde mit Aufruhr und Ketzerei in eins gesetzt. Der Speyerer Reichstag von 1529 verhängte über alle nicht reumütigen Ketzer die Todesstrafe, wogegen auch die Theologen keine Einwände hatten, welche die Täufer ebenfalls als Ketzer und damit des Todes für würdig befanden. So verloren so gut wie alle Führergestalten bis 1530 ihr Leben.

Zum Schluss – auch wenn das der Chronologie ein wenig vorausgreift – ist auf eine besonders kuriose Form des Täufertums zu blicken: die Wiedertäufer in Münster. Jan Mathys, der bereits im Zusammenhang mit den besonders radikalen und militanten Schwärmern erwähnte Bäcker aus Haarlem, schickte zu Beginn des Jahres 1534 den bankrotten Kaufmann Jan Bockelson, der sich Jan van Leiden nannte, als Apostel und Missionar nach Münster, wo der Prädikant Bernt Rothmann bereits die Reformation eingeführt hatte. Interessanterweise war dies mit vertraglicher Anerkennung des Bischofs Franz von Waldeck geschehen, der wiederum auf Anraten des hessischen Landgrafen Philipp handelte. Der Rat der Stadt duldete zur Sicherung des inneren Friedens diejenigen reformatorischen Bewegungen, die nicht dazu führten, dass alles, was altgläubig war, evangelisch werden musste. Der Rat empfahl: „Nachdem man lange hin und her beratschlagt hatte, beschloss man endlich, dass nach Beendigung jedes beunruhigenden Verdachtes kein Bürger und Einwohner von seinem Mitbürger etwas Widriges befürchten und keiner den andern verletzen oder seiner Güter berauben solle, sondern sie sollten freundlich und friedlich miteinander leben, keiner den anderen mit Schmähungen und bittern Worten reizen, keiner den anderen in seinem Glauben stören. Der Glaube sollte frei und für jeden nach seinem Gewissen wählbar sein, bis Gott die Einheit der Religion und des Glaubens durch seinen Heiligen Geist gnädig verleihen wird."[22] Das klang sehr danach, als sollte hier erstmals und recht früh in der Reformationsgeschichte das schiedlich-friedliche Miteinander der Konfessionen einen vorläufigen Schlussstrich unter die Auseinandersetzungen ziehen. Doch der Friede währte nicht lange. Mit Mathys nämlich und insbesondere unter seinem Nachfolger Bockelson eskalierte die Lage. Bockelson hatte schon zuvor die Wiedertaufe eingeführt, auch Rothmann ließ sich wiedertaufen. Seit Februar 1534 gab es regelrechte Massentaufen, jeder wollte sich in dem in Aussicht gestellten, engen Himmel seinen Platz sichern. Die Besitztümer und Klostergüter wurden wie auch der Privatbesitz der zahlreichen Zuwanderer an alle gleichmäßig verteilt, es gab eine Form der Gütergemeinschaft, die den urchristlichen Gemeinden nachgebildet war. Die Kehrseite der Medaille war, dass zahlreiche Kunstschätze als wertloser und götzendienerischer Tand zerstört wurden. Bei den Ratswahlen 1534 erhielten die Täufer die Mehrheit, der wohlhabende Gewandschneider Bernd Knipperdollinck wurde Bürgermeister. Als dann noch Bockelson neues Oberhaupt wurde, das berechnete Weltende verstrichen war und man sich überlegte, dass jetzt von Münster aus die Heiligung der gesamten Menschheit ausgehen sollte, wurde Münster zum neuen Jerusalem erklärt und eine Theokratie par excellence. Das Leben der Bürger streng nach den Geboten Gottes gehörte ebenso dazu wie die Polygamie. Jan van Leiden, der ehemals bankrotte Kaufmann, erklärte sich zum neuen David und zum König dieses Gottesvolkes, und man kann nicht behaupten, dass ihm die Macht und Pracht dieses Amtes große Beschwernisse verursacht hätten. Gegen diesen offensichtlichen Wahnsinn schrieben auch die Reformatoren bald heftig an, die Stadt wurde 1536 gestürmt, die Anführer hingerichtet. Und zwar wiederum auf besonders subtile Art: Sie, die zuvor in Prunk und verschwenderischer Genusssucht das Ende der Welt in libertinistischer Freizügigkeit erwarten wollten, verhungerten und verdursteten in Käfigen, die man an der Lambertikirche in der Stadt hochgezogen hatte.

Erwähnt werden muss zu guter Letzt noch, dass es Reste von Schwärmern aller Art natürlich auch weiterhin gab, trotz aller Rückschläge, die diese hinnehmen mussten. Zu den bekanntesten zählen Menno Simons (1495/6–1561), der sich den Melchioriten angeschlossen, sich aber aufgrund der Ereignisse in Münster wieder von ihnen abgewendet hatte und aus dessen Ideen die Mennoniten hervorgingen, und Jakob Hutter (ca. 1500–1536) aus Tirol, der insbesondere das Ideal der Gütergemeinschaft pflegte; die Hutterer sind im 19. Jahrhundert nach Nordamerika ausgewandert, wo sie bis heute in verschiedenen Denominationen existieren – am bekanntesten sind vielleicht die Amish, die manches Mal unter anderem von der amerikanischen Filmindustrie wegen ihres kargen und strengen Lebenswandels, zum großen Teil ohne die Errungenschaften der modernen Technik auskommend, einigen Spott ertragen müssen.

Wir haben in diesem Überblick verschiedenste „radikale" Gruppierungen kennengelernt und auch, wie Obrigkeiten und Reformatoren mit ihnen umgegangen sind. Manches war davon nicht gerade von der allerfeinsten Art. Bei all dem darf man Folgendes nicht vergessen: Das harsche Vorgehen der weltlichen Obrigkeiten gegen die Schwarmgeister ist nur zu verstehen. In einer ohnehin unruhigen und alles in allem ausgesprochen instabilen Zeit konnte man vermeintliche Unruhestifter nicht dulden. Und auch der zeitweise recht rüde, polemische Umgang der Reformatoren mit den Vertretern dieser Gruppierungen ist nicht unverständlich. Einmal musste es natürlich auch ihnen darum gehen, die Ruhe zu fördern und Aufruhr zu vermeiden. Schon allein, um die Sache selbst nicht unnötig zu gefährden. Dann aber trieb sie auch die Sorge um die Menschen, die in neue Gewissensnöte gezwängt wurden. Schließlich und sicherlich nicht zuletzt wird man zu berücksichtigen haben, dass diese Gruppen theologische Ideen verbreitet haben, die sich mehr oder weniger deutlich von dem entfernt hatten, was Luther und Zwingli bis dato auf dem Boden der Schrift stehend geäußert hatten. Die Aufforderung oder zumindest die Duldung des harschen Vorgehens gegen die Schwärmer kam erst, als die theologischen Auseinandersetzungen nicht mehr fruchteten. Es gehörte für die Reformation historisch und theologisch zur Strategie des Überlebens, hier eindeutige und unmissverständliche Grenzen zu ziehen. Auch wenn das Ziel nie die Mittel heiligt, darf man dieses Ziel der „Mainstream"-Reformatoren nicht außer Acht lassen.

Und ein Letztes in diesem Zusammenhang: Es ist kein Zufall, dass die Martyrertode namentlich des Täufertums in die Zeit nach dem deutschen Bauernkrieg 1525 fielen. Der Bauernkrieg hatte gezeigt, was möglich und zu befürchten ist, wenn nicht rechtzeitig Zügel angelegt werden, und wurde in gewisser Hinsicht zu einem Trauma der frühen Reformationsgeschichte. Die Grenzen mussten und wurden danach schärfer und unerbittlicher gezogen als zuvor.

Der deutsche Bauernkrieg

Wann immer irgendeine negative oder mindestens problematische Seite der Reformation hervorgehoben werden soll, wird an vorderster Stelle der Bauernkrieg genannt. In den meisten Fällen rückt dabei Luthers vermeintlich zwiespältige Persönlichkeit in den Vordergrund, seine schwankende und zum Schluss drastische Haltung, die ihn in ein Licht bringt, als ob er selbst höchstpersönlich dafür verantwortlich zu sein scheint, dass Tausende Bauern niedergemetzelt worden sind.

Es ist tatsächlich auch gar nicht zu leugnen, dass diese Episode nicht gerade zu den Ruhmesseiten der Epoche gehört, und es ist kein Leichtes, sie historisch und theologisch eindeutig, gar objektiv zu beurteilen. Insbesondere politisch motivierte und gestützte Geschichtsschreibung hat in der ein oder anderen Richtung Fehlzeichnungen vorgenommen, und es wird eine Hauptaufgabe der Zukunft sein, diese zu korrigieren. Eine der folgenreichsten Verzerrungen besteht in der Auffassung, der Bauernkrieg sei monokausal, und das heißt in der Regel: als Ausfluss des lutherischen Gedankenguts zu verstehen und zu erklären. Natürlich ist es nicht von der Hand zu weisen, dass Luthers Äußerungen zum Freiheitsbegriff, namentlich in der Adelsschrift und in der Freiheitsschrift aus dem Jahr 1520, und sein dementsprechender Auftritt auf dem Reichstag in Worms ihren Teil dazu beigetragen haben dürften, die bereits schwelende Unruhe in der Bauernschaft zu verstärken und mit neuer Kraft alte Anliegen vorzubringen. Genau dies aber ist entscheidend: Es gab bereits im 15. Jahrhundert immer wieder kleinere Erhebungen und Aufstände namentlich in Oberdeutschland, die sich seit 1502 vermehrten und dann Mitte der Zwanzigerjahre des 16. Jahrhunderts ihren traurigen Höhepunkt fanden. Es ist also nicht der reformatorischen Bewegung oder gar Luther allein zuzuschreiben, was dann ab der Mitte des Jahres 1524 geschah. Man wird viel mehr als bisher auf die politischen Verquickungen zu schauen haben, um die Bauernaufstände recht zu beurteilen.

Dazu gehört, dass nicht zufällig im Südschwarzwald erste Erhebungen zu beobachten sind, die sich relativ rasch ausbreiteten, weil Herzog Ulrich von Württemberg sich hinter die Bauernschaft stellte. Seine Unterstützung war aber keineswegs von einem Sinn für soziale und wirtschaftliche Gerechtigkeit motiviert, sondern von dem Wunsch getragen, durch die Schlagkraft der Bauern Kraft zu gewinnen, sein Territorium zurückzuerobern. Dem Schwäbischen Bund, einem Zusammenschluss von Habsburg und Bayern, dem sich andere Fürsten und Reichsstädte angeschlossen hatten, missfielen diese Unternehmungen Ulrichs, nicht zuletzt deshalb, weil sich bei Rückeroberung Württembergs ein reformatorischer Korridor zwischen die katholischen und habsburgischen Territorien geschoben hätte. So setzte er seine ganze militärische Erfahrung und sein ganzes „Personal" daran, die Bauernerhebungen niederzuschlagen, und tatsächlich hatten die Bauern, die im Armen Konrad organisiert waren, dem nichts entgegenzusetzen. Etwa gleichzeitig verbündeten sich die oberschwäbischen Bauern mit dem Bauernhaufen des östlichen Bodenseegebiets sowie den beiden Haufen des Gebiets südlich und östlich von Ulm, deren gemeinsames Zentrum Memmingen wurde. Sie forderten neben den sozialen Erleichterungen für die Bauern auch die freie Pfarrerwahl sowie die evangelische Predigt. Deutlicher als bei der Erhebung im Südschwarzwald wird hier schon die Verquickung von religiösen und sozialpolitischen Elementen erkennbar. Im Frühjahr des Jahres 1525 kam es zur Verbündung mehrerer bisher getrennter Haufen im schwäbisch-fränkischen Gebiet, dazu gab es vereinzelte Erhebungen im gesamten Reichsgebiet. Außerdem schlossen sich mehrere Ritter der Bewegung an, und zwar aus ganz unterschiedlichen Gründen, wie z.B. Florian Geyer oder der dann später durch Johann Wolfgang von Goethe zu einem in der Rezeption etwas einseitigen Ruhm gekommene Götz von Berlichingen. Zwei Elemente traten neu hinzu: So geschah es nicht selten, dass die Aufstände eskalierten; es kam zu Plünderungen und Zerstörungen von Klöstern und Schlössern, was sicher nicht nur als „Krieg den Palästen" gedacht war, sondern gewissermaßen als automatische Folge unkontrollierter Kriegshandlung angesehen werden kann. Zudem erhielt die Bauernschaft neue Schlagkraft durch die Idee, die politischen Verhältnisse sollten radikal und umfassend umgestaltet werden. Die Reformen sollten nicht innerhalb des bestehenden politischen Systems durchgeführt werden, sondern das System sollte sich verändern. Hierin zeigt sich in der Tat etwas von der Erhebung des Gemeinen Mannes, die namentlich natürlich in der marxistischen Geschichtsschreibung das Bild von der frühbürgerlichen Revolution legitimieren sollte.

Programmatisch für diese neue Verquickung von politischen und theologisch-kirchenpolitischen Elementen sind die Zwölf Artikel der Bauernschaft in Schwaben vom Februar/März 1525 geworden, die mehr als 300 Beschwerden von Bauern zusammenfassten und vorab biblisch begründeten. Für diese Begründung zeichnete Sebastian Lotzer (ca. 1490–nach 1525) verantwortlich, der dem Baltringer Bauernhaufen angehörte. In diesen Artikeln ist neben vielen Forderungen, die etwa die Allmende, die Todfallabgabe und die Frondienste betrafen, u.a. zu lesen: „Dem christlichen Leser Friede und Gnade Gottes durch Christus. Es gibt viele Widerchristen, die jetzt die Versammlung der Bauernschaft zum Anlass nehmen, das Evangelium zu schmähen, indem sie sagen: Das sind die Früchte des neuen Evangeliums: niemandem gehorsam zu sein, sich an allen Orten zu empören und aufzubäumen, mit großer Gewalt zusammenzulaufen und sich zu rotten, geistliche und weltliche Obrigkeiten zu reformieren, auszurotten, ja vielleicht gar zu erschlagen! Allen, die so gottlos und frevlerisch urteilen, antworten die nachfolgenden Artikel, zuerst um diese Schmach des Wortes Gottes aufzuheben, zweitens, um den Ungehorsam, ja, die Empörung aller Bauern christlich zu entschuldigen. Zum ersten verursacht das Evangelium weder Empörung noch Aufruhr, weil es eine Rede von Christus, dem verheißenen Messias, ist, dessen Wort und Leben nichts als Liebe, Friede, Geduld und Eintracht lehren, sodass alle, die an diesen Christus glauben, liebevoll, friedlich, geduldig und einträchtig werden, wie denn alle Artikel der Bauern letztlich darauf gerichtet sind (wie klar zu sehen ist), das Evangelium zu hören und ihm gemäß zu leben. [...] Zweitens folgt daraus klar und deutlich, dass die Bauern, die in ihren Artikeln solches Evangelium zur Lehre und zum Leben begehren, nicht ungehorsam und aufrührerisch genannt werden können. Ob aber Gott die Bauern (die voller Angst darum beten, nach seinem Wort zu leben) erhören will – wer will da den Willen Gottes tadeln? Wer will in sein Gericht eingreifen? Ja, wer will seiner Majestät widerstreben? Hat er die Kinder Israels, die zu ihm schrien, erhört und aus der Hand des Pharao befreit, kann er nicht auch heute noch die Seinen erretten? Ja, er wird sie erretten! Und in Kürze! [...] Der erste Artikel. Erstens ist unsere demütige Bitte und Begehren, auch unser aller Wille und Meinung, dass wir von nun an Gewalt und Macht haben wollen, dass eine ganze Gemeinde ihren Pfarrer selbst erwählt und prüft. Sie soll auch Gewalt haben, denselben wieder zu entlassen, wenn er sich ungebührlich verhält. Dieser Pfarrer soll uns das heilige Evangelium lauter und klar predigen ohne jeden menschlichen Zusatz, Lehre und Gebot. Denn die stete Verkündigung des wahren Glaubens veranlasst uns dazu, Gott um seine Gnade zu bitten, uns denselben wahren Glauben einzuprägen und in uns zu festigen. [...] Der zweite Artikel. Zweitens, obwohl der rechte Zehnte im Alten Testament eingesetzt und im Neuen erfüllt ist, wollen wir den rechten Kornzehnten nichtsdestoweniger gerne geben, doch wie es sich gebührt. Demnach soll man ihn Gott geben und den

Seinen zuteilen. Gebührt er einem Pfarrer, der klar das Wort Gottes verkündigt, so sind wir willens, diesen Zehnten hinfort durch unseren eigenen Kirchenvorsteher, von der Gemeinde eingesetzt, einsammeln und einnehmen zu lassen. Davon soll dem Pfarrer, der von der ganzen Gemeinde gewählt wird, der gebührende und genügende Unterhalt, ihm und den Seinen, nach dem, was die ganze Gemeinde zuerkennt, gegeben werden. Was übrig bleibt, soll man armen Bedürftigen, die in demselben Dorf vorhanden sind, zuteilen, je nach Sachlage und Festsetzung der Gemeinde. [...] Den kleinen Zehnten wollen wir gar nicht geben, denn Gott der Herr hat das Vieh frei für den Menschen geschaffen, sodass wir es für einen unzulässigen Zehnten halten, den die Menschen erdichtet haben. [...] Der dritte Artikel. Es ist bisher Brauch gewesen, dass man uns als Leibeigene gehalten hat, welches zum Erbarmen ist in Anbetracht dessen, dass uns Christus alle mit seinem kostbaren Blutvergießen erlöst und losgekauft hat, den Hirten genauso wie den Höchsten, keinen ausgenommen. Darum befindet es sich in Übereinstimmung mit der Schrift, dass wir frei sind und es sein wollen. Nicht das wir absolut frei sein und keine Obrigkeit haben wollen, das lehrt uns Gott nicht; wir sollen in Geboten leben, nicht in freiem, fleischlichem Mutwillen. [...] Beschluss. Zwölftens ist unser Beschluss und endgültige Meinung, wenn einer oder mehrere Artikel, die hier aufgestellt sind, dem Worte Gottes nicht gemäß sein sollten – wie wir aber nicht glauben –, so möge man uns diese mit dem Wort Gottes als unzulässig erweisen, dann wollen wir davon absehen, wenn man es uns aufgrund der Schrift nachweist. Für den Fall, dass man uns schon jetzt einige Artikel zulässt, jedoch sich danach herausstellt, dass sie unrecht sind, sollen sie von Stund an tot und hinfällig sein und nichts gelten. [...]"[23] An diesen wenigen Auszügen kann man sehr gut erkennen, wie stark theologische Argumente auf realpolitische Forderungen gewirkt haben. Dass der zwölfte Artikel klare Anklänge an Luthers Worte auf dem Reichstag hat, dürfte kein Zufall sein. Die Berufung auf die Schrift steht also im Vordergrund und dient dazu, die Forderungen gegenüber der Obrigkeit zu legitimieren.

Nur konsequent war es, dass die schwäbische Bauernschaft gleich mehrere Theologen im Sinne dieses Beschlusses um Gutachten bat. Natürlich und vor allem auch Martin Luther. Wer anders als die Theologen sollte entscheiden, ob das, was vorgebracht wurde, schriftgemäß war? Obwohl Luthers Haltung zu den Bauernkriegen im engeren Sinne zu seiner Theologie gehört, sollen doch an dieser Stelle ein paar Auszüge aus seinen Stellungnahmen erwähnt werden. Zur rechten Beurteilung dieser Stellungnahmen ist unbedingt die Chronologie der Ereignisse zu beachten.

Luther stand den Bauernaufständen grundsätzlich ablehnend gegenüber. Man kann es wohl auf die Kurzformel bringen: Er hielt sie für die falsche Form in einer richtigen Sache. Die Zwölf Artikel hatte er erst Mitte April 1525 erhalten, als er sich gerade in der Grafschaft Mansfeld aufhielt und sich mit dem gewalttätigen Aufstand der thüringischen Bauern konfrontiert sah. Er lernte also die Bauern von ihrer „schlechten" Seite kennen und nahm aus dieser verzerrten Perspektive ihre Forderungen wahr. In dieser Situation verfasste er die „Ermahnung zum Frieden auf die Zwölf Artikel der Bauernschaft in Schwaben", die Anfang Mai in den Druck ging. Dort können wir u.a. lesen: „Es hat die Bauernschaft, die sich jetzt im Schwabenland zusammengerottet hat, zwölf Artikel über ihre unerträglichen Beschwerungen gegen die Obrigkeit aufgestellt und mit etlichen Sprüchen der Schrift zu begrunden sich vorgenommen und im Druck ausgehen lassen. Darin hat mir das aufs Beste gefallen, dass sie sich im zwölften Artikel erbieten, wo es mangelt und vonnöten wäre, bessere Unterrichtung gerne und willig anzunehmen, und sie sich unterweisen lassen wollen, sofern das durch helle, offenbare, unleugbare Sprüche der Schrift geschähe; wie es denn billig und recht ist, dass niemandes Gewissen weiter oder anders als mit göttlicher Schrift unterrichtet und unterwiesen werde. Wenn das nun ihr Ernst und ihre eindeutige Meinung ist (wie es mir nicht anders zu deuten gebühren will, weil sie sich mit denselben Artikeln frei an den Tag begeben und das Licht nicht scheuen wollen), so ist noch gute Hoffnung da, es solle gut werden. [...] An die Fürsten und Herren: Zuerst haben wir niemand anderem solchen Unrat und Aufruhr zu verdanken als Euch, Fürsten und Herren, besonders Euch, blinden Bischöfen und tollen Pfaffen und Mönchen, die ihr, noch heute verstockt, nicht aufhört, gegen das Evangelium zu toben und zu wüten [...] Dazu im weltlichen Regiment nichts anderes tut als zu schinden und zu benachteiligen, Eure Pracht und euren Hochmut zu fördern, bis der arme, gemeine Mann es nicht länger tragen kann und mag. [...] Und wenn Ihr sie alle schlagen würdet, so sind sie doch ungeschlagen, Gott wird andere erwecken. Denn er will Euch schlagen und er wird Euch schlagen! [...] Ist Euch nun noch zu raten, meine Herren, so weicht ein wenig um Gottes willen dem Zorn [...]. An die Bauernschaft: [...] Ihr führt den Namen Gottes und nennt Euch eine christliche Rotte oder Vereinigung und gebt vor, Ihr wolltet nach dem göttlichen Recht vorgehen und handeln. Nun, dann wisst Ihr ja auch, dass Gottes Name, Wort und Titel nicht vergeblich noch unnütz gebraucht werden soll [...]. Dass die Obrigkeit böse und ungerecht ist, entschuldigt weder Rotterei noch Aufruhr. Denn die Bosheit zu bestrafen, gebührt nicht jedermann, sondern der weltlichen Obrigkeit, die das Schwert führt. [... D]ie Obrigkeit tut Unrecht, das ist wahr, dass sie dem Evangelium wehrt und Euch im Blick auf das zeitliche Gut beschwert. Aber [noch] viel mehr tut Ihr Unrecht, dass Ihr nicht allein Gottes Wort wehrt, sondern noch dazu mit Füßen tretet und ihm in seine Gewalt und sein Recht eingreift und euch auch über Gott setzt. [...] Weil nun, liebe Herren, auf beiden Seiten nichts Christliches ist, auch keine christliche Sache zwischen euch schwebt, sondern beiden, Herren und Bauernschaft, [es] um heidnisches oder weltliches Recht und

Unrecht und um zeitliches Gut [geht], [ihr] dazu auf beiden Seiten gegen Gott handelt und unter seinem Zorn steht, wie ihr gehört habt, so lasst Euch um Gottes willen sagen und raten und greift die Sache an, wie solche Sachen anzugreifen sind, das ist: mit Recht und nicht mit Gewalt noch mit Streit, auf dass ihr nicht ein unendliches Blutvergießen in deutschen Landen anrichtet. Denn weil Ihr zu beiden Teilen im Unrecht seid und dazu Euch selbst noch rächen und schützen wollt, werdet ihr euch auf beiden Seiten verderben und wird Gott einen Buben mit dem andern strafen."[24] Die Ermahnung traf also beide Seiten gleichermaßen. Die Obrigkeit wurde deutlich von Luther aufgefordert, die mitunter durchaus berechtigten Forderungen der Bauern zu überdenken, die Bauern wiederum sollten Maß und Mittel sorgfältig überdenken; würden sich Obrigkeit und Bauern diesen guten Ratschlägen widersetzen, könnte dies fatale Folgen haben, hinter denen nichts Geringeres als der in die Tat umgesetzte Zorn Gottes zu entdecken wäre.

Nach seiner Rückkehr nach Wittenberg und unter dem frischen Eindruck des Gesehenen und Erlebten verfasste Luther dann einen zweiten Text, der zunächst zusammen mit der Ermahnung ausgegangen war, später dann allerdings als separater Text verbreitet wurde – mit verheerenden Folgen, denn ohne die an sie selbst gerichteten, deutlichen Worte durften die weltlichen Herren diese neuen Aussagen als Aufforderung verstehen, mit aller Gewalt gegen die Bauern vorzugehen. Der neue Text trug den Titel „Wider die stürmenden Bauern"; solange er zusammen mit der Ermahnung verbreitet wurde, hieß er „Auch wider die räuberischen und mörderischen Rotten der anderen Bauern". Dort verschärfte Luther seine Klage über das Vorgehen der Bauern und fand deutliche, ja: polemische Worte: „Weil denn nun die Bauern beide, Gott und Menschen, gegen sich aufbringen und so mannigfaltig schon des Tods an Leib und Seele schuldig sind und sich keinem Schiedsgericht stellen noch es abwarten, sondern immerfort toben, muss ich hier die weltliche Obrigkeit unterrichten, wie sie hierin mit gutem Gewissen verfahren solle. Erstens: der Obrigkeit, die da, ohne vorhergehendes Erbieten zu Recht und Billigkeit solche Bauern schlagen und strafen kann und will, will ich nicht wehren, wenn sie [damit] auch das Evangelium nicht befolgt. Denn dazu hat sie das gute Recht, zumal die Bauern nun nicht mehr um das Evangelium fechten, sondern öffentlich treulos geworden sind, meineidig, ungehorsam und aufrührerisch, Räuber, Gotteslästerer, die zu strafen auch heidnische Obrigkeit Recht und Macht hat, ja dazu schuldig ist […]. Aber die Obrigkeit, welche christlich ist und das Evangelium befolgt, weshalb die Bauern auch keinen Schein [des Rechts] gegen sie haben, soll hier mit Fürchten handeln und zum Ersten die Sache Gott anheimstellen und bekennen, dass wir solches wohl verdient haben. Darüber hinaus soll sie Sorge tragen, dass Gott vielleicht den Teufel zu einer allgemeinen Strafe für das deutsche Land so errege. Danach soll sie demütig gegen den Teufel um Hilfe bitten. Denn wir fechten hier nicht alleine gegen Blut und Fleisch, sondern gegen die geistlichen Bösewichte in der Luft, welche mit Gebet angegriffen werden müssen. Wenn nun das Herz so gegen Gott gerichtet ist, dass man seinen göttlichen Willen walten lässt, ob er uns zu Fürsten und Herren haben wolle oder nicht, soll man sich gegen die tollen Bauern zum Überfluss (wenn sie es auch nicht wert sind) zu Verhandlung und Vergleich erbieten. Danach, wo das nicht helfen will, [soll man] flugs zum Schwert greifen."25 Auch an dieser Stelle mahnte Luther immer noch zum Gespräch und zum Vergleich. Erst wenn das nichts fruchtet, sollte zum Schwert gegriffen und dem Toben mit Gewalt Einhalt geboten werden.

Nach dem grässlichen Gemetzel in Frankenhausen, das den Bauernaufstand endgültig niederschlug (von einzelnen Erhebungen in den östlichen Alpenländern einmal abgesehen), und nach dem nicht minder grässlichen Ende Thomas Müntzers, dessen Kopf als Schreckensvorbild aufgespießt wurde, versuchte Luther in einem Sendbrief einen Rückblick, in dem er seine harte Position verteidigte. Dort heißt es: „Es dünkt sie, solche Antwort sei zu hart, und sie geben vor, es sei mit Gewalt geredet und das Maul gestopft. Ich sage, das ist recht; denn ein Aufrührer ist es nicht wert, dass man ihm mit Vernunft antworte, denn er nimmt es nicht an. Mit der Faust muss man solchen Mäulern antworten [...]. Die Sprüche nun, die von der Barmherzigkeit reden, gehören in Gottes Reich und unter die Christen, nicht in das weltliche Reich, denn ein Christ soll nicht allein barmherzig sein, sondern auch allerlei leiden, Raub, Brand, Mord, Teufel und Hölle, geschweige denn, dass er jemand schlagen, töten oder vergelten sollte. [...] Wer nun diese zwei Reiche ineinander mengen wollte, wie es unsere falschen Rottengeister tun, der würde den Zorn in das Reich Gottes setzen und Barmherzigkeit in das Reich der Welt. Das wäre genau so, als wenn man den Teufel in den Himmel und Gott in die Hölle setzte. [...] Ich habe mir um beides Sorgen gemacht: Würden die Bauern Herren, so würde der Teufel Abt werden; würden aber solche Tyrannen Herren, so würde seine Mutter Äbtissin werden. Deshalb hätte ich beides gern: die Bauern zur Ruhe gebracht und die fromme Obrigkeit unterrichtet. Nun aber die Bauern nicht wollten, haben sie ihren Lohn dahin. Diese aber wollen auch nicht hören; wohlan, sie werden ihren Lohn auch haben."26 Luther betonte erneut, wie wichtig eine Einsicht auf beiden Seiten gewesen wäre. Zu eben solcher Einsicht zu ermahnen, hat er als seine einzige Aufgabe angesehen. Von eminenter Bedeutung ist sein klarer Hinweis auf die Unterscheidung der beiden Reiche. Diese Unterscheidung haben in seinen Augen die Bauern klar missachtet und dadurch zu Recht Unheil über sich versammelt. Im Zusammenhang der theologischen Grundgedanken wird noch darüber nachzudenken sein, ob sich Luther an dieser Stelle vor lauter Obrigkeitsgehorsam in feige Ausreden geflüchtet hat oder ob er die nötigen Konsequenzen aus seinen eigenen Unterscheidungslehren gezogen hat.

Wie auch immer: Das Verhältnis zwischen Bauernschaft und Luther blieb verständlicherweise mehr als gespannt, und Luther stand fortan im Verdacht, mit der Obrigkeit in intimer Verbindung zu stehen und ihr opportunistisch die Stange zu halten. Auf der anderen Seite war nach den Bauernkriegen nichts mehr so, wie es war: Die Obrigkeit war alarmiert, was aus doch scheinbar unverdächtig wirkenden theologischen Überlegungen werden konnte, und musste verstärkt ein Auge auf diese Bewegung werfen, die trotz Bann und Acht ihres Anführers Wirkung zeigte; und die römische Kirche sah all ihre Verdächtigungen gegen Luther und seine revolutionären Machenschaften bestätigt. Dass Luther im selben Jahr 1525 auch noch heiratete – ein Mönch eine Nonne – brachte dann das Fass gänzlich zum Überlaufen, denn dies markierte Luthers offizielle Loslösung von der Kirche. Jedenfalls kann der weitere Verlauf der Reformationsgeschichte kaum ohne diese schreckliche Episode der Bauernkriege verstanden werden, denn schon die unmittelbar auf diese Ereignisse reagierenden Reichstage 1526, 1529 und 1530 zeugen von den Elementen, von denen der nächste Abschnitt der Epoche geprägt sein wird.

2 Die Konsolidierung – 1525 bis 1555

Die zweite Phase der Reformation unterscheidet sich grundlegend von der ersten. Jene war davon geprägt gewesen, das Profil der Auseinandersetzung, die Ecken und Kanten der theologischen Kontroverse zu schärfen und in ihren jeweilgen Begründungen und Folgen auszuloten; die politischen Umstände erleichterten den reformatorischen Prozess, der in diesem Abschnitt zuallererst als theologischer zu verstehen ist. Mit den Entscheidungen des Wormser Reichstages sowie mit den Ausschreitungen und mit den in diesen Ausschreitungen zu beobachtenden Vermischungen religiöser und politischer Motive tritt der politische Charakter der Reformation immer deutlicher und klarer in den Vordergrund. Die theologischen Inhalte werden selbstverständlicher und drängen dazu, in der Praxis umgesetzt zu werden. Eben weil sie aber selbstverständlicher werden, ist diese zweite Phase von Identifikationen und notwendigen Abgrenzungen bestimmt sowie davon, die innere Notwendigkeit der Reformation als theologisches Ereignis nach außen hin in Sprache und (Rechts-)Form zu bringen. Das, was 1517 bis 1525 im Werden ist, verfestigt sich und findet zu seiner unverwechselbaren und letztlich auch unumkehrbaren Gestalt. Dazu haben zunächst und vor allem die drei diese neue Phase einläutenden Reichstage beigetragen.

Die Reichstage von Speyer und Augsburg
1526, 1529 und 1530

Die zuletzt betrachteten Schauplätze der Reformationsgeschichte befanden sich zwar nicht abseits des Hauptgeschehens, aber doch auch nicht wirklich in dessen Zentrum. Nun ist darauf zu achten, wie diese „Randgeschehnisse" auf die Entwicklung auf Reichsebene zurückgewirkt haben. Die Reichstage von Speyer und Augsburg spiegeln dabei in besonderer Weise die Entwicklung wider, die von der weiterhin andauernden Abwesenheit des Kaisers und den latent oder auch offen schwelenden Konflikten auf mehreren Ebenen geprägt ist.

Der Bauernkrieg hatte unmissverständlich verdeutlicht, welch große und zunehmend ernster zu nehmende Gefahr die Reformation darstellte. Ob die Verknüpfung des lutherischen Begriffs von Freiheit mit den Forderungen nach sozialer Gerechtigkeit nun legitim war oder nicht, es konnte jedenfalls nicht weiter ausgeschlossen werden, dass in den reformatorischen Ideen revolutionäres Potenzial verborgen ist, dem gegenüber sich die alten Kräfte des Reichs irgendwie zu verhalten hatten.

Schon die drei Nürnberger Reichstage 1522–1524 legten Zeugnis davon ab, nur ein Konzil sei die einzige Möglichkeit, um die Religionssache zu klären. Papst Hadrian VI. (der letzte deutsche Papst vor Benedikt XVI.) hatte eine Art Schuldbekenntnis abgelegt, und zwar in dem relativ harmlosen, aber sehr effektiven Sinne, dass eventuell die Missstände im Papsttum ihren Teil zur Verbreitung der lutherischen Sekte beigetragen haben. So war es fortan ganz unmöglich, ein vom Papst einberufenes Konzil zu gestalten; denn wie sollte ein Papst, der öffentlich die Autorität seines eigenen Amtes infrage stellt, als genau eine solche Autorität angesehen werden und handeln können? Die Lösung musste also anders aussehen. Ein weiterer Faktor, der die Ausbreitung der Reformation begünstigte, lag darin, dass die Fürsten bemüht waren, das Volk nicht noch mehr in Unruhe zu versetzen und Aufruhr zu vermeiden. Das führte dazu, auf eine konsequente Umsetzung des Wormser Ediktes zu verzichten – und nolens volens den reformfreudigen Kräften Freiräume zu verschaffen und Wege zu eröffnen, sodass sie sich relativ ungeniert der Bewegung anschließen konnten und allmählich auch strukturell die neuen Ideen umsetzten. Das altgläubige Lager reagierte 1524 mit dem ersten Schutzbündnis, dem Regensburger Bund. Wenn es nach einem der Mitglieder, Bayern, gegangen wäre, hätte man das Bündnis genutzt, um die notwendigen kirchlichen Reformen durchzuführen, was der Reformation jedenfalls einiges, wenn auch sicher nicht alles an Stoßkraft genommen hätte. Die geistlichen Fürsten hatten jedoch daran nur mäßiges Interesse, und so wurde diese Chance vertan. Stattdessen wurden in der

Folgezeit immer mehr Bündnisse eingegangen, wodurch eine neue, oder besser: mehrere neue Kräfte im Reich entstanden.

Der Speyerer Reichstag nun, der 1526 nach der Niederschlagung der Bauernaufstände dieses politisch und theologisch brisante Ereignis aufzuarbeiten hatte, brachte eine entscheidende Wende ins Geschehen – auch wenn dies sicher so nicht beabsichtigt gewesen war. Der Kaiser forderte – verständlich nach den Geschehnissen im Jahr zuvor – eine strikte Durchsetzung des Edikts. Doch tat er dies nicht so vehement wie nötig. Die Gründe dafür sind einmal mehr in seinen politischen Schwierigkeiten zu sehen. Angesichts einer gerade geschlossenen Liga zwischen Franz I. von Frankreich und dem Papst war es für ihn nämlich enorm wichtig, wenigstens im Reich Ruhe zu halten – wer konnte wissen, wie schnell es erforderlich war, auf alle Kräfte zurückgreifen zu können. Zudem sahen es die Stände, insbesondere die Städte als Unmöglichkeit an, die evangelische Bewegung zurückzudrängen. Und so kam es zu jenem Formelkompromiss, der aus der reformatorischen Bewegung und Gemeindereformation eine obrigkeitlich gelenkte Fürstenreformation machte. Im Reichstagsabschied vom 27. August hieß es nämlich: „Demnach haben Wir, auch Kurfürsten, Fürsten und Stände des Reiches und derselben Botschaften, Uns jetzt hier auf dem Reichstag einmütig verglichen und geeinigt, bis zum Konzil oder aber der Nationalversammlung [...] mit unseren Untertanen ein jeder in den Sachen, die das Edikt, das durch Kaiserliche Majestät auf dem zu Worms gehaltenen Reichstag ausgegangen ist, betreffen möchten, für sich so zu leben, zu regieren und zu halten, wie ein jeder solches gegen Gott und die Kaiserliche Majestät hofft und vertraut zu verantworten."[1] Diese Formulierung klang sehr danach, als dürfte jeder bis zu einem klärenden Konzil machen, was er wollte, solange er nur dem Kaiser nicht zu nahe trat. So war es nicht wirklich gemeint – aber so wurde es nur allzu gerne verstanden. Während die Altgläubigen hofften, die Bindung an den Kaiser sei der Riegel vor einer mehr oder weniger willkürlichen Interpretation, sahen die reformwilligen Kräfte darin gewissermaßen den Freibrief, bis zu dieser Grenze handeln zu dürfen.

Im Grunde ist in diesem Beschluss der Beginn des landesherrlichen Kirchenregiments zu sehen, das sich bis ins 20. Jahrhundert hinein gehalten hat und die Entwicklung evangelischer Landeskirchen begründete. Denn die Aufsicht über die Durchsetzung der Reformation in den Territorien ging 1527 in Kursachsen auf den Landesherren (seit 1525 Johann der Beständige) über. In Ermangelung eines Bischofs, der – wie der Name schon sagt: episkopos = Aufseher – dafür eigentlich zuständig wäre. Der Landesherr sollte in diesem Sinne als eine Art Notbischof fungieren; de facto bedeutete dies indes, dass die notwendigen Neuordnungen in den Gemeinden nicht von der Gemeinde ausgingen, sondern eben von diesem Notbischof, der in Wahrheit ein weltlicher Herr war. Was das in der Praxis bedeutete, liegt auf der Hand. In Kursachsen war nun Johann damit betraut, die Reformation auf der praktischen Ebene durchzusetzen. Natürlich legte er diese Aufgabe in erfahrene Hände. Auf der anderen Seite aber behielt er die Kontrolle über Inhalt und Weite der Reformen. Wie immer man nun diese Vermengung von weltlichen und geistlichen Aufgaben beurteilen mag, die Maßnahmen wurden jedenfalls durchgeführt und ließen langsam, aber sicher das reformatorische Gedankengut zu fester äußerer Form gerinnen. Dazu dienten im Blick auf den Gottesdienst Luthers „Deutsche Messe" und das Taufbüchlein (beide 1526) sowie das Traubüchlein (1529) und die beiden Katechismen. Doch nutzte das nichts, wenn es nicht eine Ordnung gab, in der sich das alles entfalten konnte. Dazu verfasste Melanchthon, seit langem Luthers engster Mitarbeiter, 1528 den „Unterricht der Visitatoren". Darin verdeutlichte Melanchthon, wie und warum die Geistlichen entsprechend geprüft werden mussten, bevor sie dem Kirchenvolk predigend und lehrend und es seelsorgerlich betreuend begegnen durften. Überhaupt war in den Visitationsordnungen namentlich die Theologenausbildung festgelegt. Was aber noch wichtiger war: die Zuordnung der Zuständigkeiten. So sollte die Geistlichkeit für ordentliche Predigt, Gottesdienst, Lehre und Lebenswandel der Geistlichen sorgen, die weltliche Obrigkeit hingegen für den Unterhalt der Amtsträger und der Gebäude. Diese Unterscheidung der Gewalten war neu und teilweise Resultat der grundsätzlichen Überlegungen Luthers dazu. An der Hamburger Kirchenordnung des Jahres 1529 ist recht schön zu beobachten, wie das in der Praxis aussehen sollte. Johannes Bugenhagen, der Reformer und Ordner der Reformation im Norden Deutschlands, hielt fest: „Mit dieser Ordnung wird folgendes verfügt: eine gute Schule für die Jugend und gute Prediger des Wortes Gottes für uns alle, dazu die Besoldung der Arbeitenden, wie es billig und christlich ist; dazu die Versorgung der Armen. Auch wurden lateinische Vorlesungen aus der Heiligen Schrift angeordnet, und welcher gottesdienstliche Brauch und welche christliche Zeremonien bei uns nach Gottes Wort, der Jugend und dem Volk zur Besserung, gehalten werden sollen. Solange, bis ein christliches Concilium eine andere Weise aus Gottes Wort vorschlägt. Was wider und ohne Gottes Wort ist, das soll ferne von den Christen sein. Was man aber predigt oder wie man taufen oder das Sakrament des Leibes und Blutes Christi geben und nehmen soll, dazu bedürfen die Christen keines Conciliums. Es ist im Concilium der Heiligen Dreifaltigkeit von Ewigkeit her beschlossen und durch Christus und seine Apostel uns befohlen und gelehrt."[2] Auffallend an diesem Textausschnitt ist neben der Skepsis, was eigentlich ein Konzil leisten kann, wenn die heilsrelevanten Stücke doch alle bereits von der Trinität beschlossen sind, die Konzentration auf die Bildung, die sich zu so etwas wie einem Markenzeichen evangelischer Kirchenordnungen und, von dort aus, evangelischen Lebens entwickeln sollte.

Der als relativer Freibrief verstandene Beschluss des Speyerer Reichstages verführte manche Territorien dazu, sich endgültig der Reformation zuzuwenden und sich zum evangelischen Glauben zu bekennen. Markantes Beispiel dafür ist unter anderem die Reformation in Hessen, mit dem jungen Landgrafen Philipp an der Spitze, der sich damit gegen seinen katholischen Schwiegervater, den Herzog Georg von Sachsen, wandte und Anschluss an Kursachsen suchte. Dass ihn dazu auch politisches Kalkül gebracht haben dürfte, ist wahrscheinlich. Seinen ursprünglichen Plan, eine reine Gemeindekirche nach den Maximen der Heiligen Schrift und ohne Bedenken der reellen Erfordernisse zu errichten, einen Plan, den die Homberger Synode 1526 fasste, ließ er auf Anraten Luthers wieder fallen und richtete sich fortan am kursächsischen Vorbild aus. Gleichwohl überlebten einige Ideen dieses später dann mit dem reformierten Typus einhergehenden Ideals: die Wahl der Pfarrer durch die Gemeinde beispielsweise oder die jährlich stattfindende Synode. Von weitreichender Bedeutung war, dass Philipp die erste evangelische Universität 1527 in Marburg gründete. Neben Hessen gesellten sich zur Reformation unter anderem die freie Reichsstadt Nürnberg, die Markgrafschaften Brandenburg-Ansbach und Brandenburg-Kulmbach, das welfische Herzogtum Braunschweig-Lüneburg, Schlesien und Preußen.

Inzwischen hatte die altgläubige Seite gemerkt, dass der Reichstagsbeschluss von 1526 ganz gegen ihre Absicht nicht die reformatorische Bewegung aufhielt, sondern ihr im Gegenteil zu unverhofftem Aufschwung verhalf. Um Schlimmeres zu verhindern, musste dieser Beschluss schnell rückgängig gemacht werden. Die Reformation in Hessen hatte nämlich gezeigt, was eine Bewegung hin zur Reformation auch in materieller Hinsicht bedeuten konnte: Klöster und Stifte wurden enteignet und neuen Aufgaben zugeführt. Die Reichsstände sprachen sich daher auf dem von Karls Vertreter Ferdinand mit harter Hand geführten Reichstag 1529, der wiederum in Speyer tagte, gegen die Kompromissformel von 1526 und für eine Erneuerung des Reformationsverbotes von 1521 aus. Die reformatorischen Stände gingen damit verständlicherweise und überhaupt nicht konform. Der kursächsische Kanzler Georg Brück, ein kluger und umsichtiger Jurist, arbeitete eine Appellation aus, die sich als Protestation verstand und am 19. April 1529 verlesen wurde – und den unterzeichnenden Ständen für die Zukunft den Namen „Protestanten" einbrachte. Der Text pocht auf die Unverbrüchlichkeit einmal beschlossener Regelungen; da die Treue gegenüber dem Kaiser in keiner Weise verletzt wurde, man sich also in allen Punkten an den Beschluss gehalten habe, gebe es keine Notwendigkeit, diesen rückgängig zu machen. In der erweiterten Protestation vom 20. April heißt es unter anderem: „Da nun aber diese dritte Anzeige unserer merklichen Beschwerde [...] keine Möglichkeit noch Annahme erfährt, protestieren und bezeugen wir hiermit öffentlich vor Gott, unserem einzigen Erschaffer, Erhalter, Erlöser und Seligmacher (der, wie zuvor gesagt, allein unser aller Herzen erforscht und erkennt, auch danach recht richten würde), auch vor allen Menschen und Kreaturen, dass wir für uns, die Unseren und für alle jeder Verhandlung und vermeintlichen [Reichstags-]Abschied, wie wir vorher gesagt, oder anderen Sachen, die gegen Gott, sein heiliges Wort, unser aller Seelenheil und gutes Gewissen, auch gegen den vorher zitierten Speyerer Reichstagsabschied vorgenommen, beschlossen und gemacht worden sind, nicht zustimmen noch einwilligen, sondern [sie] aus rechtlichen und anderen redlichen Gründen für nichtig und unverbindlich halten, [so] dass wir uns genötigt sehen, dagegen auch öffentlich [eine Schrift] ausgehen zu lassen und der römischen kaiserlichen Majestät, unserem allergnädigsten Herrn, in dieser Sache weiter gründlichen und wahrhaftigen Bericht zu erstatten, wie wir uns deswegen gestern nach gegebenem vermeintlichem Abschied alsbald durch unsere in Eile verfügte Protestation, die wir auch hiermit wiederholen, öffentlich vernehmen ließen und daneben erboten haben, dass wir uns nichtsdestoweniger [...] gegen unsere Obrigkeiten wie auch bei und mit unseren Untertanen und Verwandten so verhalten, leben und regieren werden, wie wir es gegen den allmächtigen Gott und die römische kaiserliche Majestät zu verantworten hoffen und wagen [...]."[3] Hier ist nun wirklich beides in wunderbarer Weise zu entdecken: einerseits der unbedingte Gehorsam gegen Gott und sein Wort, das gegen allen Widerstand bezeugt werden will – und andererseits der Gehorsam gegen einen Kaiser, in dem man immer noch und immer wieder den Schutzherren der christlichen Kirche erblickt. Diese Protestation wurde von folgenden Fürsten unterzeichnet: Johann von Sachsen, Georg von Brandenburg-Ansbach, Ernst von Braunschweig-Lüneburg, Philipp von Hessen, Wolfgang von Anhalt, sowie von 14 Städten, unter anderem Straßburg, Nürnberg, Ulm, Konstanz, Memmingen, Reutlingen und Heilbronn.

Der Reichstagsabschied vom 22. April bekräftigte indes die Pläne der Altgläubigen. Folgende Passagen machen das ganz deutlich: „[Zunächst wird wieder an ein freies, christliches Konzil appelliert.] Wenn aber zu der oben bestimmten Zeit das Generalkonzil [...] nicht stattfinden sollte [...], dass dann Ihre kaiserliche Majestät eine allgemeine Versammlung aller Stände deutscher Nation [...] ausschreiben ließe und dass Ihre Majestät als das Haupt bei solcher Versammlung [...] in eigener Person auch anwesend sein wolle [... Nun wird auf den Passus des Speyerer Reichstagsabschiedes von 1526 angesprochen, der so sehr missverstanden wurde], damit dies abgeschnitten und weiterer Abfall, Unfriede, Zwietracht und Schaden verhütet werden, [haben sich] Kurfürsten, Fürsten, Prälaten, Grafen und andere Stände entschlossen, dass diejenigen, die bei dem erwähnten kaiserlichen Edikt bis jetzt blieben, nun hinfort auch bei demselben Edikt bis zu dem künftigen Konzil verharren und ihre Untertanen dazu halten sollen und wollen; bei den anderen Ständen aber, bei denen die anderen Lehren entstanden und zum Teil ohne merklichen Aufruhr, Beschwerde und Gefährdung nicht abgewertet werden können, doch künftig jede weitere Neuerung bis zu dem kommenden Konzil, soweit möglich und menschlich, verhütet werden soll. [...] Und insbesondere sollen einige Lehren und Sekten, soweit sie dem hochwürdigen Sakrament des wahren Fronleichnams und Blutes unseres Herrn Jesus Christus entgegen sind, bei den Ständen des Heiligen Römischen Reiches Deutscher Nation nichts angenommen, noch hinfort zu predigen gestattet oder zugelassen werden. Desgleichen sollen die Ämter der heiligen Messe nicht abgetan, auch niemandem verboten werden, an den Orten, wo die andere Lehre entstanden ist und eingehalten wird, die Messe zu hören, [und niemand soll] verhindert noch dazu angehalten werden."[4] Der Beschluss klang also alles andere als versöhnlich; die eingerissenen Zustände sollten unmittelbar aufhören, der alte Glaube restituiert werden. Noch deutlicher wurde der Abschied gegen die Wiedertäufer gehalten, für die er die Todesstrafe festsetzte. Nicht zu unterschätzen ist die Wirkung der Sätze, die sich auf das Abendmahlsverständnis und seine Praxis bezogen, mit denen ein erster deutlicher Keil zwischen lutherisch Gesinnte und Zwingli-Anhänger getrieben wurde.

Dass dies neues Konfliktpotential mit sich brachte, ist evident. Philipp von Hessen erwies sich als derjenige, der die Problemfelder erkannte und politisch wie theologisch auf eine Lösung drängte. Dazu ging er zwei Wege: Er versuchte zum einen eine antihabsburgische Koalition auf die Beine zu bringen, indem er alle reformfreudigen Kräfte aufsuchte und sie dafür zu gewinnen suchte; zum anderen versuchte er die Schwachstelle im theologischen Bereich zu beseitigen, indem er Zwingli und Luther noch im Oktober des Jahres zum Religionsgespräch nach Marburg lud, wo sich die beiden über die nicht zufällig im Reichstagsabschied erwähnte Abendmahlsfrage einigen sollten. Doch Philipp scheiterte, und zwar in beiderlei Hinsicht und also gründlich. Seine Koalitionspläne erfüllten sich nicht, weil mindestens Kursachsen sich als kaisertreu erwies und einen Widerstand gegen die kaiserliche Gewalt für unrechtmäßig erachtete; außerdem waren die reformatorisch Gesinnten untereinander lange nicht so einig, wie das wünschenswert gewesen wäre, denn neben politische Interessenskonflikte gesellten sich auch noch persönliche Divergenzen. In theologischer Hinsicht spielte zunehmend die Frage des „rechten" Bekenntnisses eine Rolle: Was hatte eigentlich der zu glauben, der sich der neuen Bewegung anschloss? Wie schwierig und wie nötig eine Antwort auf diese Frage war, zeigte das Gespräch zwischen Luther und Zwingli, das nicht nur die Differenzen in der Abendmahlsfrage offenlegte. Philipps Pläne, die beiden Reformatoren zu einer Einigung zu bringen, fanden daher ein genauso klägliches Ende, weil die beiden sich über das „est" in den Einsetzungsworten und die Frage, ob die Gegenwart Christi im Sakrament symbolisch oder real zu verstehen sei, nicht verständigen konnten. Dazu an geeigneter Stelle mehr.

Philipps Scheitern verdeutlichte andererseits, dass die reformatorische Seite eins dringend nötig hatte: eine nach außen wirksame Vertretung, „Ansprechpartner" gewissermaßen, und ein Bündnis, das im Falle einer nicht friedlichen Lösung des Konflikts schlagkräftig reagieren konnte. Der Speyerer Abschied hatte zutage treten lassen, dass die Altgläubigen mit dem Kaiser an der Spitze entschlossen waren, die Neuerungen nicht widerspruchslos hinzunehmen; deutliches Anzeichen dafür war zudem, dass es neben dem schon erwähnten Regensburger Bund seit 1525 den Dessauer Bund gab. Das so notwendige Bündnis auf der Seite der reformatorischen Bewegung musste indes ein anderes sein als das, was Philipp sich vorstellte; der Widerstand musste politisch, nicht religiös legitimiert werden, und er durfte sich nicht gegen den Kaiser richten. Und: Es war an der Zeit, dass ein gemeinsames Bekenntnis das dogmatische Ist formulieren musste, aus dem sich alles praktische und kirchenpolitische Soll würde ableiten lassen. Es sind vermehrt Bemühungen zu beobachten, ein solches Bekenntnis zu formulieren. Philipps Versuche auf dem Schwabacher Tag Mitte Oktober, die von Luther verfassten Marburger Artikel dafür in Anspruch zu nehmen, in denen die Gemeinsamkeiten der Wittenberger und der Zürcher Linie aufgelistet waren, fanden keinen Erfolg, weil die Sachsen und Franken bereits andere Artikel, die dann so genannten „Schwabacher Artikel", mitgebracht hatten.

Als Karl V. am 21. Januar 1530 einen Reichstag nach Augsburg ausschrieb, ging ein großes Aufatmen durch die Lande. Protestanten wie Altgläubige hatten begründete Hoffnung, dass endlich die Religionssache entschieden werden würde. Vor allem der sächsische Kurfürst sah in dem moderaten Ton des Ausschreibungstextes ein Zeichen dafür, dass der Kaiser wirklich bereit war, über die Angelegenheit zu diskutieren, und es eine Chance gab, den „neuen Glauben" darlegen zu können. So ließ er gleich Artikel ausarbeiten, die verschiedene kontroverstheologische Themen aufgriffen und die protestantische Position offenlegten. Diese Torgauer Artikel waren apologetisch orientiert – eine Strategie, die in dem Moment zusammenbrach, als ein Buch von Johannes Eck verbreitet wurde, in dem er in 404 Artikeln alle auch nur andeutungsweise häretischen Sätze Luthers und Melanchthons auflistete und – und das war angesichts des Reichstagsabschiedes von 1529 das Brisante und Pikante – deren Übereinstimmung mit Zwingli und den Wiedertäufern beweisen wollte – den Wiedertäufern, über welche die Todesstrafe beschlossen worden war! Die Zeit zum Handeln und Reagieren war gekommen, und es musste unmissverständlich klargemacht werden, um was es in der reformatorischen Lehre ging und um was nicht. Melanchthon, der den gebannten und geächteten und auf der Veste Coburg weilenden Luther vertrat und mit ihm im regen Austausch stand, setzte sich ab Mitte Mai daran, einen Text zu verfassen, der beides bieten sollte: klare Aussagen über das, was die Protestanten glaubten und nun schon etliche Jahre so hartnäckig vertraten; und eine ebenso klare Absage an alle Häresien der Vergangenheit und der Gegenwart. Dazu bediente sich Melanchthon der Texte, die in ähnlicher Absicht verfasst waren und die ihm bereits vorlagen. Die Torgauer Artikel hatten sich vornehmlich mit den Missbräuchen beschäftigt und deren Abschaffung verteidigt; sie ergänzte er und überarbeitete zugleich auf der Basis intensiver Gespräche mit Nürnberger und Brandenburger Theologen die Schwabacher Artikel gründlich und stellte sie als Grundsatzartikel voran. Auch die Vorrede zu überarbeiten und politisch zu pointieren war notwendig geworden. Denn es war auf mehreren Ebenen zu Auseinandersetzungen gekommen: So erließ der Kaiser etwa ein Predigtverbot; besonders schwer traf es die Protestanten, dass er von ihnen die Teilnahme an der Fronleichnamsprozession und damit ein Fest zu unterstützen forderte, das römisch-katholischer nicht sein kann (es wurde erst sehr spät, nämlich 1264, eingeführt und entbehrt jeder biblischen Grundlage; außerdem wird darin ein bestimmtes Sakramentsverständnis offenbar, das protestantischerseits nicht zu teilen ist); wenngleich er gegen seine Überzeugung einlenkte, wurde darin doch für die kaisertreuen Stände auf protestantischer Seite der Konflikt zwischen Loyalität und Glaubensüberzeugung ersichtlich. Dieser so gewachsene Text, die Confessio Augustana (CA), das Augsburger Bekenntnis, wurde am 25. Juni in einer Sonderversammlung verlesen – was der Kaiser übrigens nicht verstanden haben dürfte, denn er konnte kein Wort Deutsch. Unterzeichnet und damit verantwortet haben diesen Text: Kurfürst Johann von Sachsen, sein Bruder Johann Friedrich, Markgraf Georg von Brandenburg-Ansbach, Herzog Ernst von Braunschweig-Lüneburg und dessen Bruder Franz, Landgraf Philipp von Hessen, Fürst Wolfgang von Anhalt, Nürnberg und Reutlingen, später Heilbronn, Kempten, Windsheim und Weißenburg. Der Text, dem hier später noch intensiv Aufmerksamkeit gewidmet werden soll, wurde von Luther in einem Brief, den er am 15. Mai an Kurfürst Johann schrieb, mit folgenden Worten bedacht: „Ich habe M. Philipps Apologie durchgelesen; die gefällt mir sehr wohl, und ich weiß nichts daran zu bessern noch zu ändern. Das würde sich auch nicht schicken, denn ich kann so sanft und leise nicht treten. Christus, unser Herr, helfe, dass sie viel und große Furcht schaffe, wie wir hoffen und bitten, Amen."[5] Im berühmt gewordenen Wort von der Leisetreterei wird man wohl nicht nur Tadel, sondern auch Bewunderung für das diplomatische Geschick Melanchthons erblicken dürfen. Auch wenn Luther dezidiert nicht von einer Confessio, einer Bekenntnis-, sondern von einer Apologie, einer Verteidigungsschrift spricht, ist doch für die Wirkungsgeschichte entscheidend gewesen, dass Luther sie insgesamt lobte und damit offensichtlich als angemessenen Ausdruck für seine theologischen Überzeugungen anerkannte.

Die Altgläubigen, die mit Theologen angereist waren, deren Namen sich wie das „Who is who" der Zeit liest (etwa Johannes Eck, Johann Cochläus, Johannes Fabri und Julius Pflug), mühten sich redlich, diesen Bekenntnistext der Protestanten zu widerlegen. Doch der Kaiser war lange nicht zufrieden mit dem, was ihm vorgelegt wurde. Der erste Entwurf war ihm zu lang, der zweite, kürzere zu polemisch. Der dritte schließlich, die Confutatio, nahm zu allen 28 Artikeln der CA differenziert Stellung und versuchte ausgesprochen geschickt, den Protestanten an weniger entscheidenden Stellen entgegenzukommen, sie dadurch zu gewinnen und dann an anderen Stellen die bestehen bleibenden Gegensätze als nicht mehr so bedeutende zu deklarieren. Dass Melanchthon sich zu Sonderverhandlungen mit den Altgläubigen verführen ließ, musste er in der Folgezeit mehr als einmal büßen: Immer wieder wurde er als potenzieller Abweichler aus den eigenen Reihen verdächtigt. Die Verteidigungsschrift (Apologia Confessionis Augustanae), die er verfasste, um die Missverständnisse zu beseitigen und das klare Bekenntnis noch klarer herauszustellen, ist ein Beweis dafür, wie ungerechtfertigt dieser Verdacht war, und es ist kein Zufall, dass diese Apologie als untrennbare Ergänzung zur CA Teil der lutherischen Bekenntnisschriften wurde.

Für die protestantische Seite als nicht gerade sehr förderlich erwies sich, dass sowohl Zwingli mit der „Fidei ratio" als auch die vier oberdeutschen Städte Konstanz, Memmingen, Lindau und Straßburg mit der Confessio Tetrapolitana eigene Bekenntnistexte übergeben haben, die den innerprotestantischen Konflikt insbesondere in der Abendmahlsfrage offen zutage treten ließen. Das war ein neues Einfallstor für mögliche Angriffe der Altgläubigen. Dagegen wurde die CA sowohl in rechtlicher wie auch in theologischer Hinsicht zum Grundstock des Luthertums. Welche herausragende Rolle sie in der Folgezeit spielte, kann man unter anderem daran erkennen, dass sie als Richtschnur in Promotionsverfahren diente und die Evangelischen oft die Selbstbezeichnung „Augsburger Religionsverwandte" wählten.

Der Reichstagsabschied vom 19. November war nach dem Scheitern der Ausschussverhandlungen restriktiv gehalten. Den Unterzeichnern der CA wurde untersagt, für weitere Verbreitung ihrer Ideen zu sorgen. Die evangelische Lehre sollte nicht weiter durch Schriften verbreitet, die beim Übergang zur neuen Lehre den Altgläubigen enteigneten Kirchengüter sollten restituiert werden. Das alles bedeutete de facto eine Erneuerung des Wormser Ediktes und eine Unterbindung der evangelischen Lehre. Gleichzeitig war aber auch durchaus eine Einsicht vorhanden, dass die Vorwürfe der Protestanten, das kirchliche Leben betreffend, nicht alle aus der Luft gegriffen und durchaus berechtigt waren; der Ruf nach Reform war endlich angekommen. So gab es einige Reformansätze, welche die Ausbildung und den Lebenswandel der Kleriker betrafen.

Eigentlich hätte dies das Ende der evangelischen Bewegung sein können, vielleicht sogar sein müssen. Aber wieder kam den Protestanten die politische Großwetterlage zu Hilfe, die es dem Kaiser erneut zehn Jahre verunmöglichte, das Geschehen im Reich zu verfolgen und mit der gebotenen Schärfe und Strenge für die Durchsetzung des Ediktes zu sorgen. Die im Abschied ausgesprochene Drohung, den Konflikt notfalls mit Gewalt zu lösen, verpuffte.

Die Zeit der inneren und äußeren Konsolidierung 1530 bis 1539

Der Augsburger Reichstag hatte de facto den religiösen Gegensatz manifestiert statt beseitigt. Zudem war die Gefahr eines militärischen Angriffs seitens der Altgläubigen keineswegs gebannt. Das bereits zuvor angedachte Bündnis schien eine probate Lösung, die innere Einheit nun auch nach außen zu demonstrieren. Aus diesem Grunde schlossen sich die Protestanten 1531 zu einem Verteidigungsbündnis zusammen, dem Schmalkaldischen Bund. Zu den beiden Bundeshauptleuten wurden der sächsische Kurfürst (seit 1532 Johann Friedrich, der später den Beinamen „der Großmütige" erhielt) und der Landgraf von Hessen, Philipp, gewählt. Mitglieder des Bundes waren wichtige, das heißt wirtschaftlich und strategisch wichtige Territorien. Bemerkenswert und für die innere Einheit des Protestantismus entscheidend war, dass sich auch die vier oberdeutschen Städte Konstanz, Memmingen, Lindau und Straßburg angeschlossen hatten, ohne dass die Differenzen in der Lehre ausgeräumt worden wären. Der Schmalkaldische Bund war zunächst als reines Defensivbündnis gedacht. Immer wieder war im Verlauf der politischen Ereignisse bisher die Frage nach dem Widerstandsrecht begegnet, die von den verschiedenen Territorien und ihren Fürsten ganz unterschiedlich beantwortet wurde. Dem sächsischen Kanzler Georg Brück und seinem beharrlichen Drängen ist es zu verdanken, dass Luther sich späterhin bereit erklärte zu akzeptieren, dass in bestimmten Situationen auch dem Kaiser Widerstand geleistet werden könne, ja um der Sache willen müsse. Dies gelte vor allem bei offensichtlichem Unrecht, das von ihm ausgehe, und zwar um Unrecht namentlich in theologisch-kirchenpolitischen Angelegenheiten. Luther tat seine neue Ansicht 1531 in seiner Schrift „Warnung an seine lieben Deutschen" kund, wo es unter anderem hieß: „Wenn es zum Kriege kommt, da Gott vor sei, so will ich das Teil, das sich wider diese mörderischen und blutgierigen Papisten zur Wehr setzt, nicht als aufrührerisch gescholten haben noch schelten lassen, sondern will es gehen und geschehen lassen, dass sie es eine Notwehr nennen, und will sie dafür aufs weltliche Recht und an die Juristen weisen. Denn in solchem Fall, wenn die Mörder und Bluthunde ja Krieg führen und morden wollen, so ist es auch in Wahrheit kein

Aufruhr, sich ihnen zu widersetzen und zu wehren. Nicht, dass ich hiermit jemand zu solcher Gegenwehr reizen oder erwecken noch sie rechtfertigen wolle. Denn das ist meines Amtes nicht, viel weniger auch meines Richtens oder Urteilens. Ein Christ weiß wohl, was er tun soll, dass er Gott gebe, was Gottes ist, und dem Kaiser auch, was des Kaisers ist, aber doch nicht den Bluthunden, was nicht ihrer ist. Sondern dass ich einen Unterschied zwischen dem Aufruhr und andern Taten angebe und den Bluthunden den Vorwand nicht lassen will, dass sie sich rühmen sollten, als führten sie wider aufrührerische Leute Krieg und hätten dazu nach weltlichem und göttlichem Recht gutes Recht, wie sich das Kätzlein gern putzen und schmücken möchte. Desgleichen will ich der Leute Gewissen nicht beschweret lassen mit der Gefahr und Sorge, als sei ihre Gegenwehr aufrührerisch. Denn solcher Name ist in solchem Fall zu böse und zu schwer. Es soll einen andern Namen haben. Den werden die Juristen wohl finden."[6] Luther ging es vornehmlich darum, das Werk des Satans, als dessen verlängerten Arm er inzwischen die Kirche der Altgläubigen betrachtete, zu verhindern. In einem solchen Fall darf zur Gegenwehr gegriffen werden. Für den Schmalkaldischen Bund war dies eine Art Freibrief, zumal er ja explizit kein Bündnis *gegen* den Kaiser war, sondern für den Schutz der neuen Religion auftrat. Dies wurde auch in der Bundesverfassung zum Ausdruck gebracht, die 1533 verabschiedet wurde. Doch schon schnell zeigte sich, dass der Bund weite Bedeutung über ein reines Defensivbündnis hinaus gewann. Er sicherte der Reformation im Reich den Fortbestand, gewann neue Mitglieder hinzu und sammelte überdies so manche antihabsburgischen Kräfte, genau also, wie Philipp von Hessen dereinst beabsichtigt hatte. Der Bund wurde als Bündnispartner auch für ausländische Regierungen interessant, was ihn zu einem ernsthaften Gegner der kirchlichen und der weltlichen Traditionen werden ließ. So schlossen sich 1532 Kursachsen, Hessen, Bayern, Dänemark und Frankreich im Saalfelder Bund zusammen (der bis 1534 Bestand hatte), um gegen die Königswahl Ferdinands im selben Jahr zu opponieren, der in der Zeit der Abwesenheit Karls dessen bestellter Vertreter war – ein klares Signal, dass der Bund sich nicht nur auf religiöse Themen zu konzentrieren gedachte.

Im neu gewählten König Ferdinand hatte der in seine außenpolitischen Händel wieder stärker verstrickte Kaiser einen verlässlichen Partner, der in den zehn Jahren der Abwesenheit Karls aus dem Reich sorgfältige Vertretungsarbeit leistete – freilich nicht so sehr aus religiöser Überzeugung, sondern aus politischem Pragmatismus heraus, denn ihm lag nicht so wie seinem Bruder an einer universalen Vorrangstellung des Habsburgerhauses, sondern an der Sicherung seiner eigenen Position in seinen Erblanden. Um die Unterstützung durch die Protestanten zu sichern, sollte der Nürnberger Anstand oder Friedstand 1532 die gewaltsame Durchsetzung des Wormser Ediktes verhindern. Dieser Anstand erlaubte es den Evangelischen,

107

in den kommenden Jahren ein Territorium nach dem anderen hinzuzugewinnen und eine weitere politische, organisatorische und inhaltlich-theologische Klärung und Stabilisierung vorzunehmen. Auch wenn der Anstand keine reichsrechtliche Verbindlichkeit erhielt, nutzten die Protestanten den unverhofften Spielraum doch außerordentlich aus. Schon ein grober Blick auf die politische Landkarte der Zeit reicht aus, um sich ein Bild davon zu machen, wie weit sich die Reformation inzwischen Raum gegriffen hatte. Und ebenso deutlich ist, wie sich ganz allmählich die Spaltung in den katholischen Süden und den protestantischen Norden abzeichnete. Ein besonderes Kuriosum bildete dabei Württemberg, dessen Herzog Ulrich von Karl V. vertrieben worden war und der nun die Unterstützung der Schmalkaldener suchte, um sein Territorium zurückzuerobern. Württemberg war deswegen dem Kaiser ein Dorn im Auge, weil es wie ein Korridor zwischen den habsburgischen Gebieten lag und also schlicht störte. Und genau aus demselben Grund fand Ulrich vor allem im stürmischen Philipp von Hessen einen Partner, der sich im antihabsburgischen Sinne sehr für die Restitution Ulrichs einsetzte: Ein solcher Korridor kam ihm gerade recht! Johann Friedrich von Sachsen hingegen sah sich in der Zwickmühle, denn wie wir schon öfters haben beobachten können, war Sachsen an einer Konfrontation mit Habsburg nicht unbedingt gelegen. So wurde Ulrich nach dem Zerfall des Schwäbischen Bundes wieder in sein Territorium eingesetzt, aber als Lehnsträger Österreichs. Ulrich seinerseits hatte ein wirkliches und unzweifelhaftes Interesse an der evangelischen Lehre; andererseits wollte er es sich mit keinem so recht verderben, um seine politischen Interessen weiterhin ungehindert verfolgen zu können. Er bekannte sich zwar zum Luthertum, suchte aber etwa in der Gottesdienstreform den Kontakt zu den Zwinglianern der Schweiz, die ihm als potenzieller Bündnispartner nicht verloren gehen durften. So wirkte der Lutheraner Erhard Schnepf (1495–1558) nördlich, der Konstanzer und zwinglianisch orientierte Ambrosius Blarer (1492–1564) südlich von Stuttgart. Auf Dauer aber hielt sich dieser auf politischem Kalkül aufgebaute Kompromiss nicht durch, und es gehört weiterhin in das Kuriositätenkabinett der Reformation, dass dann ausgerechnet Württemberg zum Vorreiter des Luthertums wurde – bis dahin, dass man es das „lutherische Spanien" nannte. Hierfür war vor allem entscheidend, dass Ulrich dafür sorgte, die Lehrstühle an der Universität Tübingen nach und nach mit lutherischen Theologen zu besetzen, wobei ihn vor allem Joachim Camerarius (1500–1574) und Johannes Brenz (1499–1570) unterstützten, was sich natürlich auf die Theologenausbildung und damit auf die potenziellen Multiplikatoren auswirkte.

Für Karl und die Altgläubigen gab es nach 1530 noch ein weiteres Warnzeichen für das sich stabilisierende Selbstbewusstsein der reformatorischen Bewegung. Selbst scheinbar stabile Territorien begannen sich zunächst um Reformen zu kümmern, die sie dann aber auch sehr schnell in die Nähe der evangelischen Lehre brachten. Dies gilt insbesondere für das Herzogtum Jülich-Kleve und das Kurfürstentum Brandenburg. Und – dies dann vor allem – für die geistlichen Fürstentümer: das Bistum Osnabrück und das Erzstift Köln. Denn wenn selbst die Geistlichen nicht mehr als Garanten einer reinen, traditionsbewussten und romtreuen Lehre gelten dürfen, war die Gefahr eines kompletten Umsturzes groß. Das befürchteten die Altgläubigen zu Recht, und so war es ein intensives Bestreben, hier streng zwischen dem schmalen Grat von der Reform zur Reformation zu unterscheiden. Aber das war anstrengend und band wertvolle Kräfte, die in der kontroverstheologischen Auseinandersetzung immer wieder fehlten. Statt sich also auf inhaltliche Diskussionen einlassen zu müssen, konnten in der Zwischenzeit die Protestanten in aller Ruhe an ihrer inneren Einheit arbeiten. Dieser Einheit diente vor allem, dass ein Vergleich mit den Oberdeutschen in der Abendmahlsfrage gesucht wurde. Man wollte die sichtbar gewordenen Brüche von 1530 unbedingt kitten, um nach innen und nach außen Stärke und Eintracht zu demonstrieren. Es war das Verdienst Philipp Melanchthons und mehr noch des ehemaligen Dominikaners und danach Reformators von Straßburg, Martin Bucer, mit der Wittenberger Konkordie von 1536 einen Text auf die Beine gestellt zu haben, der tatsächlich so etwas wie eine Kompromissformel darbot. Namentlich die Frage nach der Realpräsenz Christi im Abendmahl stand zur Debatte. Dazu formulierte nun die Wittenberger Konkordie: „Wir bekennen [...], dass in diesem Sakrament zwei Dinge sind, eines himmlisch und eines irdisch. Demnach meinen und lehren sie, dass mit dem Brot und dem Wein wahrhaftig und wesenhaft [vere et substantialiter] der Leib und das Blut Christi zugegen sei und dargereicht und empfangen werde. Und obwohl sie leugnen, es geschehe eine Transsubstantiation, und auch nicht meinen, es geschehe ein räumlicher Einschluss im Brot oder irgendeine dauerhafte Verbindung außerhalb des sakramentalen Gebrauchs, geben sie doch zu, dass durch sakramentale Einigkeit das Brot der Leib Christi sei, das heißt, sie meinen, dass dann, wenn das Brot dargereicht wird, der Leib Christi zugleich gegenwärtig sei und wahrhaftig dargereicht werde etc. Denn sie meinen nicht, dass der Leib Christi zugegen ist außerhalb des Gebrauchs, wenn das Brot im Sakramentshäuschen verwahrt oder in Prozessionen dargebracht wird, wie es im Papsttum geschieht."[7] Diese Formel, welche die Realpräsenz ausschließlich während des sakramentalen Vollzugs annimmt, bedeutete einen großen Fortschritt, denn sie vereinigte wesentliche Standpunkte der Reformatoren und klärte die Front gegenüber den Altgläubigen.

Auf der anderen Seite wurde damit umso deutlicher markiert, dass zwischen den Altgläubigen und den Protestanten die Religionsfrage immer noch ungelöst im Raum stand. Unmittelbar nach seinem Machtantritt 1534 nahm es Papst Paul III. in die Hand, die Frage über ein Konzil zu lösen. Er schrieb 1536 ein Konzil nach Mantua aus. Die Protestanten lehnten allerdings die Beschickung eines Konzils ab, weil sie es als vom Papst einberufenes als unfrei erachteten: Wer einberuft, hat die Verhandlungsführung in der Hand und damit in vielen Punkten von vornherein Deutungshoheit. Insbesondere der sächsische Kurfürst, der gerade mit König Ferdinand in Wien einen Vertrag ausgehandelt hatte, der die Aussetzung des Wormser Ediktes bis zu einem Konzil beinhaltete, erachtete ein so schnell und plötzlich stattfindendes Konzil nun als für den Protestantismus besonders gefährlich. Mehrfach äußerte er sich so, als erwarte er in Mantua einen Ketzerprozess und kein Konzil. Folgende Formulierung etwa kann kaum anders interpretiert werden: „[...] so will gar kein Zweifel sein, dass dem Gegner gar nicht zu glauben noch zu vertrauen [ist], und man kann gar nichts anderes vermuten, als dass sie mit List, Betrug und Übervorteilung uns Schaden oder auch schließlich Verderben zufügen mögen."[8] Der Kurfürst forderte für den Fall der Beschickung Luther auf, die Lehre noch einmal kurz gefasst und pointiert schriftlich darzulegen und dazu an erster Stelle die Punkte zu nennen, in denen nicht nachgegeben werden kann, an zweiter Stelle die, in denen ein Entgegenkommen möglich ist. Dieser Text sollte dann zunächst unter den Theologen beraten werden, anschließend auf einer allgemeinen Zusammenkunft. Der Kurfürst ging aber sogar noch weiter. Sein Plan bestand darin, mit den geforderten Artikeln als neuem Fundament nun auch die theologische Kraft für ein Gegenkonzil zu sammeln, das etwa im Mai/Juni 1537 stattfinden sollte. Dieses Konzil sollte von Luther und seinen „Nebenbischöfen"[9] bzw. von weltlicher Obrigkeit nach Augsburg ausgeschrieben werden, wobei darauf zu achten sei, dies dem Kaiser, dessen Besuch gewünscht wurde, gut zu erklären. Das aus dem politischen Erfolg erwachsene Selbstbewusstsein des Sachsen ist unübersehbar. Davon zeugt auch die Randnotiz, bei der Einladung insbesondere die Könige von England und Frankreich nicht zu vergessen, mit denen ja der Schmalkaldische Bund seit einiger Zeit in engen Verhandlungen stand. Luther scheint sich, was die erforderten Artikel betrifft, sogleich an die Arbeit gemacht zu haben und verfasste seine Schmalkaldischen Artikel, in denen er die Hauptpunkte seiner Lehre pointiert zusammenfasste. Da diese jedoch manchen der Anwesenden zu scharf waren, wurden die Artikel nicht unterzeichnet. Stattdessen sollte Melanchthon die in Augsburg offen gebliebene Frage nach dem päpstlichen Primat evangelischerseits beantworten; dies tat er im Jahr 1537 im „Tractatus de potestate et primatu papae", den man später für einen Text Luthers hielt und der daraufhin Aufnahme in das Korpus der lutherischen Bekenntnisschriften fand.

Das vom Papst angedachte Konzil kam dann aber doch nicht zustande, wofür es mehrere Gründe gab, von denen die Nicht-Beschickung durch die Protestanten der geringste war. Dennoch war nun auch endgültig klar, dass der Weg über ein Konzil keine Lösung der Religionsfrage bringen würde. Karl V. erkannte allerdings die Dringlichkeit einer Lösung angesichts der für ihn bedrohlicher werdenden außenpolitischen Situation und versuchte, sie über nationale Religionsgespräche herbeizuführen. Bevor jedoch auf die in diesem Sinne stattfindenden Religionsgespräche 1540/41 eingegangen werden muss, ist ein kurzer Blick auf die außerdeutsche Entwicklung zu werfen, die in diesen Jahren ebenfalls markante Fortschritte erzielte.

Die Anfänge der Reformation in England

Während sich die Dinge auf dem Kontinent für die Protestanten ausgesprochen positiv entwickelten und sie mehr und mehr aus der Defensive in die Offensive drängten, kam es im Westen Europas zu einer der kuriosesten Formen der Reformation. Die Rede ist von England, und was dort geschehen ist, ist ein wahres Kabinettstückchen der Reformationsgeschichte und untrennbar mit dem Namen Heinrichs VIII. verbunden. Heinrich (1491–1547), ein humanistisch gebildeter und durchaus kluger Kopf, verschloss sich zunächst den reformatorischen Tendenzen in seinem Reich; mehr noch: 1521 hatte er eine Schrift gegen Luther verfasst, in der er die Sakramentslehre Roms gegen Luthers Angriffe verteidigte, und hatte dafür den Ehrentitel der Kirche „Defensor fidei" erhalten. Das war eine sehr hohe Auszeichnung, und er galt als treuer Verteidiger der römischen Kirche – bis zu dem Zeitpunkt, als er sich von seiner Ehefrau Katharina von Aragon scheiden lassen wollte. Aus der Perspektive Heinrichs war das ein durchaus wichtiger und richtiger Schritt: Katharina hatte ihm keinen Sohn geboren. Sollte die Dynastie erhalten bleiben, musste er sich also nach einer geeigneteren Frau umsehen, und die hatte er in der Hofdame Anna Boleyn erblickt. Die Kurie lehnte trotz aller Bemühungen des machthungrigen Kardinals und Sonderlegaten des Königs, des Lordkanzlers Thomas Wolsey, ab. Übrigens nicht aus moralischen Gründen, sondern weil Katharina eine Tante Karls V. war und es durch diese Scheidung zwischen den politischen Machthabern wieder gefährlich geknirscht hätte. Heinrich war über diese ablehnende Haltung der Kirche alles andere als glücklich; gerade weil er als treues Glied der Kirche galt, hatte er sich mehr Entgegenkommen erhofft. Die Konsequenz, die er zog, überraschte indes alle, denn er vollzog eine komplette Kehrtwendung: Er sagte sich von Rom los, erklärte sich selbst zum Oberhaupt einer neu strukturierten englischen Staatskirche, trennte sich von Katharina und heiratete Anna. Dass er diese 1536 allerdings hinrichten ließ, weil auch sie ihm keinen Sohn geschenkt hatte und er sich inzwischen erneut anderweitig orientiert hatte, gehört in diese Kuriositätensammlung am Rande dazu. Heinrich legte gesetzlich fest, dass England sich endgültig von Rom gelöst hat und nunmehr der englische König das wahre Oberhaupt der irdisch verfassten Kirche ist: In der Suprematsakte von 1534 wurde festgelegt, der englische König sei „the supreme head in earth of the Church of England" – woran sich bis heute nichts geändert hat. Als solches Oberhaupt hatte er auch – und das war ein entscheidender Faktor – die volle Jurisdiktionsgewalt in kirchlichen Angelegenheiten. Thomas Cromwell sorgte auf blutige Weise dafür, dass das gesamte Parlament die Suprematsakte anerkannte; eines seiner Opfer war der Lordkanzler Thomas Morus, der als Freund des Erasmus und als humanistischer Staatsphilosoph schon einmal begegnet war. Er war Nachfolger Wolseys im Amt und hatte es sich ganz schnell mit allen verscherzt. Thomas Morus war sehr zu seinem Unglück auch nach den Umwälzungen in seinem Land papsttreu geblieben, was ihn dann schließlich den Kopf kostete. Cromwell fand für seine drastischen Maßnahmen wertvolle Unterstützung in dem Vertrauten des Königs, dem Theologen Thomas Cranmer, der in gewisser Weise die theologische Seite der Reformation in England nachholte; denn die war zunächst ein rein politischer Akt ohne jede theologische Motivation.

Insbesondere unter Edward VI. wurde die Kirche Englands dann wirklich in einem umfassenderen Sinne reformatorisch. Unter Mithilfe vor allem des Straßburger Reformators Martin Bucer wurde im Common Prayer Book 1549 eine anglikanische Liturgie eingeführt, und die 42 Artikel von 1552 formulierten ein Bekenntnis, das in bestimmter Hinsicht ein frühes ökumenisches Dokument ist und die Gestalt der anglikanischen Kirche bis heute prägt: Es hat in der Rechtfertigungslehre lutherische und in der Abendmahlslehre calvinistische Elemente, im Kult indes erweist es sich beinahe durchweg als römisch-katholisch.

Die Zeit der Religionsgespräche 1540/41

Die Ereignisse in England wurden natürlich auch auf dem europäischen Kontinent verfolgt und verdeutlichten das ungeheure Potenzial, das sich entwickeln konnte, wenn der reformatorischen Bewegung nicht schnell Einhalt geboten wurde. Das bei den der Reformation zugeneigten Territorien zu beobachtende Selbstbewusstsein tat sein Übriges, um den Kaiser in entsprechende Alarmbereitschaft zu versetzen. Als Karl V. sich um 1540 wiederum in einer für ihn äußerst prekären außenpolitischen Situation befand und ihm bewusst wurde, dass er der drohenden Umklammerung seines Reiches durch die Türken und durch Frankreich, das überdies mit den Protestanten Bündnispläne hatte, nur mithilfe der protestantischen Kräfte in Deutschland wirkungsvoll begegnen konnte, musste er alles aufbringen, um sie milde zu stimmen. Er bedurfte der militärischen und wirtschaftlichen Unterstützung der evangelischen Fürsten und musste den Religionsstreitigkeiten, die der Eskalation zustrebten, entgegenwirken.

Da es unmöglich geworden war, den Religionskonflikt mithilfe eines Konzils beizulegen, Karl V. aber angesichts der schwierigen innen- und außenpolitischen

Lage nicht auf einen Ausgleich der Parteien verzichten konnte, suchte er nach alternativen Wegen. Der einzig gangbare schien ein Gespräch auf nationaler Ebene zu sein, an dem der Papst nicht beteiligt war, und das nicht nur theologische Themen aufgreifen, sondern auch Lösungen für die kirchenpolitischen Probleme wie etwa die Restituierung der Kirchengüter finden sollte. Als im April 1540 Karls Verhandlungen mit Franz I. gescheitert und verstärkt türkische Rüstungen beobachtet werden konnten, griff der Habsburger Kaiser diese Idee blitzschnell auf. Schon am 18. April erging das Ausschreiben, dessen Stil die Bedrängnis deutlich macht. Dem Kaiser war ganz offensichtlich daran gelegen, angesichts der außenpolitischen Schwierigkeiten einen schnellen Vergleich zustande zu bringen. Die Protestanten indes erklärten in ihrem Antwortschreiben, dass sie in solchen wichtigen Sachen alle Zeit aufbringen wollten, die nötig war. Faule Kompromisse einzugehen lehnten sie unmissverständlich und rigoros ab.

Vom 11. Juni bis zum 28. Juli 1540 fanden unter der Leitung König Ferdinands die Verhandlungen im elsässischen Hagenau statt, und es wurde ziemlich schnell deutlich, dass Ferdinand die römischen Kräfte zu stabiler Einheit treiben wollte. Hauptanliegen Ferdinands in diesem Zusammenhang war, die katholischen Gesandten zu bewegen, einem Verteidigungsbündnis beizutreten, denn notfalls sollte die Religionssache gewaltsam erledigt werden – zur Verteidigung des alten Glaubens. Die Diskussion um diese von König Ferdinand geforderte Defension bestimmte die weiteren Verhandlungen. Sowohl in der Kurfürsten- als auch in der Fürstenkurie wurde heftig darüber debattiert, ob es zum gegenwärtigen Zeitpunkt sinnvoll sei, ein solches Verteidigungsbündnis zu schließen. Ein anderes bedeutendes Problem des Hagenauer Gesprächstages war die Frage nach Modus und Inhalt der Beratungen. Zweifellos hatte Ferdinand im Sinn gehabt, an die Ergebnisse der Augsburger Verhandlungen 1530/31 anzuknüpfen. Auch die Kurfürsten und Fürsten gingen offenbar davon aus, dass die in Augsburg verglichenen Artikel nicht mehr diskutiert werden mussten und nur noch über die strittigen zu debattieren sei. Die darüber erfolgte Unterredung mit den Protestanten zeigte jedoch, dass diese dem nicht zustimmen konnten. Sie hätten Befehl, nach den Richtlinien des Frankfurter Abschieds und des kaiserlichen Ausschreibens zu handeln, und beide sähen nicht vor, die Ergebnisse der Augsburger Ausschussverhandlungen, die zudem nie in eine offizielle Form gebracht, d.h. beschlossen wurden, zur Grundlage des Gesprächs zu nehmen. Da die Protestanten sich hartnäckig weigerten, sich auf die Augsburger Verhandlungen einzulassen, machte Ferdinand am 12. Juli, also genau einen Monat nach Eröffnung des Kolloquiums, den Vorschlag, die Verhandlung auf einem weiteren Gesprächstag, etwa in zwei Monaten, fortzusetzen. Dieser Tag sollte wiederum unter dem Vorsitz von vier Unterhändlern abgehalten werden, aber auch dem Kaiser und dem Papst wurde es anheimgestellt, Verordnete zu entsenden. Das

Gespräch hatte als unverbindlich zu gelten und als Vorbereitung auf einen Reichstag zu dienen. Die Kirchengüter sollten restituiert werden. Schließlich war beabsichtigt, einen Anstand zu schließen, jedoch mit der Auflage, dass der konfessionelle Status quo nicht verändert wird. Die Reaktion der Stände war im Wesentlichen zustimmend.

Das daraufhin angesetzte Wormser Kolloquium ist auf dem Weg zum Regensburger Reichstag nicht mehr als ein Intermezzo. Da bereits mit dem Hagenauer Abschied die Aussicht auf einen Reichstag gegeben war, ging es den Teilnehmern – und dies gilt insbesondere für die katholischen Gesandten – in Worms ganz offensichtlich nur darum, das Schlimmste zu verhindern. Auch in Worms fanden zunächst keine Beratungen über die theologischen Themen statt, sondern debattiert wurde ausschließlich über Fragen zum Verhandlungsmodus. Das war ein deutliches Zeichen dafür, welche Unsicherheit besonders im altgläubigen Lager herrschte. Die Formulierung des Hagenauer Abschiedes, dass jede Seite elf Gesandtschaften haben sollte mit je einer Stimme, löste Verwirrung aus. Bedeutete dies, dass im Falle einer eine theologische Diskussion abschließenden Abstimmung jeweils elf Stimmen, insgesamt also 22, abgegeben werden sollten und dann ein Mehrheitsbeschluss zustande käme mit mindestens 12 Stimmen? Oder konnte der Abschied in die Richtung interpretiert werden, dass zunächst jede Seite sich untereinander auf eine Stimme einigen sollte und nachher nur die insgesamt zwei Voten verglichen werden sollten? Die Schwierigkeit, die dieser Beschluss implizierte, trat ans Licht, als die Protestanten als Verhandlungsgrundlage eine vor allem in der Abendmahlsfrage den innerprotestantischen Einigungsbemühungen angepasste Bekenntnisformel, die Confessio Augustana Variata, sowie die Apologie einreichten. Die altgläubigen Teilnehmer beschwerten sich zunächst über den veränderten Bekenntnistext, versuchten sich dann aber doch an einer Entgegnung, und dabei trat die Uneinigkeit innerhalb der eigenen Partei offen zutage: Es gelang trotz eifriger Bemühungen nicht, eine gemeinsame Antwort zu formulieren. Die Gesandten der Pfalz, Brandenburgs und Jülich-Kleves übergaben je ein eigenes Gutachten und waren auch nach mehrmaligen entsprechenden Aufforderungen und Gesprächen nicht bereit, sich mit dem Mehrheitsvotum der konservativeren Kräfte auf altgläubiger Seite zu vereinigen. Von daher ergab sich die Notwendigkeit, die Frage der Stimmenzahl erneut zu bedenken, denn es zeichnete sich ab, dass im Falle von insgesamt 22 Stimmen die altgläubige Partei unterlegen gewesen wäre. Der Leiter der Verhandlungen, der kaiserliche Orator Nikolaus Granvella, wurde immer ungeduldiger und initiierte in den letzten Dezembertagen Geheimgespräche, in denen namentlich Martin Bucer für die evangelische und der Kölner Johannes Gropper für die altgläubige Seite einen Vergleichstext konzipierten, der auf dem Reichstag in Regensburg als Verhandlungsgrundlage dienen sollte. Schon am 14. September 1540 hatte Karl V.

dem Hagenauer Gespräch gemäß einen Reichstag nach Regensburg ausgeschrieben, der nach dem Wormser Intermezzo am 5. April 1541 begann.

Die Protestanten zeigten sich dem Regensburger Tag gegenüber skeptisch, die kurfürstlich-sächsischen und hessischen Gesandten hatten den Reichstag gar als Mausefalle bezeichnet. Der Vorschlag Granvellas vom Dezember 1540 zu einem Sechser-Gespräch wurde aufgenommen, und der Kaiser selbst ernannte die Gesprächsteilnehmer am 21. April: für die katholische Seite Johannes Gropper, Julius Pflug und Johannes Eck, für die protestantische Philipp Melanchthon, Martin Bucer und Johann Pistorius aus Hessen. Als Unterhändler des Gesprächs fungierten der pfälzische Kurfürst, der auch schon in Hagenau und Worms durch seine Räte das Präsidentenamt wahrgenommen hatte, und Nikolaus Granvella. Diese Namensliste ist ein deutliches Zeichen dafür, dass ausschließlich unionsfreudige Männer für die Verhandlung ausgesucht wurden.

Bis zum 22. Mai wurden die Debatten geführt, in denen sich Melanchthon als harter und unnachgiebiger Gegner erwies. Als Grundlage diente das sogenannte „Regensburger Buch", der nunmehr überarbeitete Text des von Gropper und Bucer erarbeiteten Wormser Buches. Nach der überraschenden Einigung in der Rechtfertigungslehre entbrannte die Auseinandersetzung insbesondere über das Sakrament des Abendmahls. Die Protestanten führten diesbezüglich interne Diskussionen. Als endlich ein Ergebnis der Einigungsverhandlungen vorgelegt werden sollte, reichten die Evangelischen am 31. Mai eine kurze Liste mit verglichenen und eine lange mit unverglichenen Artikeln ein. Schließlich wurden auch die zunächst verglichenen Artikel über die Erbsünde, den freien Willen und die Rechtfertigung auf allen Seiten und in einer offiziellen Stellungnahme das Regensburger Buch insgesamt abgelehnt.

Die Vermittlungsversuche endeten somit ergebnislos. Dennoch wurde im Reichstagsabschied vom 29. Juli festgehalten, dass die verglichenen Artikel bis zu einem Konzil ihre Gültigkeit behalten sollten. Darüber setzte der Abschied fest, dass der Nürnberger Friedstand weiterhin aufrechterhalten werde und alle schwebenden Prozesse am Kammergericht bis zum Konzil suspendiert würden. Ebenso wichtig war die Aufforderung, dass die Fürsten und Städte sich um eine umfassende Reform der Kirche in ihren Territorien sorgen sollten.

Was diese Reichsreligionsgespräche so bedeutend macht, ist die Tatsache, dass in ihnen eine letzte Chance gelegen hatte, den Religionsstreit friedlich zu lösen. Dass genau diese Chance vertan wurde, weist daraufhin, wie groß die Lehrunterschiede tatsächlich waren. Politische Gründe dürften selbstverständlich ihren Teil zum Scheitern beigetragen haben. Entscheidend indes war die Unvereinbarkeit in den schon Mitte der Dreißigerjahre von Luther als unvergleichbar dargestellten Artikeln. Mit dem Jahr 1541 ist die Konfessionsspaltung perfekt.

Der Schmalkaldische Krieg und die Folgen

Zu Beginn der Vierzigerjahre konnte Karl V. einige Erfolge verbuchen, die es ihm erlaubten, härter gegen die Evangelischen vorzugehen. Begünstigt wurden seine Absichten dadurch, dass er zwei evangelische Fürsten vom Schmalkaldischen Bund isolieren konnte: Philipp von Hessen, ausgerechnet also einen der Anführer des Bundes, der mit seiner Doppelehe gegen Reichsrecht verstoßen hatte und auf die Gunst des Kaisers angewiesen war; und Moritz von Sachsen, der unbedingt die Kurwürde erwerben wollte und sie von Karl in Aussicht gestellt bekam. Als Karl sich anschickte, dem Herzog von Jülich-Kleve das Herzogtum Geldern zu entreißen, und dieser um Unterstützung beim Schmalkaldischen Bund bat, war es folgerichtig Philipp, der die Gunst des Kaisers nicht verlieren wollte und die erbetene Hilfe abschlug, nachdem er einen entsprechenden Vertrag mit Karl geschlossen hatte. Dem Schmalkaldischen Bund waren die Hände gebunden. So ohne militärische und finanzielle Hilfe unterlag infolgedessen Herzog Wilhelm im Geldrischen Erbfolgestreit 1543 – eine bittere Niederlage, weil es sich bei Jülich-Kleve um ein reformationsfreundliches Territorium handelte und eben diese Tendenzen nun scharf unterdrückt wurden. In dessen Gefolge scheiterte auch der Reformationsversuch des Erzbischofs Hermann von Wied im Erzstift Köln. Karl gelang aber noch mehr: Er siegte über seinen Dauergegner Frankreich und konnte im Frieden von Crépy 1544 Franz I. dazu bringen, eine klare antiprotestantische Haltung einzunehmen. Und endlich kam auch das so lang ersehnte Konzil zustande und wurde 1545 in Trient eröffnet. Dies alles bot Karl und den Altgläubigen äußerst günstige Bedingungen, und nach dem Scheitern der Reichsreligionsgespräche musste das wie ein Startschuss dafür wirken, den protestantischen Kräften, denen immerhin schon seit Mitte der Dreißigerjahre fast 50 % des Reichsgebiets gehörten, endlich und endgültig ihre Grenzen aufzuzeigen. Das Ergebnis war der Schmalkaldische Krieg, der erste Religionskrieg in Deutschland, der nur ein Jahr lang, von 1546 bis 1547, dauerte und für die Protestanten mit einer Niederlage endete. Schon recht schnell zerbrach der Schmalkaldische Bund, als die Oberdeutschen die Kriegszahlungen verweigerten und sich lieber einem gnädigen als einem siegreichen Kaiser unterwerfen wollten; dazu gelang es Karl, einige weitere evangelische Fürsten, insbesondere der jüngeren Generation, auf seine Seite zu ziehen. Die Protestanten erwiesen sich zudem nicht als die geschicktesten Feldherren und steckten eine Niederlage nach der anderen ein. Schließlich wurde Johann Friedrich, der Kurfürst von Sachsen, gefangen gesetzt, die Kurwürde ging – wie versprochen – vom ernestinischen auf das albertinische Sachsen und damit auf Moritz über, der wegen seiner verräterischen Politik zum „Judas von Meißen" gestempelt wurde. Auch Philipp von Hessen wurde gefangen genommen, obwohl er sich dem Kaiser unterworfen hatte.

Nachdem das inzwischen nach Bologna verlegte Konzil nicht den Wünschen Karls entsprach und er erkennen musste, dass der Papst eigene Wege einschlug, nahm sich der Kaiser vor, die Religionsfrage nun nach seinen Vorstellungen und in seinem Sinne übergangsweise bis zu einem allgemeinen Konzil zu regeln. Auf dem sogenannten „geharnischten Reichstag" zu Augsburg 1547 wurden entsprechende Verhandlungen geführt, die im Augsburger Interim 1548 gipfelten. Dieses Interim (so genannt, weil es ja nur eine Übergangsregelung darstellen sollte) verlangte den Protestanten einiges ab, z.B. die Wiedereinführung katholischer Zeremonien und die Abkehr von der reformatorischen Theologie; nur ein Minimum an evangelischer Religionsausübung wurde zugestanden, das sich aber mit den auch schon vor 1517 bestehenden Reformforderungen gut decken ließ und nicht eigent- und wesentlich evangelisch war: Es wurden die Priesterehe und der Laienkelch erlaubt. Karls Ziel war es, die kaiserliche Zentralgewalt zu stärken. Doch nicht alles gelang. Insbesondere in den nicht so stark geschwächten Territorien Norddeutschlands regte sich heftiger Widerstand gegen die Durchsetzung des Interims, der sich in Liedern, Bekenntnissen, Flugschriften usw. äußerte und ein neues konfessionelles Bewusstsein einschärfte. Die ursprüngliche Absicht, mit den interimistischen Regelungen eine Rekatholisierung in Gang zu bringen, scheiterte. Ein sprechendes Beispiel für den Widerstand, der zugleich eine Demonstration von Macht und religiöser Überlegenheit ist, bietet folgendes Anti-Interims-Lied, von dem einige Zeilen zitiert sein sollen: „Interim, du magst wohl bleiben // wo du bist ausgeflogen; // du kannst ja nicht vertreiben // den edlen Gottessohn, // er sitzt so hoch und lachet dein, // dass du ihm willst verführen // sein armes Häufelein. Dein List tut er aufdecken, // auch deinen falschen Schein // und lässt ja nicht erschrecken // sein armes Häufelein, // hört ihr Gebet und gibt ihnen Mut; // interim hast du verloren, // falsche Sache wird niemals gut. [...] Interim wird man hören // von Kriegen große Streich, // interim wird sich empören // der gemeine Mann im Reich, // interim leidet die Christenheit, // interim wird Christus kommen // zu erlösen von allem Leid."[10]

Kursachsen, nun unter dem neuen Kurfürsten Moritz, ging einen Sonderweg, indem es einen Kompromiss aushandelte, der bald von den orthodox-lutherischen Theologen als Leipziger Interim scharf angegangen wurde. Darin wurden viele Elemente als sogenannte Mitteldinge (Adiaphora) deklariert, über die zu streiten nicht notwendig sei und die man daraufhin zulassen könne, zum Beispiel Bilder, Heiligentage, Fasten usw. So sollte die evangelische Lehre in allen Punkten bestätigt, andererseits aber Kompromissbereitschaft signalisiert werden, und dies vor allem noch dadurch, dass sowohl das kirchliche Lehramt als auch die bischöfliche Aufsicht akzeptiert wurden. Die im Kontext dieses Sonderinterims auftretenden Lehrstreitigkeiten, die zu einer Spaltung innerhalb des Luthertums führten, werden uns intensiver noch an anderer Stelle beschäftigen müssen.

Das alles erweckte einmal mehr den Eindruck, als wäre dies das Ende des Protestantismus. Aber wieder täuschte der Eindruck. Die Wende für die Protestanten kam nun ausgerechnet durch jenen Judas von Meißen, durch Moritz, der ärgerlich war, dass einige Zugeständnisse vom Kaiser an ihn nicht eingehalten wurden und dass sein Schwiegervater Philipp immer noch gefangen saß. Moritz sammelte eine kleine, aber schlagkräftige Truppe um sich und konnte den neuen Franzosenkönig Heinrich II. für sich gewinnen, der den Habsburgern ebenfalls nicht besonders wohlgesonnen war. Moritz und seine Leute fielen dem Kaiser, der gerade in Innsbruck weilte, buchstäblich militärisch in den Rücken, der damit überhaupt nicht rechnete und dem überraschenden Angriff nichts entgegensetzen konnte; schmachvoll musste er aus Innsbruck fliehen. Nachdem schon Karls Konzilspolitik gescheitert war, war dies die zweite empfindliche Niederlage. Der daraufhin geschlossene Passauer Vertrag von 1552 hob das Interim auf und stellte den Rechtsstand der Zeit vor dem Krieg für die Protestanten wieder her. Eine bittere Niederlage für Karl und ein weiterer Schritt, der die reformatorische Bewegung wider Erwarten vorwärts brachte. Moritz galt übrigens danach bei den Evangelischen als wieder rehabilitiert, aus dem Judas war nun der „Christus von Meißen" geworden.

Nach all diesen Ereignissen war klar, dass die Religionssache weder auf dialogischer noch auf kriegerischer Ebene zu lösen war in dem Sinne, dass die alte konfessionelle Einheit wiederherzustellen wäre. Endgültig den Weg in die Konfessionalisierung brach die Überzeugung einer starken Gruppe namentlich geistlicher Fürsten, die um des Friedens willen darauf drängte, den Protestantismus als Konfessionsstand anzuerkennen. Dies wurde realisiert im Augsburger Religionsfrieden.

Der Augsburger Religionsfriede 1555

Man kann diesen zustande gekommenen Frieden nicht hoch genug einschätzen, denn er sicherte dem Reich die friedliche Koexistenz zweier Konfessionen, während im übrigen Europa, namentlich in England und Frankreich, blutige Bürgerkriege und Spannungen um die rechte Konfession die Atmosphäre vergifteten. Dass dies freilich nur gelingen konnte, weil die Wahrheitsfrage nicht entschieden wurde – und wohl auch kaum diesseitig entschieden werden konnte –, muss dabei mit bedacht werden. Was besagte nun der Augsburger Reichsabschied vom 25.09.1555? Es heißt dort: „2. Setzen demnach fest, ordnen, wollen und gebieten, dass hinfort niemand, welcher Würde, welchen Standes oder Wesens der sei, aus keinerlei Grund [...] den andern befehden, bekriegen, berauben [...soll], sondern ein jeder den anderen mit rechter Freundschaft und christlicher Liebe meinen [und...] in alle Wege die Kaiserliche Majestät und wir alle Stände und wiederum die Stände die Kaiserliche

Majestät, uns bei diesen nachfolgenden Religions-, auch allgemeiner Konstitution des aufgerichteten Landfriedens alles Inhalts bleiben lassen sollen. [...] Und damit solcher Friede auch der gespaltenen Religion halben [...] desto beständiger zwischen uns [...] aufgerichtet und erhalten werden möchte, so sollen wir [...] keinen Stand des Reichs von wegen der Augsburgischen Konfession und derselben Lehre, Religion und Glaubens wegen mit Gewalt begegnen, beschädigen, vergewaltigen oder in andere Wege wider sein Gewissen und Willen von dieser Augsburgischen Konfession Religion, Glauben, Kirchenbräuchen, Ordnungen und Zeremonien, die sie aufgerichtet [haben] oder nochmals aufrichten möchten [...,] verachten, sondern bei solcher Religion, auch ihren Gütern und Gerechtigkeiten ruhig und friedlich bleiben lassen; die umstrittene Religion [soll] nicht anders als durch christliche, freundliche, friedliche Mittel und Wege zu einhelligem, christlichem Verstand und Vergleichung gebracht werden [...] Doch sollen alle anderen, die den oben genannten beiden Religionen nicht anhängen, in diesem Frieden nicht gemeint, sondern gänzlich ausgeschlossen sein. [...] Wenn ein Erzbischof, Bischof, Prälat oder ein anderer geistlichen Standes von unser alten Religion abtreten würde, [muss] derselbe sein Erzbistum, Bistum, Prälatur und andere Beneficia [...] verlassen [...]. Wenn aber unsere, auch der Kurfürsten, Fürsten und Stände Untertanen der alten Religion oder [der] Augsburgischen Konfession anhängig, von solcher ihrer Religion wegen aus unsern [...] Ländern, Fürstentümern, Städten oder Flecken mit ihren Weibern und Kindern an einen anderen Ort ziehen und sich niederlassen wollten, denen soll solcher Weg- und Zuzug [...] unvermindert [...] zugelassen und bewilligt, auch an ihren Ehren und Pflichten in jeder Hinsicht unentgolten sein [...]".[11] Es sind also im Wesentlichen drei Elemente, die der Religionsfriede festlegt:

1. Das sogenannte ius reformandi (Recht auf Reformation), besser bekannt unter dem (nicht aus dieser Zeit stammenden) Schlagwort „cuius regio, eius religio": Die Religion des Territorialfürsten sollte die Religion seiner Untertanen bestimmen, diejenigen Territorialfürsten, die evangelisch werden wollten, konnten das problemlos tun; etliche Städte lebten seitdem ein konfessionelles Nebeneinander.
2. Das ius emigrandi (Recht auf Auswanderung): Anderes Glaubende konnten ohne Gefahr für Leib und Leben ausreisen; was das aber de facto bedeutet in einer Zeit, in der die Landwirtschaft und damit der sichere Grund und Boden den Lebensunterhalt garantierte und man also nicht ohne Weiteres diese Grundlage preisgab, kann man nur erahnen.
3. Das reservatum ecclesiasticum (geistlicher Vorbehalt): Wenn römisch-katholische Geistliche evangelisch werden wollten, ging das mit dem Verlust ihrer sämtlichen Besitztümer einher, das Territorium blieb allerdings katholisch, was de facto eine katholische Besitzstandssicherung bedeutete.

Viele weltliche Fürsten nahmen den Reichsabschied zum Anlass, evangelisch zu werden; und zwar nicht einmal so sehr deshalb, weil sie diese Glaubensauffassung überzeugender gefunden hätten, sondern weil ihnen auf diese Weise der nicht zu unterschätzende Kirchenbesitz zufiel. Dass in diesem Rechtstext die Reformierten ausdrücklich ausgeschlossen blieben, begründete eine nun auch formal sich von der lutherischen Reformation entfernende Linie und eine in der Folgezeit immer stärker, bis hin in boshafte Polemik sich etablierende Konkurrenz untereinander. Bemerkenswert ist, dass sich der Religionsfriede damit zu etwas entwickelte, was er eigentlich nicht sein wollte: Er wollte eine Übergangslösung bieten, die Frieden garantiert, bis die Religionssache endgültig entschieden werden konnte; tatsächlich aber begründete er die rechtlich legitimierte, dauerhafte Konfessionsspaltung.

Nichtsdestoweniger war nun die Religionssache zu einem vorläufigen Stillstand gekommen, der neue inhaltliche Diskussionen ermöglichte. Die rechtliche Anerkennung der Protestanten machte klar, dass man eigentlich hinter diese Entscheidung nicht mehr zurück konnte. Das gab den Evangelischen Selbstbewusstsein, nun ihre inneren Streitigkeiten anzugehen. Die Front, gegen die man sich jetzt absetzen musste, war nicht mehr in den Reihen der Altgläubigen zu finden, sondern in den eigenen.

Die Genfer Reformation unter Johannes Calvin

In den Dreißigerjahren begann sich neben Wittenberg und Zürich ein drittes Zentrum der Reformation herauszubilden: Genf. Genf war schon seit dem 15. Jahrhundert vom Heiligen Römischen Reich Deutscher Nation gelöst, gehörte jedoch ebenso wenig der Schweizer Eidgenossenschaft an und galt als wichtiger Handelsknotenpunkt. Die angestrebte Autonomie gegenüber dem Herzog von Savoyen brachte die Stadt bald in mehrere Konfliktsituationen, und die reformatorischen Bestrebungen ließen sich kaum von den politischen Interessen lösen. So suchte Genf Unterstützung durch Bern, das sofort auch reformerische Bewegungen einleitete. Der größte reformatorische Einfluss ging zunächst jedoch von Frankreich aus. Hier war es vor allem Wilhelm (Guillaume) Farel (1489–1565), der ziemlich agitatorisch war, als feurig galt und daher bei seinen Zuhörern aufmerksame und begeisterte Reaktionen auslöste. Er wirkte seit 1532/33, mit Unterstützung Berns, in Genf. Als sich die Stadt ab 1535/36 ziemlich drastisch und konsequent vom alten Glauben abwandte (es gab Bilderstürme und die Abschaffung der Messe), kam es zu erheblichen Unruhen in der Stadt und der Bürgerschaft, der Rat der Stadt wollte allzu gerne die Rechte des abgesetzten Bischofs übernehmen. Farel suchte sich Unterstützung und fand sie in Johannes Calvin, den er auf einer Durchreise durch

Straßburg kennengelernt hatte. Der hatte sich dort bereits einen gewissen Namen gemacht und galt vor allem als hervorragender Schriftausleger. Eben als solcher wurde er von Farel 1536 engagiert. Calvin war als Lektor am Collège tätig und war zugleich Prediger an der Peterskirche. Doch wiederum gab es ernsthafte Schwierigkeiten mit der Bürgerschaft, die sich mit der Strenge Calvins außerordentlich schwer tat. Sie sahen in der Vertreibung des Bischofs die Freiheit von allem Klerikalismus, den sie zu genießen gedachten. Calvin legte ihnen jedoch erhebliche Zügel an; seine Vorschläge zur Kirchenzucht stießen sich mit den Wünschen der Bürger. Die entsprechenden Vorschläge zur Ordnung der Kirche und des Gottesdienstes nahm daher der Rat 1537 nur teilweise an; insbesondere wandte er sich gegen die strenge Kirchenzucht, die unter anderem eine regelmäßige Sittenkontrolle und die Exkommunikation der dabei offenbar gewordenen Sünder vorsah; so heißt es: „Deshalb haben wir uns entschlossen, von euch zu verlangen, es möge euch belieben, einige Personen mit guter Lebensführung und gutem Leumund aus den Gläubigen auszuwählen, die standfest und unbestechlich sind. Nachdem sie über alle Quartiere der Stadt verteilt worden sind, soll man sie beauftragen, ein Auge auf das Leben und Betragen eines jeden zu haben. Und wenn sie bei jemandem einen schwerwiegenden Fehler sehen, sollen sie es einem der Pfarrer mitteilen, damit, wer auch immer der Fehlbare sei, er ermahnt und brüderlich aufgefordert wird, sich zu bessern. Wenn man dann sieht, dass solche Ermahnungen nichts nützen, soll man ihm eröffnen, dass man seinen Eigensinn kirchlich bekannt machen wird. Wenn er daraufhin seine Schuld einsieht, zeigt sich schon ein großer Gewinn dieser Maßnahme. Wenn er aber nicht hören will, ist es Zeit, dass der von den Beauftragten herbeigezogene Pfarrer in der Versammlung öffentlich bekannt gibt, dass man ihn zu Besserung hat führen wollen und dass alles nichts genützt hat. Dann wird man wissen, ob er in seiner Herzenshärte verharren will, und danach erst ist die Zeit gekommen, ihn zu exkommunizieren."[12] Auf die etwas entschärften Vorstellungen und das namentlich von Farel verfasste Bekenntnis sollten alle Bürger den Eid leisten; diejenigen, die den Eid verweigerten, sollten nach Calvins Wunsch vom Abendmahl ausgeschlossen werden. Doch war es vielmehr Calvin, der bald „ausgeschlossen" wurde: Als Bern abermals versuchte, Einfluss auf Genf zu gewinnen, und seine Ideen mithilfe des Rates durchzusetzen begann, predigten Calvin und Farel 1538 dagegen an und verweigerten der gesamten, abtrünnigen Gemeinde das Abendmahl. Diese drastische Maßnahme stieß auf wenig Verständnis und noch weniger Gegenliebe, und so wurden die beiden aus der Stadt vertrieben.

Doch Calvin sollte 1541 zurückkehren, und zwar auf ausdrücklichen Genfer Wunsch. Inzwischen hatte Calvin seine reformatorische Lehre weiter profiliert, als er sich in Straßburg um die französischen Flüchtlingsgemeinden kümmerte und von den Straßburger Theologen, insbesondere Martin Bucer, lernte. In Genf hielt derweil der Streit unter den Evangelischen an – und den Altgläubigen bot sich eine gute Möglichkeit, wieder Fuß zu fassen. In dieser Situation hielt der Rat Calvin für das kleinere Übel. Und so machte man ihm das Versprechen, dass er die Kirchenordnung seinen Vorstellungen gemäß durchsetzen konnte und zudem geistlicher Leiter der Genfer Kirche werden sollte. Der Aufgabe der Neuordnung der Genfer Kirche widmete sich Calvin dann konsequent ab Ende 1541. In den „Ordonnances ecclésiastiques" sollte die Idee Verwirklichung finden, dass die Herrschaft Christi durch die Lebendigkeit des Wortes Gottes im Leben der Gläubigen realisiert werden soll. Welch eine starke Konzentration auf die Ethik daraus resultiert, ist evident. Zur Kontrolle und Umsetzung gab es verschiedene Ämter; das wichtigste: die Pastoren, die in Verkündigung, Seelsorge und Sakramentsverwaltung die Hirten der Gemeinde waren; die Doktoren, die den theologischen Nachwuchs ausbilden sollten; die aus dem Rat der Stadt rekrutierten Ältesten, denen die Aufsicht über die Sittenzucht oblag (sie sollten z.B. am Abend Spaziergänge machen und den Leuten in die Wohnzimmer schauen, um ihr Freizeitgebaren und ihren sittlichen Zustand zu überprüfen – daher kommt bis heute in den reformierten Niederlanden und auch im puritanischen England der Brauch, keine Vorhänge an den Fenstern zu haben); und die Diakone, die sich um die Wohlfahrt kümmern sollten. Das Konsistorium, das sich aus 12 vom Rat bestimmten Ältesten und den Pastoren zusammensetzte und unter dem Vorsitz eines der vier Bürgermeister stand, entwickelte sich zum wichtigsten Gremium der Kirchenleitung im Blick auf die sittliche Reinheit – neben der Bibelkonferenz, der die Reinheit der Lehre oblag. Hinsichtlich des Gottesdienstes (eine entsprechende Ordnung gab es seit 1542) konnte sich Calvin mit seiner Forderung nach einer allsonntäglichen Mahlfeier nicht durchsetzen; der Rat sah hierin ein zu großes Zugeständnis an den römischen Sakramentalismus und ließ nur vier Mahlfeiern im Jahr zu. Dafür machte sich Calvin dann für den Psalmengesang stark, und so kam der Genfer Psalter zu hohem Ansehen und entwickelte eine breite Wirkungsgeschichte.

Doch wieder kam es zu erheblichen Konflikten mit der Bürgerschaft, denen der ethisch-sittliche Rigorismus Calvins entschieden zu weit ging. In den Jahren 1546 bis 1563 gab es etliche Streitfälle um die Kirchenzucht. Kartenspiel, öffentliches Tanzen, so etwas wie karnevalistisches Treiben waren schon seit dem 15. Jahrhundert nicht gelitten; unter Calvin aber nahm das insofern neue Ausmaße an, als er diejenigen, welche die Vorschrift übertraten, nicht glimpflich davonkommen ließ. Pierre Ameaux etwa, ein einflussreicher Kaufmann, zudem Ratsherr, war alles andere als erfreut darüber, dass er seinen Spielkartenbetrieb schließen sollte; für eine entsprechende Beschwerde musste er im Büßerhemd öffentliche Abbitte leisten. Dieses Beispiel brachte auch andere, namentlich reiche Patrizierfamilien dazu, offen gegen diese strenge Kirchenzucht zu opponieren. Diese Partei der Libertinisten gewann immer mehr an Einfluss und machte Calvin das Leben schwer. Zum Beispiel verhinderte sie oftmals einen schnellen Druck seiner Bücher. Schließlich kam es sogar zu Handgreiflichkeiten und Pöbeleien. Ins Schussfeld gerieten dabei auch die französischen Flüchtlingsfamilien, die den Einheimischen ein Dorn im Auge waren – man wollte lieber unter sich bleiben. Welche Ausmaße diese Auseinandersetzung zwischen Calvin und den Libertinisten annahm, wird besonders eindrücklich in einer der größten Krisen Calvins – dies allerdings wohl eher im Rückblick als in seiner Zeit – deutlich: dem Fall Michael Servet (ca. 1511/13–1553). Servet war wegen seiner nicht mit der traditionellen Lehre übereinstimmenden Trinitätslehre als Ketzer verfolgt worden; nach geltendem Recht erwartete ihn in Genf die Todesstrafe, wenn der Rat so beschließen würde. Eben dies tat der Rat und überantwortete Servet den Flammen. Da Calvin sich dem nicht entgegenstellte, wurde jedenfalls in der Folgezeit unterstellt, möglicherweise könnte dies eine Form der Rache oder jedenfalls der Mahnung an die Libertinisten sein, mit denen Servet offenkundigen Kontakt gehabt hatte. 1555 wurde Calvin wieder unangefochten zum Oberhaupt der Genfer Kirche, nachdem er die Opposition besiegt hatte.

Beinahe noch entscheidender als Calvins unmittelbares Wirken in Genf ist seine Wirkung über Genf hinaus in ganz Europa. Er wurde zum Berater zahlreicher Evangelischer in West- und Osteuropa. Seine Korrespondenz ist beeindruckend, seine Schriften – zu denen an späterer Stelle noch etwas zu sagen sein wird – erfuhren eine weite Verbreitung. Insbesondere die Gründung der Akademie im Jahr 1559 – mehr eine Art Predigerseminar als eine Universität – trug dazu bei, dass über die dort Studierenden und angehenden Pfarrer die Ideen Calvins in aller Herren Länder getragen wurden. Dem letztlich von ihm und seinen theologischen Grundentscheidungen ausgehenden Reformiertentum eignete immer ein kosmopolitischer und humanistischer Zug, der seine Durchschlagskraft begründete. Dem konnte auch kein Abbruch geschehen, als sich Calvin und seine Anhänger nach und nach immer deutlicher zunächst vom Luthertum, dann auch von Melanchthon entfernten und in der Lehre, insbesondere der Lehre vom Abendmahl, einen eigenen Weg einschlugen. Dagegen fand eine Annäherung an den Zwinglianismus statt, vor allem, als mit Heinrich Bullinger 1549 der Consensus Tigurinus geschlossen wurde. Von dort aus entwickelte sich eine reformierte Bekenntnisbildung, die aus den zwei Konfessionen nun ganz deutlich drei machte. Für die Weiterentwicklung und Profilierung des Reformiertentums nach Calvins Tod 1564 ist namentlich Calvins Lieblingsschüler Theodor Beza (1519–1605) verantwortlich, der als Exeget und Diplomat die theologischen Ideen und kirchenpolitischen Grundsätze einer Bibliokratie in ganz Europa zu verbreiten half.

An der Genfer Reformation ist insgesamt eines bereits sehr deutlich: Mit ihr hat die Reformation die Kindertage weit hinter sich gelassen und ist in ganz neue

Probleme und Fragehorizonte eingetreten. Die Fronten haben sich geändert, und es ging weniger um die Klärung der Inhalte des Glaubens als um deren Verwirklichung und Vermittlung. Die Zeit des Werdens und Wachsens und der Konsolidierung war abgeschlossen, und in das Zentrum des Interesses rückte die konkrete Ausgestaltung der reformatorischen Ideen. Zudem war der Schauplatz der reformatorischen Bewegung nicht mehr konzentriert auf bestimmte geographische Zentren, sondern suchte sich neue Räume über Grenzen hinweg. Die Reformation als politisches und theologisches Ereignis war unumkehrbar geworden.

3 Die Unumkehrbarkeit – 1555 bis 1580

Mit dem Augsburger Religionsfrieden waren bestimmte Pflöcke in den Boden geschlagen worden, die mindestens eines ganz klar verdeutlichten: Hinter die Reformation und ihre Neuerungen gab es kein Zurück mehr. Die Lösung in der Religionsfrage sah so aus, dass es keine Lösung geben konnte, denn beide Seiten, die der Altgläubigen wie die der Protestanten, hatten gute Gründe, für ihre Lehren einzustehen und sie zu verteidigen. Dafür allein machtpolitisches Kalkül verantwortlich zu machen, wäre verkürzt. Ohne infrage zu stellen, dass dieses sicherlich gewisse Anteile an der Beharrlichkeit beider Seiten hatte, so gab es doch dafür auch und vor allem gewichtige theologische Gründe.

Die Zeit namentlich nach dem Abschluss der Friedensvereinbarungen, der zugleich einen gewissen Schlussstrich unter die Wirren der politischen und theologischen Vermischungen setzte, nutzten daher beide Konfessionen, ungeklärte Fragen aufzunehmen und die Lehre zu profilieren. Nun nicht mehr gegenüber dem konfessionellen Gegner, sondern gegenüber den Vertretern der eigenen Konfession. Bestandssicherung einerseits und Schärfung der Aussagen andererseits war die Hauptaufgabe. Das Trienter Konzil, die innerprotestantischen Streitigkeiten und die Bekenntnisbildung sind die drei Säulen, die diesen Prozess und damit die dritte Phase der Reformation vor allem markieren.

Der Beginn der römisch-katholischen Reform

Die Reformation bedeutete fraglos zunächst für die römische Kirche eine große Krise, die nichts weniger tat als ihre Grundfesten ins Wanken zu bringen. Auf der anderen Seite bewies diese nunmehr infrage gestellte Kirche große Stabilität, denn selbst die Unsicherheiten, die so offen bei den Reichsreligionsgesprächen zutage traten, konnten sie nicht bis ins Letzte erschüttern. Sie blieb die *eine* Kirche, die nun die Anfragen konstruktiv aufnehmen konnte und ein paar Schutzwälle um sich herum noch fester bauen musste. Im Kern indes konnte sie die bleiben, die sie immer schon war.

Die Beschlüsse des Regensburger Reichstages 1541 hatten der Erkenntnis, dass die Kritik der Reformation durchaus Anhalt an realen Missständen hatte, Mahnungen folgen lassen, für eine Reform insbesondere in der Ausbildung des Klerus und der Überwachung der Sittlichkeit Sorge zu tragen. Dies zu realisieren kam der Kirche die Gründung eines neuen Ordens entgegen, der sich nicht nur die Bildung und Erziehung groß auf die Fahnen geschrieben hatte, sondern auch einer inneren, von tiefer Spiritualität getragenen Erneuerung zuwirkte. Die Rede ist von der Societas Jesu, dem Jesuitenorden, der das Bild der frühneuzeitlichen, barocken Kirche prägte wie keine andere Kraft. In seiner Gründergestalt Ignatius von Loyola (1491–1556, Geburtsname: Iñigo López de Oñaz y Loyola) sind die Eigenschaften, die den Orden nachhaltig prägen sollten, personifiziert. Ignatius, dem eine ruhmreiche militärische Laufbahn bevorstand, hatte im Schicksalsjahr der Reformation, 1521, sein Bekehrungserlebnis, als er auf dem väterlichen Schloss zu Loyola mit einem zerschmetterten Bein darniederlag, große Schmerzen litt und in dieser, für ihn doppelt schmerzlichen Situation das „Leben Christi" des Ludolf von Sachsen und die „Legenda Aurea" des Dominikaners Jakobus a Voragine gelesen hatte. Dieses Erleben, dass Ruhm und Ehre und all die Dinge des Lebens keinen bleibenden Gewinn brachten, führte ihn in einen lange andauernden, von Versuchungen und Visionen begleiteten Bußkampf und schließlich über die Lektüre der „Nachfolge Christi" des Thomas von Kempen zu der Einsicht, nur über innere Reinigung und Umkehr sei die erhoffte Seelenruhe zu finden. Nach einer längeren Pilgerreise, die ihn auch nach Jerusalem führte, kehrte er nach Spanien zurück, wo er wegen seiner heftigen Visionen allerdings der Inquisition auffiel und unter den Verdacht der Ketzerei gestellt wurde. Dies vertrieb ihn aus Spanien nach Paris, wo er seine Studien vollenden wollte. Hier leistete er mit seinen Gefährten, unter anderen den ihm auch späterhin immer folgsamen Pierre le Febre und Franz Xavier, 1534 ein Gelübde, in dem sie sich verpflichteten, entweder nach Jerusalem zu pilgern und dort für den rechten Glauben zu kämpfen oder sich zum Instrument einer vom Papst auferlegten Aufgabe zu machen. Inzwischen war in Ignatius die konkrete Idee für eine neue Gemeinschaft gereift, und in einer langen Unterredung mit Paul III. in Rom konnte er diesen für seine Idee gewinnen; Paul, der die reformerische Kraft erkannte und für seine kirchenpolitischen Zwecke einzuspannen gedachte, bestätigte die Gesellschaft Jesu (Compañia de Jesús) am 27. September 1540. Grundlage für die Spiritualität der Societas wurden die „Geistlichen Exerzitien", die Ignatius über mehrere Jahre hinweg zunächst als persönliches Erbauungsbuch, dann als Erbauungsbuch für alle, die ernsthaft Gemeinschaft mit Gott suchen, konzipiert hatte und die bis heute als wichtigstes Werk dieser Gattung gelten dürfen. Als Prinzip und Fundament wird darin das Folgende benannt: „Der Mensch ist geschaffen, um Gott unseren Herrn zu loben, ihm Ehrfurcht zu erweisen und ihm zu dienen und mittels dessen seine Seele zu retten; und die übrigen Dinge auf dem Angesicht der Erde sind für den Menschen geschaffen und damit sie ihm bei der Verfolgung des Ziels helfen, zu dem er geschaffen ist. Daraus folgt, daß der Mensch sie soweit gebrauchen soll, als sie ihm für sein Ziel helfen, und sich soweit von ihnen lösen soll, als sie ihn dafür hindern. Deshalb ist es nötig, daß wir uns gegenüber allen geschaffenen Dingen in allem, was der Freiheit unserer freien Entscheidungsmacht gestattet und ihr nicht verboten ist, indifferent machen. Wir sollen also nicht unsererseits mehr wollen: Gesundheit als Krankheit, Reichtum als Armut, Ehre als Ehrlosigkeit, langes Leben als kurzes; und genauso folglich in allem sonst, indem wir allein wünschen und wählen, was uns mehr zu dem Ziel hinführt, zu dem wir geschaffen sind."[1] Die tägliche Einübung in dieses Ziel über Meditation, asketische Übungen und ständige Gewissenserforschung trug durchaus mystische Züge, die aber genau einen gewissen Nerv trafen, nachdem die innere Spiritualität zuerst hinter dem äußeren Prunk und dann hinter den theoretisch erscheinenden Theologenstreitereien verschwunden war. So ist es kaum verwunderlich, wie rasend schnell diese Gemeinschaft eine weite Ausbreitung erfuhr und eine große Anhängerschaft sammelte; viele reformfreudige Kräfte kamen in ihr zusammen, und zur Zeit des Todes des Ignatius hatte der Orden bereits 1000 Mitglieder in 12 Provinzen, 1580 waren es schon 5100 Mitglieder. Auch die Zahl der Kollegien, der jesuitischen Ausbildungsstätten, die bald dem gesamten Priesternachwuchs geöffnet wurden, stieg sprunghaft an. Für die Attraktivität dieser neuartigen Gemeinschaft gegenüber den traditionellen Ordensgemeinschaften dürfte mehrerlei gesorgt haben, was ihre innere Stabilität und zugleich ihre äußere Flexibilität ausmacht. Zum einen wurde auf typische monastische Lebenselemente wie gemeinsames Chorgebet, Ordensgewand, äußere und pflichtgemäße Bußübungen verzichtet. Dann wurde ein besonderes Gewicht auf Bildung und klassische, kasuistische Fähigkeiten gelegt. Die Erziehung der Jugend nimmt dabei nicht zufällig die erste Stelle ein. Sehr wohl hatte man erkannt, dass hierin ein beliebter und berechtigter Angriffspunkt der Reformation gelegen hatte. Ein Hauptkritikpunkt der Reformatoren war, dass gerade die Klöster nicht mehr ihrem ursprünglich lobenswerten Ziel, nämlich der Erziehung, nachgingen, sondern vielmehr und ausschließlich einem Selbstzweck dienten. Diesem Vorwurf wollte man erfolgreich begegnen. Die wissenschaftliche Ausbildung der Mitglieder hat deshalb – ähnlich wie schon bei den Bettelorden der Franziskaner und der Dominikaner – einen prominenten Raum eingenommen. In den Satzungen der Regel wird ausdrücklich darauf hingewiesen, dass Universitäten und Kollegien von Mitgliedern der Gesellschaft Jesu zu besetzen sind. Wie die spätere Geschichte zeigt, wird so ein ungeheurer Einfluss der Jesuiten ermöglicht; vor allem durch die häufige Privatlehrertätigkeit und die Rolle als Beichtvater an Fürstenhöfen breitete sich jesuitisches Gedankengut weit aus. So ist ein bestimmtes intellektuelles Element Voraussetzung für die Mitgliedschaft. Es geht um nichts weniger als die Heranbildung einer geistigen Elite. Aber auch die Volksbildung lag den Jesuiten am Herzen. Zu denken ist hier etwa an das Jesuitentheater, das den Gedanken aufnahm, auf spielerische Weise breite Erziehung im Volke zu betreiben. Die barocke Vorstellung von der Welt als großer Theaterbühne (das kann man gut an der barocken Kunst betrachten, wo häufig ein Theatervorhang von Putten beiseite gehalten wird, um den Blick auf irgendeine Szene freizugeben) wird hier umgesetzt. Ebenso wurden die „Geistlichen Exerzitien" des Ignatius wesentlicher Bestandteil der Volksmission. Ein dritter wichtiger Aufgabenbereich der Jesuiten neben Seelsorge und Erziehung war die Mission in den neu entdeckten und eroberten Gebieten. Nach den Entdeckungen der neuen und fremden Länder waren geschickte Prediger und Lehrer gefragt, die den Heiden Geschmack am Christentum beibringen sollten. Anders als die Dominikaner missionierten die Jesuiten nicht so sehr von oben, sondern durch Akkommodation, das heißt, man versuchte – soweit es eben erträglich war – die einheimischen Sitten und Gebräuche stehen zu lassen und christlich umzuinterpretieren.

Die ausdrückliche Romorientierung der Gemeinschaft (in den Statuten werden Christus und der Papst als die beiden Herren definiert, denen die Gemeinschaft dienen will) machte aus dem Jesuitenorden ein prachtvolles Instrument der katholischen Reform und für das beginnende barocke Lebensgefühl. Diese Treue und der Gehorsam gegenüber der Kirche werden am unmissverständlichsten in deren Erhebung zu einem vierten Gelübde ausgedrückt, das gleichberechtigt neben die bekannten drei monastischen Gelübde des klösterlichen Lebenswandels, der Armut und des Gehorsams trat.

Der zweite wesentliche Faktor im Rahmen der katholischen Erneuerung war, dass nach Jahren der Planung und des vergeblichen Ansatzes endlich das lang ersehnte Konzil zustande kam und am 13. Dezember 1545 eröffnet wurde, in Trient, also noch auf kaiserlichem Reichsgebiet. Das mit Unterbrechungen fast 20 Jahre dauernde Konzil sollte vier Päpste überleben und einem fünften noch die Chance geben, sich Konzilspapst nennen zu dürfen. Allerdings trug es nicht zur Lösung des Konfessionskonfliktes bei, sondern bestätigte und unterstrich ihn und manifestierte ihn nun theologisch von römischer Seite als unumkehrbar. Die geschlossene Abwehr der protestantischen Ideen ist zuletzt das Ergebnis päpstlichen Herrschaftswillens gewesen; das Konzil selbst konnte lange diese Entschlossenheit nicht beweisen, weil in ihm viele und unterschiedlichste Kräfte wirkten, die durchaus einige Elemente der reformatorischen Theologie befürworteten beziehungsweise differierende Richtungen, fußend auf verschiedenen theologischen Traditionssträngen, einschlugen in der Beantwortung der durch die Reformation aufgeworfenen Fragen.

Äußeres Zeichen für diese Schwierigkeiten ist die Tatsache, dass das Konzil in drei Tagungsperioden mit langen Zwischenräumen stattfand, sodass man eigentlich richtiger von drei Konzilen sprechen müsste. Alle drei Perioden hatten unterschiedliche Schwerpunkte. In der ersten (1545–1547) wurden Verhandlungsgrundsätze aufgestellt, an denen bestimmte Grundentscheidungen abzulesen sind. So vereinbarte man, Dogma und Reform immer zusammen zu behandeln – ein deutliches Zeichen für die Untrennbarkeit von Lehre und Praxis der Kirche und den Willen, keine Reformansätze zu dulden, die nicht mit der kirchlichen Lehrtradition übereinstimmen. Ebenso hatten drei Legaten des Papstes das alleinige Propositionsrecht; Themen und Beschlussvorlagen wurden also indirekt, aber ausschließlich päpstlich bestimmt, was eine endgültige Absage an alle konziliaristischen Ideen bedeutete. In die gleiche Richtung ging die Vereinbarung, alle Konzilsbeschlüsse würden ihre Gültigkeit erst nach päpstlicher Zustimmung erhalten. Die zweite Tagungsperiode 1551/52 war nicht mehr als ein Zwischenspiel. Nachdem das Konzil während der ersten Sitzungsperiode in das päpstliche Bologna verlegt worden war – vorgeblich wegen des Ausbruchs von Flecktyphus, in Wirklichkeit aber, um sich dem kaiserlichen Einfluss zu entziehen –, wurde nun wieder nach Trient eingeladen. Nachdem schon in Vorgesprächen mit den Protestanten, die der Kaiser zwingen wollte, einer Konzilsbeteiligung zuzustimmen, klar wurde, dass sie sich nicht würden zwingen lassen und welch unüberbrückbare Differenzen in der Lehre bestanden, waren alle Hoffnungen dahin, über das Konzil noch die Kircheneinheit zu retten. Als dann auch noch Karl V. die empfindliche Niederlage in Innsbruck einstecken musste, war das Interesse am Konzil auch auf altgläubiger Seite merklich gesunken. Die Dekrete über die Sakramente der Eucharistie, Buße und letzten Ölung bestätigten den rückwärts gewandten Kurs der päpstlich orientierten Kräfte des Konzils. Die dritte Sitzungsperiode schließlich, die ebenfalls nicht lange, nur über die Jahre 1562 und 1563 dauerte, wurde vollends zum Instrument päpstlicher Machtpolitik, die nach den politischen Entwicklungen der Zwischenzeit nun einerseits keine Rücksicht mehr auf protestantische Empfindlichkeiten zu nehmen brauchte, andererseits keiner kaiserlichen Alleingewalt gegenüberstand, sondern mehreren erstarkten Nationen: Frankreich, Spanien und Deutschland. Wichtige Dekrete über den Laienkelch und das Messopfer wurden verabschiedet.

Als das Konzil 1564 geschlossen wurde, hatte es eine Reihe bedeutender Beschlüsse hervorgebracht, die vor allem eins verdeutlichten: Man hatte sehr wohl in Rom die Kritikpunkte der Reformatoren verstanden und in zweierlei Hinsicht darauf reagiert: Zum einen wurden verschiedene äußerliche Reformen in die Wege geleitet, etwa die Priesterausbildung, die Residenzpflicht und ähnliche Maßnahmen, die dem sittlichen und theologischen Verfall entgegenwirken sollten; zum anderen wurden die tiefergehenden theologischen Anfragen der Reformation insbesondere im Blick auf die Sünden- und Rechtfertigungslehre sowie auf die Ekklesiologie als häretisch abgelehnt und nicht in das Reformpaket übernommen; im Gegenteil: Man knüpfte an scholastisches Traditionsgut an und verfestigte manche in den Augen der Protestanten anstößige Lehre, wie etwa die Sakramentenlehre; unterstrichen wurde vor allem auch in der letzten Sitzungsperiode die Richtigkeit der Unterscheidung von Klerus und Laien.

Eine wichtige Frage war – und hier erkennt man, welcher Stein des Anstoßes die Reformation wirklich war – die Frage nach der Auslegungsautorität. Die beantwortete indes Trient ganz eindeutig in einem Dekret gleich in der ersten Sitzungsperiode; dort heißt es: „Das hochheilige ökumenische und allgemeine Konzil von Trient, im Heiligen Geiste rechtmäßig versammelt, [...], sich immerdar das Ziel vor Augen haltend, dass nach Aufhebung der Irrtümer des Evangeliums Reinheit selbst in der Kirche bewahrt werde, das, einst durch die Propheten in den heiligen Schriften verheißen, unser Herr Jesus Christus, der Sohn Gottes, zuerst mit eigenem Munde verkündete und danach durch seine Apostel als die Quelle aller heilsamen Wahrheit und Sittenlehre jedem Geschöpf predigen ließ; und erkennend, dass diese Wahrheit und Lehre in geschriebenen Büchern und ungeschriebenen Überlieferungen enthalten ist, die, von den Aposteln aus dem Munde Christi selbst empfangen oder von den Aposteln selbst auf Diktat des Heiligen Geistes gleichsam von Hand zu Hand weitergegeben, bis auf uns gekommen sind, folgt dem Beispiel der rechtgläubigen Väter und nimmt an und verehrt mit dem gleichen Gefühl der Dankbarkeit und der gleichen Ehrfurcht alle Bücher sowohl des Alten als auch des Neuen Testamentes, da der eine Gott Urheber von beiden ist, sowie auch die Überlieferungen – sowohl die, welche zum Glauben, als auch die, welche zu den Sitten gehören – als entweder wörtlich von Christus oder vom Heiligen Geist diktiert und in beständiger Folge in der katholischen Kirche bewahrt. [...] Wer aber diese Bücher [des AT und NT] nicht vollständig mit allen ihren Teilen, wie sie in der katholischen Kirche gelesen zu werden pflegen und in der alten lateinischen Vulgata-Ausgabe enthalten sind, als heilig und kanonisch anerkennt und die vorher erwähnten Überlieferungen wissentlich und absichtlich verachtet: der sei mit dem Anathema belegt. [...] Außerdem beschließt es, um leichtfertige Geister zu zügeln, dass niemand wagen soll, auf eigene Klugheit gestützt in Fragen des Glaubens und der Sitten, soweit sie zum Gebäude christlicher Lehre gehören, die heilige Schrift nach den eigenen Ansichten zu verdrehen und diese selbe heilige Schrift gegen jenen Sinn, den die heilige Mutter Kirche festgehalten hat und festhält, deren Aufgabe es ist, über den wahren Sinn und die Auslegung der heiligen Schriften zu urteilen, oder auch gegen die einmütige Übereinstimmung der Väter auszulegen [...]."[2] Der reformatorische Grundsatz des sola scriptura (allein die Schrift) wurde hier gleich zweimal außer Kraft gesetzt: Die Schrift galt nicht als ausschließliche Quelle der Wahrheit, ihr zur Seite wurde die Tradition gestellt; und die Interpretations- und Deutungshoheit lag klar und unmissverständlich bei der Kirche. Als Garant für beides galt die apostolische Sukzession, welche nach Ansicht der Konzilsväter die unablässige Folge der ungetrübten und unverfälschten Wahrheitsüberlieferung sicherte.

In der Hauptfrage der Auseinandersetzung mit den Protestanten, der Erbsünden- und Rechtfertigungslehre, kehrte man nach langen Diskussionen und mehreren Entwürfen, in denen sich die federführenden Schulen der Augustiner, Franziskaner und Dominikaner widerspiegelten, in den in der Sessio VI beschlossenen Formeln zu einer an der thomistischen Theologie orientierten Auffassung zurück. Der folgende Satz etwa zeigt die Unvereinbarkeit mit der protestantischen Sicht: „Wer sagt, der von Gott bewegte und erweckte freie Wille des Menschen wirke durch seine Zustimmung zu der Erweckung und dem Ruf Gottes nichts dazu mit, sich auf den Empfang der Rechtfertigungsgnade zuzurüsten und vorzubereiten, und er könne nicht widersprechen, wenn er wollte, sondern tue wie etwas Lebloses überhaupt nichts und verhalte sich rein passiv: der sei mit dem Anathema belegt."[3] Vor allem auch der nächsten Exklusivformel, nämlich dem sola fide (allein aus Glauben), wurde eine klare Absage erteilt, nur der in der Liebe geformte Glaube könne die Rechtfertigung bewirken: „Wer sagt, der rechtfertigende Glaube sei nichts anderes als das Vertrauen in die göttliche Barmherzigkeit, die um Christi willen die Sünden vergibt; oder es sei allein dieses Vertrauen, durch das wir gerechtfertigt werden: der sei mit dem Anathema belegt".[4]

Die Frage zwischen Konziliarismus und Papalismus wurde nicht fundamental geklärt: Das Konzil entschied zwar, aber es war unübersehbar, dass der Papst diktierte, die Fäden in der Hand hielt und in der nachkonziliaren Zeit jedenfalls keine Machteinbuße befürchten musste. Das schönste und sprechendste Dokument dafür ist die Bestätigungsbulle „Benedictus Deus" vom 26.01.1564: „Um ferner Verdrehung und Verwirrung zu vermeiden, die entstehen könnte, wenn es einem jeden erlaubt wäre, wie es ihm beliebt, seine eigenen Kommentare und Auslegungen zu den Dekreten des Konzils herauszugeben, gebieten Wir kraft Apostolischer Autorität allen [...]: Keiner soll ohne Unsere Ermächtigung wagen, irgendwelche Kommentare, Erklärungen, Anmerkungen, Erläuterungen oder überhaupt irgendeine Art von Auslegung über die Dekrete dieses Konzils in welcher Weise auch immer herauszugeben oder irgend etwas in welchem Namen auch immer – auch unter dem Vorwand einer größeren Bekräftigung oder Ausführung der Dekrete oder [...] einem anderen erhabenen Anstrich – festzulegen. Wenn es aber jemandem scheint, dass in ihnen etwas zu unklar gesagt und festgelegt worden ist und es deswegen einer Auslegung oder Entscheidung bedarf, so soll er zu dem Ort emporsteigen, den der Herr erwählt hat, nämlich zum Apostolischen Stuhl, dem Lehrer aller Gläubigen, dessen Autorität auch das heilige Konzil selbst so ehrfürchtig anerkannt hat."[5] Deutlicher kann man das reformatorische Anliegen, die Schrift lege sich selbst aus und keiner könne sie von daher recht auslegen, nicht abschmettern. Der Papst stand somit nach Trient im römischen Katholizismus dort, wo im Protestantismus das Wort Gottes galt. Das macht zum Schluss auch noch einmal ein eigens formuliertes Glaubensbekenntnis mit seiner Explikation des Kirchenbegriffs deutlich, das im November 1564 in der Bulle „Iniunctum nobis" folgenden Teil enthält, mitten zwischen den klassischen und bekannten Teilen: „Ich anerkenne die heilige katholische und apostolische Römische Kirche als Mutter und Lehrerin aller Kirchen; und ich gelobe und schwöre dem Römischen Bischof, dem Nachfolger des seligen Apostelfürsten Petrus und Stellvertreter Jesu Christi, wahren Gehorsam."[6]

Mindestens ebenso wichtig wie die theologischen Auseinandersetzungen sind im Zusammenhang des Konzils die politischen Konstellationen. Immer wieder lavierte der jeweilige Papst zwischen kaiserlichen und französischen Interessen und gelangte schließlich zu einem relativ selbstständigen Kurs, der eine Entwicklung ihrem Ende entgegengehen ließ, schon lange am Horizont zu erahnen war: Die Verbindung zwischen Kaiser und Papst, zwischen weltlicher und geistlicher Gewalt, war endgültig aufgelöst. Ein schönes Beispiel dafür: Als Ferdinand, der Böhmische König, die Amtsgeschäfte von seinem Bruder Karl V. übernahm, verweigerte ihm der Papst die Anerkennung, weil er die Rechtmäßigkeit der Wahl erst anerkennen müsse – was Ferdinand natürlich wenig kümmerte.

Der erste Papst der nachkonziliaren Zeit, Pius V. (Amtszeit: 1566–1572), bemühte sich, die Trienter Reformbeschlüsse umzusetzen. So wurde unter seiner Ägide 1566 der Römische Katechismus für die Pfarrer veröffentlicht. Dort heißt es unter anderem: „Einer ist der Lenker und Leiter der Kirche, der unsichtbare: Christus, der sichtbare oder der, welcher den römischen Stuhl als rechtmäßiger Nachfolger des Apostelfürsten Petrus einnimmt. Dieses sichtbare Haupt ist zur Ordnung und Erhaltung der Kirche notwendig gewesen."[7] Und weiter: „Da der römische Papst auf dem Stuhle des Apostelfürsten Petrus sitzt, den dieser, wie feststeht, bis an sein Lebensende eingenommen hat, erkennt die Kirche in ihm den höchsten Grad der Würde und die Machtfülle der Herrschaftsübung an, die ihm nicht durch Synoden oder andere menschliche Beschlussfassung, sondern von Gott gegeben ist."[8] Das ist unmissverständlich und in seiner Wirkkraft nicht zu unterschätzen; man bedenke dabei: Es handelt sich hier um einen Katechismus für Pfarrer und damit für die potenziellen Verbreiter von Lehrtraditionen! Zum Katechismus gesellte sich 1570 das Römische Messbuch. Außerdem bannte Pius die englische Königin Elisabeth I. 1570; damit verschlimmerte er die Situation in England, denn die Folge war eine heftige Katholikenverfolgung, von der gleich noch zu reden sein wird. Gregor XIII. (1572–1585) hat durch seine aktive Unterstützung des 1540 gegründeten Jesuitenordens dafür gesorgt, dass die Priesterausbildung zu einem der wichtigsten Zugpferde des Reformkatholizismus wurde, namentlich dann auch im nach den Wirrnissen der Reformation nach neuen Kräften ringenden Deutschland. Zudem ist ihm die Kalenderreform zu verdanken. Um den Unterschied zwischen Sonnenjahr und Kalenderjahr auszugleichen, kam er im Jahr 1582 zunächst auf die kuriose Idee, einfach ein paar Tage aus dem Kalender zu streichen, um wieder ins Lot zu kommen; in diesem Jahr 1582 folgte somit auf den 4. gleich der 15. Oktober. Die zweite Maßnahme, die er ergriff: das Schaltjahr, also die Hinzufügung eines Tages, sollte in den nicht durch 400 teilbaren Jahren ausfallen. Verzwickt wurde dieser Reformversuch dadurch, dass diesen gregorianischen Kalender nicht alle haben wollten. Ein Kalender, der vom Papst festgesetzt wurde, war möglicherweise eine Einrichtung des Teufels. Der konfessionelle Konflikt war die Ursache dafür, dass es in einigen Territorien sogar Jahrhunderte dauerte, bis dieser Gregorianische Kalender übernommen war.

Unter Gregors Nachfolger Sixtus V. (1585–1590) brach dann endgültig ein neues Zeitalter an, wofür als äußeres Zeichen die Vollendung der Kuppel des Petersdomes steht: Der Barock war an- und ausgebrochen und mit ihm ein neues Lebensgefühl, das die alte Zeit hinter sich ließ. Die nachfolgenden Päpste bemühten sich durchweg, aber mit unterschiedlichem Erfolg um die Durchsetzung der Tridentinischen Beschlüsse. Dazu gehörte vor allem eine Reform der innerkirchlichen Verwaltung, der Papstwahl und die Einrichtung von verschiedenen Kardinalskollegien am Heiligen Stuhl, die mit unterschiedlichen Aufgaben betraut waren. Auch unterblieben nicht Versuche, den alten Primatsanspruch neu aufleben zu lassen. Die Verwicklungen der Päpste im Dreißigjährigen Krieg und das Aufgerieben-Werden zwischen den Herrschaftsansprüchen Spaniens und Frankreichs ließen den Erfolg dieser Bemühungen jedoch bescheiden ausfallen.

Die innerprotestantischen Streitigkeiten

Während der römische Katholizismus sich sammelte und mutatis mutandis zu alter Pracht zurückfand, verstrickte sich der Protestantismus nach Luthers Tod in einen erbitterten Kampf um sein Erbe. Es waren einige Fragen offen geblieben oder nur unzureichend klar beantwortet, sodass die Streitigkeiten nicht eitlem Dünkel entsprangen, sondern um der Sache willen notwendig waren. Die Auseinandersetzungen spielten sich dabei auf mehreren Ebenen ab: zwischen Territorien, zwischen Universitäten und zwischen einzelnen Theologen, und betrafen Kernpunkte der Lehre, wie das Abendmahlsverständnis und die Rechtfertigungslehre. Gerade während der und nach den Beschlüssen des Trienter Konzils war es nach innen und nach außen wichtig, das eigene Profil zu schärfen und für die Zukunft fest zu verankern. In diesem Bemühen trat jedoch deutlich zutage, dass im Protestantismus zu mehreren zentralen Themen eine Vielzahl an Positionen und Akzentuierungen anzutreffen war, was nicht nur an der Komplexität dieser Themen selbst lag.

Eine zentrale Rolle nahm nolens volens Philipp Melanchthon ein, dem man als ständigem Begleiter und Gesprächspartner Luthers zutraute und zumutete, in dessen Fußstapfen zu treten. Melanchthon hatte allerdings bei manchen Themen bereits einen eigenen, von humanistischen und reformatorischen Überzeugungen gleichermaßen getragenen Weg eingeschlagen, so etwa in der Frage nach der Bedeutung des Gesetzes für die Wiedergeborenen, in der nach der Kraft des menschlichen Willensvermögens und beim Abendmahl. Den strengen Nachfolgern Luthers, den sogenannten Gnesiolutheranern, war Melanchthon nicht scharf und pointiert genug, aus ihrer Sicht hat er mancher Aussage Luthers die Spitze und ihre Eindeutigkeit genommen. Melanchthon und seine Anhänger, die Philippisten, lehrten an der seit dem Übertrag der Kurwürde dem albertinischen Sachsen angehörigen Universität Wittenberg, die Mehrzahl der Gnesiolutheraner war an der Universität Jena im ernestinischen Sachsen zu Hause, sodass sich die Meinungsverschiedenheiten schnell zu einem Schulstreit entwickelten und sich zudem mit alten und neuen politischen Rivalitäten vermischten.

Eine erste Auseinandersetzung rankte sich um die Beschlüsse des Augsburger Interims, dem Melanchthon unter diplomatischem Aspekt zustimmen konnte; das gelang ihm umso mehr, als er zwischen den heilsnotwendigen Dingen und denen, die seiner Auffassung nach zum Heil nicht notwendig und im Gebrauch also beliebig handhabbar sind, differenzierte. In dieser Annahme von Adiaphora (Mitteldingen, Dingen, die im Blick auf das Heil in gleicher Weise gültig sind; dazu gehörten für Melanchthon zum Beispiel der Gebrauch der Bilder, die Fronleichnamsprozession und ähnliche Elemente kirchlicher Praxis) witterten die strengen Lutheraner, allen voran Nikolaus von Amsdorff (1483–1565) und Matthias Flacius Illyricus (1520–1575), einen Verrat der lutherischen Reformation an das Papsttum und damit an den Teufel, den Antichristen höchstpersönlich. Selbst im Blick auf Glockenläuten und ähnliche Fragen der kirchlichen Praxis, deren Heilsbedeutung tatsächlich durchaus fragwürdig ist, galt für sie der Grundsatz, es gebe kein Adiaphoron in der Situation von Bekenntnis und Ärgernis. Diese Formel markiert, welche Bedeutung die Gnesiolutheraner der augenblicklichen kontroverstheologischen Debatte gaben und wie sehr sie die Sache der Reformation durch das Interim gefährdet sahen. So flaute dieser interimistische oder auch adiaphoristische

Streit zwar nach der Aufhebung des Interims ab, aber die Philippisten und ihre theologischen Aussagen wurden seitdem argwöhnisch beobachtet.

Eine zweite hitzige Debatte entspann sich über die Auffassung Andreas Osianders (1496–1552), der behauptet hatte, die Heiligung des Menschen sei von der realen Innewohnung der Gerechtigkeit Christi in den Gläubigen abhängig. Die göttliche Natur Christi, nicht die menschliche, sei dem Menschen in der Taufe eingegossen worden, und ihr habe er in seinem Leben als Wiedergeborener zu entsprechen. Die Rechtfertigung sei nicht nur imputativ oder forensisch, als Zurechnung der fremden Gerechtigkeit Christi also zu verstehen, sondern effektiv: Das Leben des Gerechtfertigten ändert sich, die Rechtfertigung wandelt den Menschen und befreit ihn zum guten Werk. Es ist evident, dass es bei dieser Position nicht mehr nur um eine Differenz in der Rechtfertigungslehre ging, sondern ebenso um eine in der ihr zugrunde liegenden Christologie. Die Zwei-Naturen-Lehre, die das Konzil von Chalzedon 451 definiert hat und nach der Jesus Christus wahrer Gott und wahrer Mensch ist – und zwar immer und stets und in jeder seiner Wirkungen – wurde so von Osiander preisgegeben. Der osiandrische Streit dauerte sehr lange an (1549–1566) und führte zu einer kurzfristigen Kirchenspaltung in Preußen.

In eine ähnliche Richtung im Blick auf schwer verständlich zu machende Elemente der Rechtfertigungslehre wiesen der majoristische (1552–1558) und der synergistische Streit (1556–1560). Der majoristische Streit entzündete sich an den extremen Behauptungen des Melanchthonianers Georg Major (1502–1574) und der Gnesiolutheraner Amsdorff und Flacius. Während Major in Aufnahme früherer Aussagen Melanchthons die guten Werke als zur Seligkeit notwendig beschrieb, bezeichnete sie Amsdorff im Überschwang sogar als zur Seligkeit schädlich. Die ethisch motivierte Frage, welche Rolle dem guten Werk zukomme, wenn es aus dem Rechtfertigungsprozess auszuschließen sei, war bisher nicht eindeutig und zufriedenstellend gelöst, und so war es im Blick auf Predigt und Erziehung ein verständlicher Schritt, sie über den Begriff der Heiligung dann doch wieder ins Geschehen zu integrieren. Der Mittelweg, die Werke als notwendig, aber nicht als heilsnotwendig zu deklarieren, war gerade den humanistisch orientierten Theologen zu schwach, um damit die Gläubigen zum guten Werk und zu sittlichem Verhalten anzuhalten. Der synergistische Streit hatte wiederum eine bereits Anstoß erregende Aussage Melanchthons aufgegriffen, die besagte, auch der Wille des Menschen trage zu dessen Bekehrung bei. Und wieder waren die Wortführer auf gnesiolutherischer Seite Amsdorff und Flacius, während die synergistische Position von Johannes Pfeffinger (1493–1573) vertreten wurde. Pfeffinger hatte eine Thesenreihe zur Willensfreiheit veröffentlicht, in der nicht die Prädestination, sondern die dem Anstoß durch Gott antwortende und entsprechende Zustimmung im Willen für die tatsächliche Bekehrung verantwortlich gemacht wird. Insofern werde der Mensch zum Mitwirkenden gemacht, ohne seine aktive Beteiligung sei auch die zuvorkommende Gnade Gottes letztlich machtlos. Noch pointierter forderte der Jenaer Theologieprofessor Viktorin Strigel (1524–1569) die Beteiligung des menschlichen Willens am Heilsgeschehen ein, denn schließlich gehöre der Wille zur natürlichen Ausstattung des Menschen und könne also nicht einfach übergangen werden. Flacius, mit dem er über dieses Thema eine Disputation führte, überzog nun seinerseits und behauptete, der Mensch sei zum Ebenbild des Satans geworden und die Erbsünde forma substantialis des Menschen. Denn der Mensch hat nach Flacius seine Substanz in seiner Relation zu Gott im Ja oder aber im Nein. Flacius wurde im Dezember 1561 aus Jena ausgewiesen.

Der antinomistische Streit war schon früh in der Reformationsgeschichte unter Beteiligung Johannes Agricolas (1492/94–1566) aufgetreten, als behauptet wurde, dass in dem Moment, in dem das Gesetz als Heilsweg ausgeschlossen war, die Gesetzespredigt und damit auch die Predigt des Alten Testaments überflüssig geworden war, ja, sogar das Gesetz selbst. Dem hatte schon Luther entsprechend in den Antinomerdisputationen in der Mitte der Dreißigerjahre geantwortet, doch die Auffassung fand immer wieder Anhänger. Während Luther in der Unterscheidung von Gesetz und Evangelium weiterhin zwei Gebrauchsweisen des Gesetzes zuließ (politisch zur Abwehr der Folgen der Sünde = usus politicus / civilis und theologisch-pädagogisch zur Entlarvung der Sündhaftigkeit = usus paedagogicus – dazu später mehr), sollte das Gesetz nach Auffassung der Antinomer keine Geltung mehr haben. Im Zusammenhang mit dem majoristischen Streit hatte eine Eisenacher Synode 1556 versucht, diesen zu schlichten, dabei aber ein neues Problem provoziert: die Frage nach dem dritten Gebrauch des Gesetzes (tertius usus legis). Melanchthon hatte diesen vertreten; danach wäre die Erfüllung des Gesetz nach der Wiedergeburt heilsnotwendig. Ihm stellte sich der Nordhauser Pfarrer Anton Otho entgegen und fand Unterstützung bei Jenaer Kollegen. Ein Religionsgespräch in Altenburg sollte den Konflikt beilegen, vermochte dies aber nicht.

Schließlich hat ein weiterer Abendmahlsstreit die alten Wunden innerhalb des Protestantismus wieder aufgerissen. Nachdem sich Calvin und Zwinglis Nachfolger Bullinger im Consensus Tigurinus 1549 in dieser Frage angenähert hatten und damit plötzlich die Lutheraner außen vor waren, war die mühevolle und in der historischen Situation so wichtige Einigung in der Wittenberger Konkordie gewissermaßen außer Kraft gesetzt. Calvin hatte dabei immer stärkere Sympathie für das symbolische Verständnis entwickelt. Die Auseinandersetzung wurde initiiert durch entsprechende Stellungnahmen des Hamburger Hauptpastors Joachim Westphal (1510–1574), der mit wachsender Besorgnis sah, wie sich die reformierte Lehre immer klarer im Westen Europas durchsetzte. Er erblickte in den Aussagen namentlich zum Abendmahl eine der lutherischen Reformation gegenüber vollkommen konträre Lehre und warnte überdeutlich vor den „Sakramentierern"; er griff die spiritualisierenden Tendenzen in Calvins Abendmahlsverständnis scharf an, und Calvin antwortete nicht minder scharf darauf. In den eskalierenden Streit mischten sich immer mehr Theologen beider Seiten ein, bis er durch die Aussagen von Johannes Brenz in Württemberg eine weitere Dimension erhielt und der Schauplatz auf die Ubiquitätslehre verlagert wurde. Schon in der Auseinandersetzung zwischen Zwingli und Luther hatte sich gezeigt, welche Bedeutung die Christologie, namentlich die Zwei-Naturen-Lehre in der Deutung des Abendmahls und der Frage der Realpräsenz hatte. Brenz führte den lutherschen Ansatz konsequent weiter, indem er die Personeinheit Jesu Christi als so grundsätzlich herausstrich, dass dieser seiner menschlichen Natur nach schon in seinem Erdenleben der göttlichen Majestät, allerdings verborgen, teilhaftig war. In Entschärfung dieses Ansatzes betonten die norddeutschen Lutheraner, allen voran der für die Geschichte der lutherischen Orthodoxie maßgebliche Martin Chemnitz (1522–1586), Christus könne auch seiner menschlichen Natur nach überall sein, wo er wolle (Ubiquität), für das Abendmahl habe er diese seine Gegenwart zugesagt und daher sei sie möglich. Die Grenzlinie zwischen Lutheranern und Calvinisten war damit endgültig und scharf gezogen. Und zwar so scharf, dass die Auseinandersetzungen um die Prädestinations- und Erwählungslehre zwischen Hieronymus Zanchi (1516–1590) und Johannes Marbach (1521–1581) eher marginale Bedeutung hatten. Es stand das Problem im Raum, ob der Gedanke einer Erwählung nicht Gottes universalen Heilswillen infrage stellen musste – ein Problem, zu dem es mehrere Auffassungen mit unterschiedlichen Perspektiven und Ausdifferenzierungen, von unterschiedlichen Motiven geleitet, gab.

Die hier nicht in Gänze ausgeführten Details der Debatten (einige werden dann in der Behandlung der Konkordienformel aufgenommen werden) geben reichlich Aufschluss darüber, wie komplex die Grundthemen der reformatorischen Theologie in Wahrheit sind und welche unter anderem seelsorgerliche Bedeutung einer Lösung dieser Probleme zukommt. Es handelte sich keineswegs nur um irgendein Geplänkel oder um konfessionelle Rechthaberei, sondern es ging um nichts weniger als die Wahrheitsfrage. Für die Fürsten indes stellte sich ein ganz anderes Problem: Die Uneinigkeit der Theologen gefährdete die gerade durch den Augsburger Religionsfrieden gewonnene Freiheit. Ihre Bemühungen, vor allem durch Religionsgespräche und Disputationen Einigkeit unter den streitenden Parteien zu schaffen, entsprangen nicht so sehr einem ausgeprägten Harmoniebedürfnis oder theologischer Überzeugung, sondern vielmehr dem Wunsch, die politische Stabilität nicht zerbrechen zu lassen. Der nächste folgerichtige Schritt, der von Theologen wie weltlichen Fürsten zugleich gegangen wurde, war der Versuch, eine gemeinsame Bekenntnisformel zu entwickeln, welche die Streitigkeiten ein für alle Mal beilegen sollte. Doch bis dahin sollte es noch etliche Jahre dauern.

Der Fortgang der Reformation in Frankreich, England und den Niederlanden

Der Calvinismus hatte besonders in Schottland und Frankreich Fuß gefasst. In Schottland hatte das Parlament 1560 eine reformierte Staatskirche gegründet, nachdem es dort mit Bilder- und Klosterstürmen zur heftigen Durchsetzung reformatorischer Ideen gekommen war. In Frankreich hatte der unmittelbare Einfluss Calvins dazu beigetragen, dass sich das Genfer Muster durchsetzte. Schon seit 1522 hatte es reformatorische Tendenzen gegeben, die zunächst aber von Franz I. unterdrückt wurden, der ja in enger Verbindung mit dem Papst gegen die Habsburger stand. Schon in seiner Zeit, verschärft aber unter seinem Sohn und Nachfolger, Heinrich II., wurden die Protestanten systematisch verfolgt. Viele von ihnen suchten Exil in anderen europäischen Städten und bildeten dort eigene Gemeinden, nicht immer zur Freude und mit Unterstützung der einheimischen Bevölkerung. Auch etliche Märtyrer waren zu beklagen. Erstaunlicherweise jedoch gelang es den im Lande verbliebenen und im Untergrund wirkenden Gruppen, ein funktionierendes Gemeindeleben aufrechtzuerhalten und die protestantischen Bewegungen zu erhalten und sogar zu verstärken. 1559 tagte heimlich die erste französische Generalsynode in Paris, die eine erste Kirchenordnung und ein Bekenntnis formulierte, die beide unter dem Einfluss Calvins standen. Zahlreiche adelige Familien traten zu den Reformierten über. Die Staatskrise in Frankreich führte dazu, dass die rivalisierenden Adelsfamilien der Guise (katholisch) und des Hauses von Navarra (calvinistisch) die Religion für politische Machtkämpfe instrumentalisierten. Eine Verschwörung der Protestantenpartei gegen die Guise trug ihnen den Namen Hugenotten ein, der im Sinne von „Verschwörer" gebraucht wurde. Während Katharina von Medici noch durch ein Toleranzedikt 1562 versuchte, eine Eskalation zu verhindern, trieb die Guisepartei mit ihren Terrorakten gegen die Calvinisten Frankreich in einen Bürgerkrieg, der in Wahrheit ein Religionskrieg war. Die Pariser Bluthochzeit oder Bartholomäusnacht 1572, in der nicht nur die calvinistische Führungsschicht, sondern auch Tausende Gläubige hingerichtet, ja von einer fanatisierten Bevölkerung regelrecht abgeschlachtet wurden, gab davon ein grausames und blutiges Zeugnis. Die Wende kam mit Heinrich IV., der zwar aus dem Hause Navarra stammte, zum Erhalt seines Königtums jedoch zum Katholizismus konvertierte. Er erließ 1598 ein Toleranzedikt, das den Hugenotten die friedliche Koexistenz neben der französischen Nationalkirche ermöglichte. Allerdings blieb der dadurch erreichte Frieden stets gefährdet, zumal beide konfessionellen Seiten nicht wirklich zufrieden mit dem Erreichten waren. Die Hugenotten hatten im Süden des Reiches eigenständige politische Gebilde aufgerichtet, eine Art Staat im Staat, der den zentralistischen und monarchischen Tendenzen im Reich widersprach. Das bedeutete ständige Reibungspunkte und eine unablässige Vermischung religiöser und politischer Interessen. Obwohl sich die Hugenotten im Wesentlichen als politisch loyal erwiesen und viel zur Förderung von Wirtschaft und Bildung beitrugen, hörten die Unterdrückungsmaßnahmen nicht auf. Im Gegenteil, sie nahmen unter den absolutistischen Herrschern des 17. Jahrhunderts, allen voran Sonnenkönig Ludwig XIV., wieder zu, die für ihre Zentralisierung der Macht die Analogie zum Katholizismus besser gebrauchen konnten. Unter Ludwigs Herrschaft wurde das Toleranzedikt von Nantes 1685 wieder aufgehoben, der Protestantismus in Frankreich verboten. Eine große Flüchtlingswelle war die Folge; viele Hugenotten flohen nach Brandenburg-Preußen, wo in dem gerade aufblühenden Territorium, das schon auf der Grenze zur Aufklärung stand, eine neue Synthese aus Religion und Philosophie stattfinden sollte.

Ähnliche, bürgerkriegsähnliche Zustände herrschten auch in den Niederlanden, wo die Religionssache sich sehr schnell mit den politischen Unabhängigkeitsbestrebungen von Spanien und seinem fanatisch-katholischen Herrscher Philipp II. vermischt hatte. Karl V. hatte 1512 in seinem niederländischen Erbland einen burgundischen Reichskreis gebildet und ihn 1551 der spanischen Linie des Hauses Habsburg übertragen; schon er ließ die „lutherische Ketzerei" verfolgen und um die 3000 Hinrichtungen vornehmen. Als Philipp 1556 die Herrschaft übernommen hatte, stand ihm der Sinn ausschließlich danach, dem Katholizismus zu einer neuen Blüte in ganz Europa zu verhelfen; das bedeutete auch einen Kampf gegen Frankreich und England, deren protestantische Elemente nicht zu übersehen waren. Philipp verschärfte unter anderem die Inquisition und ließ alle Andersgläubigen verfolgen, zahlreiche Gläubige flohen und bauten starke und blühende Flüchtlingsgemeinden auf. Die calvinistisch orientierten Niederlande wehrten sich heftig gegen die katholische Gegenreformation (hier ist es durchaus angebracht, diesen Begriff zu gebrauchen). Viele Adlige, die religiös eher uninteressiert oder aber liberal waren, wurden von den Gewaltmaßnahmen insbesondere des Herzogs Fernando von Alba (1507–1582) in die Arme der Calvinisten getrieben, denn eine Beschneidung ihrer Rechte konnten und wollten sie nicht hinnehmen. Während die südlichen Provinzen des Landes nach 1578 stärker hispanisiert wurden, etablierte sich im Norden ein auch politisch starker und einflussreicher Calvinismus, nachdem die von verschiedenen Flüchtlingsgemeinden gebildete Synode von Emden 1571 eine Kirchenordnung festgelegt hatte. 1581 vereinigten sich die Nordprovinzen und sagten sich endgültig von Spanien los. Diese Loslösung und die Selbstständigkeit der Nordprovinzen wurden 1648 im Haager Frieden, einem Teil des den Dreißigjährigen Krieg beendenden Westfälischen Friedens, bestätigt. In den Südprovinzen, die später Belgien bildeten, fand dagegen eine systematische Rekatholisierung statt, die zahlreiche Flüchtlinge in den Norden trieb. Eine konfessionelle Einheit konnte jedoch auch im Norden nicht letztgültig hergestellt werden, zu starke Akzentuierungen namentlich im Blick auf die Prädestinationslehre gab es auch innerhalb des Calvinismus, wovon im Rahmen der Theologie der Bekenntnisse noch die Rede sein wird.

England schließlich erlebte ebenfalls unruhige Zeiten. Maria Tudor, Heinrichs VIII. Tochter aus seiner Ehe mit Katharina von Aragon, war mit Philipp II. von Spanien verheiratet; man traf sich weniger in der Liebe füreinander als in der zum Katholizismus. Maria ließ die Protestanten grausam und unerbittlich verfolgen: 2000 Kleriker verloren ihre Stellung. 800 Exulanten flüchteten unter anderem nach Frankfurt a.M., nach Straßburg, Zürich und Genf, um die 300 Protestanten starben den Märtyrertod. Dies alles trug der „Katholischen Maria" den wenig schmeichelhaften Beinamen „die Blutige" ein. Als 1558 Elisabeth I., die nach katholischer Auffassung illegitime Tochter Heinrichs und Anna Boleyns, den Thron übernahm, wandte sich das Blatt wiederum. Viele Exulanten konnten zurückkehren und brachten neue reformatorische Impulse vom Kontinent mit. Elisabeth kämpfte erfolgreich gegen Spanien (hervorzuheben ist der Sieg gegen die Große Armada 1588) und gegen Habsburg, unterstützte den Freiheitskampf der Niederlande und trug damit wesentlich zur Stärkung und Stabilisierung des Protestantismus in ganz Europa bei. Dass sie dabei die schottische Königin Maria Stuart, die in Frankreich katholisch erzogen worden war und Thronansprüche erhob, hinrichten ließ, gehört zu den Schattenseiten der Geschichte. Immerhin hat sie lange gezögert, diesen Schritt zu gehen. Elisabeth sorgte dafür, dass die Suprematie erneuert wurde. 1559 beschloss das Parlament, dass der englische König (oder die englische Königin) der oberste Statthalter, der „supreme governor" (nicht mehr wie 1534: Oberhaupt = supreme head) der anglikanischen Kirche in allen geistlichen und weltlichen Belangen sein sollte; darauf sollte der Klerus den Gehorsamseid leisten. Zudem wurde die Uniformitätsakte verabschiedet, die alle Untertanen auf die Teilnahme am anglikanischen Gottesdienst verpflichtete sowie das „Book of Common Prayer" in der leicht veränderten Fassung von 1552 zur verbindlichen Gottesdienstordnung erklärte. Die 42 Artikel wurden überarbeitet, und die daraus entstandenen 39 Artikel dienten fortan als Lehrgrundlage für alle Geistlichen. Die Minorität der Katholiken im Lande wurde nicht verfolgt. Jedoch belegte 1570 der Papst Elisabeth mit dem Bann, und aufgrund der Verknüpfung von Krone und Kirche galt daraufhin eine Romorientierung als Hochverrat. In der Zwischenzeit hatten die vielen Exulanten an der anglikanischen Frömmigkeitsform Kritik geübt; vornehmlich beeinflusst vom calvinischen Ordnungsgedanken war ihnen die immer noch von der römischen kaum unterscheidbare Liturgie ein Dorn im

Auge. Sie waren in dem Sinne „Nonkonformisten" – und wurden auch so genannt –, als sie die königliche Kirchenhoheit ablehnten und eine stärkere Durchdringung der Gesellschaft mit kirchlichen Elementen verlangten. Sie waren nicht konform mit der durch die Suprematie verordneten Kirchlichkeit, und ein erster Streit war folgerichtig der um die Kleiderordnung: Chorröcke und Messgewänder wurden als römisch-katholische Relikte abgelehnt. Zunächst spöttisch so bezeichnet, dann selbstbewusst sich selbst so nennend galten sie als Puritaner. Das Genfer Modell galt ihnen als vorbildhaft, und sie suchten gegen Ende des Jahrhunderts zunehmend aggressiv, dieses Modell durchzusetzen. Dazu gesellte sich – gerade auch durch den Antipuritanismus Elisabeths und ihres Nachfolgers Jakobs I. provoziert – eine Frömmigkeit, die sich vor allem in bestimmten Formen (häufiges Gebet etc.) und einem rigiden Moralismus ihren Ausdruck verschaffte. Diese Entwicklung, die in England selbst dann im 17. Jahrhundert eigene Wege ging, wurde auch auf den Kontinent übertragen und dürfte dort zur Genese des Pietismus beigetragen haben.

Die reformatorischen Entwicklungen in Nord- und Osteuropa

Die Geschehnisse in Westeuropa entbehren, wie zu sehen war, nicht einer gewissen Dramatik, und noch deutlicher als in Deutschland selbst wurde dort eine Verquickung von religiösen und politischen Interessen sichtbar. Vielleicht nur am Rande, aber doch nicht an letzter Stelle war für diese Vermischung der politische Charakter der calvinistischen Reformation mitverantwortlich. Die Reformation im Norden und im Osten Europas war dagegen weitgehend lutherisch bestimmt und daher im Wesentlichen ein Ergebnis der bereits abgeschlossenen Konsolidierung bestimmter Prozesse im Reich. Nicht selten wurden reformatorische Ideen durch Studenten verbreitet, die an einer der protestantisch gesinnten Universitäten studiert und zahlreiche Anregungen in ihre Heimat mitgenommen hatten. Ein weiteres Charakteristikum ist die starke Rolle, die der Humanismus für die jeweilige reformatorische Bewegung spielte.

In Ungarn war die Dreiteilung des Reiches (in West- und Oberungarn herrschten die Habsburger, in der Mitte die Türken, der Osten und Siebenbürgen verfügten über eine selbstständige Herrschaft) dafür verantwortlich, dass sich vor allem im Osten und in Siebenbürgen der Protestantismus verbreiten konnte und zahlreiche Verbündete fand, die sich von der habsburgischen Fremdherrschaft befreien wollten. Dabei stellte das heute zu Rumänien gehörige Siebenbürgen einen Sonderfall dar, weil dort viele Nationen und mit ihnen verschiedene christliche Richtungen zu Hause waren. Die Siebenbürger Sachsen bildeten die deutsche Gruppe, die sich dem melanchthonianisch geprägten Luthertum anschloss, während die Ungarn zum Reformiertentum neigten. Da es auch noch durch die Rumänen Anhänger der griechisch-orthodoxen Lehre, durch die Székler römisch-katholische Gläubige und Unitarier gab (Anhänger einer Richtung, die sich gegen die Trinitätslehre wandte), haben wir in diesem Teil Ungarns ein konfessionelles Gemisch vor Augen, das der Siebenbürgische Landtag 1557 aus politischem Kalkül zur Sicherung des Friedens auch tatsächlich festschrieb. Diese Festschreibung sicherte dem Protestantismus den Fortbestand auch gegen die ausgesprochen erfolgreichen Rekatholisierungsmaßnahmen am Ausgang des 16. Jahrhunderts. Zum Zentrum der calvinistischen Richtung wurde Debrecen mit dem als „ungarischen Calvin" gepriesenen Peter Melius (ca. 1536–1572), der sich nicht nur um Bekenntnisschriften und Kirchenordnungen verdient gemacht hatte, sondern sich vor allem für eine volkssprachliche Umsetzung des reformatorischen Gedankenguts in Bibelübersetzung und Gesangbuchliedern einsetzte.

Im Königreich Böhmen konnten die reformatorischen Bewegungen in ihrer gesamten Vielfalt des 16. Jahrhunderts anknüpfen an das, was die hussitische Bewegung bereits ein Jahrhundert zuvor vorbereitet hatte. In verschiedenen Teilen des Königreichs waren lutherische, calvinische, zwinglianische und täuferische Richtungen anzutreffen, aber auch römisch-katholische Gemeinden gab es noch vereinzelt. Die protestantischen Gruppen kooperierten, als Ferdinand I. ab 1547 Rekatholisierungsversuche unternahm; sie rangen Rudolf II. viele Zugeständnisse im Majestätsbrief von 1609 ab. Dieser sicherte Bekenntnisfreiheit und eine evangelische Kirchenordnung zu. Trotz dieser Geschlossenheit blieb die Vielfalt ein Problem, denn immer wieder kam es zu Lehrdifferenzen und Spaltungen, die protestantische Konfession ruhte auf vielen, aber eben vielen einzelnen Schulterpaaren, die letztlich zersplittert blieben und dem als Einheit auftretenden Katholizismus wenig entgegenzusetzen hatten. So konnte der vereinbarte Religionsfrieden immer wieder gestört werden, was letztlich den Aufstand von 1618 begründete, der als Anlass zum Ausbruch des Dreißigjährigen Krieges gesehen werden muss.

In ähnlicher Weise von einem Nebeneinander verschiedenster Konfessionen, dazu noch von Muslimen und Juden bestimmt war das Doppelreich Polen-Litauen. Diese frühe Form religiöser Toleranz hatte rein politische Ursachen, denn anders hätte dieses Doppelreich gar nicht existieren können, da Litauen viele Völker umfasste und damit vielfältige religiöse Gemeinschaften, während in Polen der Katholizismus stark vertreten war. Eine erste Phase reformatorischen, lutherisch geprägten Einflusses hat sich den wirtschaftlichen und kulturellen Beziehungen zu Deutschland zu verdanken. Die zweite Phase ab 1548 ist allerdings die bedeutendere, da sich hier die antiklerikalen Bestrebungen vonseiten des Adels, der eigene Interessen vertrat und daher mit der Reformation sympathisierte, mit reformierten Traditionen verbanden. Vor allem der polnische Aristokrat Jan Laski, besser bekannt in seiner latinisierten Namensform Johannes a Lasco (1499–1560), sorgte für die praktische Umsetzung der reformierten Ideen, nachdem er als Superintendent von Ostfriesland und als Leiter verschiedener Exulantengemeinden reichlich Erfahrung sammeln konnte. Diese enge Verquickung von politischen Souveränitätsbestrebungen und kirchenpolitischen Elementen führte dazu, dass nach Erreichen der politischen Ziele das Bemühen um theologische Inhalte schnell schwand beziehungsweise das immer schon nur schwach vorhandene Interesse daran jetzt als ebensolches offenkundig wurde. Da die verschiedenen im Großreich vertretenen protestantischen Gruppierungen es nicht schafften, ein dauerhaftes gemeinsames Bekenntnis zu formulieren, war der Abbruch einer langfristigen Prägung von Kultur und Gesellschaft die logische Folge. Bis auf den Beitrag zur Bedeutung der Nationalsprache – was nicht einmal unbedingt ein protestantisches, sondern mindestens genauso ein humanistisches Proprium ist – und einen gewissen Einfluss auf die literarische Welt können kaum bleibende Spuren festgestellt werden. Insofern verwundert es wenig, dass gegen Ende des Jahrhunderts insbesondere durch intensives Wirken der Jesuiten der Protestantismus mehr und mehr zurückgedrängt wurde, bis in der Mitte des 17. Jahrhunderts Polentum und Katholizismus eng verschmolzen, als es darum ging, gegen das lutherische Schweden einerseits und das orthodoxe Russland andererseits ein Bollwerk zu bilden.

Auch in Schlesien sind recht früh reformatorische Bewegungen auszumachen, unter anderem gefördert durch den Nürnberger Johannes Heß (1490–1547), die dazu führten, dass das Land 1570 zu größten Teilen protestantisch war. Aber dort wie in fast ganz Europa hat die Gegenreformation, hier massiv durchgesetzt durch Ferdinand I., dafür gesorgt, den Protestantismus an den Rand der Bedeutungslosigkeit zu führen.

Im Herzogtum Preußen gab es den bemerkenswerten Sonderfall, dass sich ein katholisch-geistlicher Staat in ein weltliches Herzogtum umwandelte, in dem dann das Luthertum Oberhand hatte. Dies war so singulär und spektakulär, dass man von einer „Revolution von oben" sprach. Verantwortlich für diesen Übergang zeichnete der Hochmeister des Deutschen Ordens, Albrecht von Brandenburg (1490–1568), der damit einen regelrechten politischen Coup landete: Der Verlust des Ordensstaates an Polen war nach zwei verlorenen Kriegen die unabwendbare Folge; die Konsequenzen sollten aber so gering wie möglich gehalten werden, und so wurde der Vorschlag aufgenommen, den in ein weltliches und damit erbliches Fürstentum gewandelten Staat in Lehnsabhängigkeit von Polen zu bringen. Da dies aber mit der Einführung der Reformation verbunden war, stand nicht unbedingt zu befürchten, dass dieses Herzogtum Polen einverleibt würde. Die Konfessionsgrenze war hier gleichbedeutend mit einer politischen Grenze. In mehreren Schritten wurden Kirchenordnungen erstellt, die den Fortbestand und die Verbreitung der evangelischen Lehre nachhaltig sicherten. Im polnischen Preußen (Westpreußen) bildete sich mit Danzig eine Hochburg des Protestantismus heraus, die auch die stark wirkenden gegenreformatorischen Maßnahmen weitgehend unbeschadet überstand.

Als solche Hochburgen hatten seit 1529 im Baltikum die Städte Riga, Dorpat und Reval zu gelten, wo ein Charakteristikum begegnet, das vielfach im Blick auf die Bedeutung der Reformation in Osteuropa anzutreffen ist: die Identifikation von Nationalität und Konfessionalität. Oftmals war der Protestantismus die Konfession für die Deutschen in den pluralnationalen Gesellschaften dieser Länder.

Anders stellte sich die Situation in den nordischen Ländern dar, da diese in die politischen Konflikte Europas nicht in gleicher Weise wie die anderen Länder verwickelt waren. Hier setzte sich die Reformation als von den Fürsten maßgeblich geförderte und unterstützte Bewegung durch und verhalf auf ihre Weise den Territorien zur Bildung moderner Staaten. So sorgten in Dänemark zunächst Christian II., dann Friedrich I. über offene Sympathie und Toleranzedikte dafür, dass humanistische und reformatorische Ideen Fuß fassen konnten. Friedrichs Nachfolger, Christian III., schließlich setzte die Reformation 1536/37 gewaltsam durch, indem er die Bischöfe kurzerhand und mit allen Konsequenzen verhaften ließ. Hier wird deutlich, was „landesherrliches Kirchenregiment" wirklich bedeutete, denn er selbst übernahm die Oberhoheit über die Kirche. Johannes Bugenhagen sorgte für die kirchliche Neuordnung, die lutherisch-melanchthonianisch geprägt war. Das Luthertum entwickelte sich gar zur Nationalreligion, nachdem alle anderen reformatorischen Ausprägungen sich nicht durchsetzen konnten. Norwegen, das zwar zum Königreich Dänemark dazugehörte, konnte dennoch eine gewisse Selbstständigkeit bewahren. Erst mit der Errichtung von Schulen gewann das Luthertum sehr langsam an Einfluss. Schneller ging die Entwicklung in Island voran, das ebenfalls zu Dänemark gehörte, auch wenn es hier deutlicheren Widerstand gegen die königliche Politik gab.

An die Vorkommnisse in England erinnert fühlt man sich, wenn man die Einführung der Reformation in Schweden betrachtet. Zwar gab es dort keine Ehehändel, die eine Ablösung von Rom erforderlich machten, jedoch starke Souveränitätsbestrebungen unter Gustav I. Wasa (1496–1560). Er stellte sich ein autonomes Kirchentum vor, für das ihm die bischöflichen Machtstrukturen ein Hindernis waren. Viel besser konnte er seine Ideen mit einer Nationalkirche durchsetzen, deren inhaltliche Gestaltung ihm ganz und gar gleichgültig war. Ihm war vor allem an den Kirchengütern und an königlicher Kontrolle und Einflussnahme gelegen; die liturgisch-rituellen Formen konnten ruhig römisch bleiben. Die bischöfliche Struktur wurde deshalb beibehalten und es entstand eine konservative Episkopalkirche. Mit Olaus Petri (1493–1552), Prediger in Stockholm, und seinem Bruder Laurentius (1499–1573), Erzbischof von

Uppsala, ihren zahlreichen Veröffentlichungen und ihrem praktisch-theologischen Wirken wurde die inhaltliche Seite der Reformation gewissermaßen nachgeholt. 1571 trat die von Laurentius Petri lange vorbereitete Kirchenordnung in Kraft, 1593 wurde das Luthertum als Staatsreligion definiert. Katholiken wurde – anders als im zu Schweden gehörigen Finnland, in dem es sogar gegenreformatorische Tendenzen gab – der Aufenthalt in Schweden verboten, sodass sich die Dominanz des Luthertums ungehindert verfestigen konnte. Daran änderte selbst die Konversion der Königin Christine (1626–1689) zum Katholizismus nichts, die ein ausgesprochen persönlicher, religiöser Akt war, mitnichten ein politischer.

Diese knappe Übersicht über die Entwicklungen in Europa verdeutlicht, wie sehr reformatorisches Gedankengut zur Durchsetzung politischer Interessen gebraucht wurde. Streben nach politischer Autonomie bedeutete in den meisten Fällen notwendig eine Ablösung von Rom, und wie sollte die in jener Zeit unmissverständlicher geschehen als mit einer Hinwendung zur Reformation? Eben diese Verquickung beweist aber zugleich, welche Schlagkraft in den reformatorischen Ideen zu liegen scheint. Auch dann, wenn sie als politisches Instrument missbraucht wurden, erschöpften sie sich darin ja nicht und hätten auch nicht überleben können, wenn es nur darum ginge. So ist es nach diesem Parforceritt durch die geschichtlichen Ereignisse nun unbedingt nötig, den Fokus auf die theologische Seite dessen, was Reformation ist, zu werfen.

4 Die Reformation als theologisches Ereignis

1 Die Theologen

Eins ist natürlich völlig klar und muss von vornherein gesagt werden: Dieses Kapitel im Ernst angehen zu wollen, ist ziemlich kühn. Es kann nicht gelingen, auf wenigen Seiten Programme eines ganzen Lebens und ganzer Lebensentwürfe so ins Wort zu bringen, dass es nicht nur den vorgestellten Theologen einigermaßen gerecht wird, sondern dass sich deren Relevanz für das 16. Jahrhundert und für heute auch nur andeutungsweise erschließen könnte. Vielleicht wäre es redlicher, diesen Teil auszulassen – aber das käme der Amputation eines entscheidenden Gliedes der Reformation als Ereignis und Epoche gleich. Oder aber man wagt es, notwendig rudimentär und ebenso notwendig subjektiv eine Auswahl von Theologen und ihren Gedanken zu treffen und zur Darstellung zu bringen, mit der man zugleich einen einigermaßen repräsentativen Ausschnitt vorzustellen hofft.

Hier ist die zweite Möglichkeit gewählt worden, im Bewusstsein, damit viel Angriffsfläche zu bieten. Gleichwohl ermöglicht vielleicht und hoffentlich ein wenn auch nur oberflächlicher Einblick in die Lebensläufe und Gedankenwelten Luthers, Melanchthons, Zwinglis und Calvins ein Gespür für das, was den Reformatoren wichtig war und als unverzichtbar galt, und was die Gründe dafür waren. Dies mag dann auch sensibel dafür machen, was heute noch unaufgebbares Gut protestantischer Identität ist.

Ein Zweites sollte noch unbedingt vorweg beachtet werden. In den wesentlichen Elementen gibt es innerhalb der reformatorischen Vielfalt doch eine Einheit, die auf den von Luther als zum Heil notwendig herausgeschälten theologischen Fundamenten ruht. Wenngleich bei den im Folgenden vorgestellten Theologen durchaus Akzentverschiebungen anzutreffen sind und sie jeweils einen anderen Schwerpunkt in ihrer Lehre bilden, so stimmen sie doch überein in der Ausschließlichkeit der Lehrautorität, welche die Heilige Schrift und nichts und niemand anderes ist, und in der Bestimmung des Kerns der Botschaft der Schrift, nämlich der bedingungslosen und voraussetzungslosen Annahme des Sünders durch den gnädigen Gott. Dies hat bei ihnen allen mindestens ähnliche Konsequenzen im Blick auf anthropologische, ekklesiologische (insbesondere, was das Sakraments- und das Amtsverständnis betrifft), ethisch-politische und eschatologische Themen. Sucht man im Sinne dessen, was in der Einleitung als Kernfrage eruiert wurde in

Bezug auf das Problem, ob die Reformation eine Epoche ist oder nicht, nach *dem* Reformatorischen, dann wird man es in diesen beiden Punkten finden. Insofern ist es auch nicht nötig, diesen gemeinsamen Kern immer wieder darzustellen, sondern das Augenmerk in der Darstellung nach Luther auf die unterschiedlich gefüllten Lehrstücke zu richten.

Martin Luther (1483–1546)

Luther wurde am 10. November 1483 in Eisleben geboren. Nach der damals üblichen schulischen Laufbahn und dem Beginn des Jurastudiums erfuhr sein Leben im Jahr 1505 eine schicksalhafte Wendung, als er in ein heftiges Gewitter geriet. In seiner Todesnot gelobte er der heiligen Anna, der ihm vertrauten Patronin der Bergleute, er wolle, wenn er gerettet werde, Mönch werden. Die monastische Lebensweise erschien in diesen Zeiten als der sicherste Weg, Gott im Gericht gefallen zu können. Noch im selben Jahr erfüllte er sein Gelübde und trat in das als ausgesprochen streng geltende Schwarze Kloster der Augustinereremiten in Erfurt ein. Dies führte zum Bruch mit dem Vater, der sich anderes von seinem Sohn erhofft hatte. Es ist in der Forschung immer wieder spekuliert worden, wie sehr die Ablehnung seines Vaters sein Leben als Mönch, vor allem sein Ringen mit einem ihm übermäßig streng begegnenden Gott beeinflusst hat. Jedenfalls ist die erste Zeit im Kloster für Luther nicht einfach gewesen, wie vor allem aus nachträglichen Zeugnissen zu erfahren ist. Er quälte sich mit der Frage, wie er, der doch unwürdig war, je ein guter Mönch werden und im Weltgericht vor Gott bestehen könne. Luther hat im Kloster alles getan, seinem Gott zu gefallen. Sein großes, spätes Selbstzeugnis bekundet dieses Ringen beredt; und es bekundet es als vergebliches Ringen, denn er war sich nie sicher, ob er genug getan hätte. Sein Leben änderte sich erneut radikal, als er auf Anraten seines Beichtvaters Staupitz die Schrift studierte und beim eifrigen Suchen in der Schrift auf ein ganz anderes Zeugnis von Gottes Wesen gestoßen ist.

Luther selbst gab den Zeitpunkt dieser Wende nicht an, und so hat es in der Forschung immer wieder Streit darum gegeben. Inzwischen hat sich die Ansicht etabliert, die „Wende" als Prozess zu begreifen, in dem sich Luther nach und nach von den traditionellen theologischen Inhalten löste und zu seiner Erkenntnis durchbrach, die dann bestimmte Konsequenzen im Blick auf eine fundamentale Kirchenkritik hatte. Wichtiger als der genaue Zeitpunkt ist ohnehin der Inhalt der reformatorischen Erkenntnis, und die beschrieb Luther in seinem großen Selbstzeugnis von 1545 so: „[I]ch hasste diese Vokabel ‚Gerechtigkeit Gottes', weil ich durch den Gebrauch und die Gewohnheit aller Gelehrter so unterrichtet war, jene philosophisch zu verstehen im Blick auf die (wie sie sie nennen) formale oder aktive Gerechtigkeit, durch die Gott gerecht ist und die Sünder und Ungerechten straft. Ich aber spürte, dass ich, obwohl ich als untadeliger Mönch lebte, vor Gott ein Sünder bin mit einem ganz unruhigen Gewissen, und ich konnte nicht darauf vertrauen, Gott durch meine Genugtuung zu versöhnen. So liebte ich nicht, sondern ich hasste sogar den gerechten und die Sünder strafenden Gott. Und heimlich entrüstete ich mich zwar nicht gerade blasphemisch, aber doch mit ungeheurem Murren gegen Gott, und ich sagte: Als ob es noch nicht genug ist, dass die elenden und auf ewig verlorenen Sünder durch die Erbsünde mit jeder erdenklichen Art von Unglück niedergedrückt sind, durch das Gesetz des Dekalogs – muss denn Gott auch noch durch das Evangelium Schmerz auf Schmerz häufen und uns sogar noch durch das Evangelium seine Gerechtigkeit und seinen Zorn androhen! So raste ich mit wildem und verwirrtem Gewissen, und dennoch schlug ich ungestüm an dieser Stelle bei Paulus an, in dem so außerordentlich glühenden Durst zu wissen, was der heilige Paulus wollte. Bis ich schließlich durch das Erbarmen Gottes, Tag und Nacht tief im Nachdenken versunken, den Zusammenhang der Worte beachtete, nämlich: Die Gerechtigkeit Gottes wird in ihm offenbart, wie geschrieben ist: Der Gerechte lebt aus Glauben. Da habe ich angefangen, die Gerechtigkeit Gottes als solche zu verstehen, durch die der Gerechte durch ein Geschenk Gottes lebt, nämlich aus Glauben, und dass dies der Sinn sei: ‚Die Gerechtigkeit Gottes wird durch das Evangelium offenbart', nämlich die passive, durch die der barmherzige Gott uns rechtfertigt durch den Glauben, wie geschrieben ist: ‚Der Gerechte lebt aus Glauben'. Da fühlte ich mich wie neu geboren und so, als ob ich durch offene Tore ins Paradies selbst einträte."[1] Sofort ins Auge fällt das Gegenüber, das in diesem Textausschnitt aufgebaut ist. Offensichtlich war Luthers bisherige Meinung gewesen, der Mensch müsse selbst gerecht sein. Seine Gerechtigkeit bzw. genauer: das Maß der menschlichen Gerechtigkeit ist das, was hinterher im Gericht zur Anerkennung kommt. Diese Gerechtigkeit konnte sich der Mensch nach mittelalterlicher Vorstellung durch das Befolgen der Gebote und Gesetze Gottes erwerben, vermehren und durch die Teilnahme an den Sakramenten sichern. Luthers Frage war zunächst nicht, ob das System richtig war. Er hegte keinen Zweifel daran, ob die Lehre der Kirche seiner Zeit richtig war oder nicht. Sein Problem war ein sehr persönliches, denn es warf ihn schier hin und her: Je mehr er sich anstrengte, die geforderte Gerechtigkeit zu erlangen – und der erste Schritt dazu war, die Sünde abzutöten –, desto unsicherer wurde er, ob das seinem Gott wirklich genug war. Wenn Gott gerecht war und Gerechtigkeit von seinen Gläubigen erwartete – wie konnte der Gläubige sicher sein, den Grad der Gerechtigkeit erlangt zu haben, der ihn im Gericht gut aussehen ließ? Also musste er sich noch mehr anstrengen. Und wurde noch unsicherer. Und so weiter. Der Ausweg aus diesem Teufelskreis schien nun genau in der Bibelstelle zu liegen, die ihm zuvor solches Kopfzerbrechen bereitet hatte. Wenn Gott so ist, wie Luther ihn aus der Tradition kannte: der also, der nach dem Maß der Gerechtigkeit des Menschen Gnade walten lässt (oder eben auch nicht), dann konnte er am Ende nur der strafende und zürnende sein. Denn dies war ja Luthers eigene schmerzliche Erfahrung: Der Mensch kann, auch wenn er sich noch so sehr anstrengt, Gott nicht Genugtuung leisten. Alles, was er tut, wird immer zu wenig sein und Gott nicht zufrieden stellen können. Wenn Gott aber nichts anderes tun konnte als zu strafen und zu zürnen – wie sollte er der Gott sein, von dem es in der Schrift heißt, er wolle den Tod des Sünders nicht? Wie soll er ein Gott des Lebens sein? Wie soll sein Evangelium ein Eu-angellion, eine „frohe" Botschaft sein? Luther erkannte, dass der Begriff der Gerechtigkeit anders gefüllt sein musste, er musste etwas anderes meinen als den gerechten Habitus des Menschen. Sollte der Gerechte aus dem Glauben leben, dann musste von der Gerechtigkeit Gottes die Rede sein; denn der Mensch kann nicht gerecht sein. Gerechtigkeit ist also ein Attribut, das für den Menschen überhaupt nicht in Anschlag zu bringen ist – jedenfalls nicht, wenn damit eine Eigenschaft des Menschen bezeichnet werden soll. Der Mensch, so erkannte Luther, ist nicht gerecht (aktiv), sondern er wird für gerecht erklärt (passiv). Es geht nicht um die Gerechtigkeit des Menschen (iustitia = iustitia habitualis), sondern um seine Gerechtmachung beziehungsweise Gerechterklärung (iustificatio).

Diese aus dem Schriftstudium gewonnene Sicht auf Gott und den Menschen war revolutionär, denn sie entzog dem mittelalterlich-kirchlichen Weltbild den Boden unter den Füßen. Von dort aus ergab sich nun beinahe zwangsläufig der Konflikt mit der römischen Kirche. Die Reformation Luthers bestand in einer nach und nach erfolgenden exegetischen Erkenntnis, aus der die Kirchenkritik die notwendige Konsequenz war. Die Veröffentlichung der Ablassthesen 1517 war ein erster Schritt solcher Kritik. In den Thesen prangerte Luther an, dass man sich ohne vorausgegangene Buße gegen Geld von den Sündenstrafen loskaufen und auch die Seelen bereits Verstorbener durch den Erwerb von Ablassbriefen aus dem Fegefeuer befreien konnte. Er wandte sich gegen die Auffassung, als ob die Kirche über einen Gnadenschatz (thesaurus meritorum) verfüge, den Christus und die Heiligen durch ihre überreichen guten Werke angehäuft haben und aus dem nun für die nicht so heiligen Menschen geschöpft werden könne. Der einzige Schatz der Kirche sei Jesus Christus. Auf diesen Missbrauch des Ablasses wollte Luther den Papst aufmerksam machen. Als er im selben Jahr noch Thesen gegen die scholastische Theologie aufstellte und diese als wider die befreiende Botschaft des Evangeliums lehrende entlarvte, schien sich der Verdacht der Ketzerei zu bestätigen. Wirklich revolutionäres Gedankengut entwickelte Luther in einer 1518 in Heidelberg gehaltenen Disputation. Dort behauptete er, der freie Wille des Menschen tauge nicht als Motor im Heilsgeschehen; Heilsgewissheit könne nur dann erfahren werden, wenn bewusst würde, dass sich die Liebe Gottes nicht am liebenswerten Gegenüber entzündet, sondern umgekehrt das nicht Liebenswerte liebenswert macht. Theologie sei nur dann rechte Theologie, wenn sie sich vom Kreuz Christi aus entwickle (theologia crucis – Theologie des Kreuzes).

1519 trieb Luther seine Erkenntnis nun auf eine ekklesiologische Spitze, die Rom vollends provozieren musste. In der Leipziger Disputation 1519 mit Johannes Eck stellte er die Autorität von Papst und Konzilien infrage und behauptete, Papst und Konzilien könnten irren; daher könne niemand die Schrift recht auslegen, sie sei ihre eigene Auslegerin. Das „allein aus der Schrift" (sola scriptura) entwickelte sich zur hermeneutischen Spitze der reformatorischen Erkenntnis, und spätestens jetzt deutete sich ein Bruch mit der römischen Kirche an.

Im Jahr 1520 verfasste Luther drei Schriften, deren Inhalte nun in der Tat das mittelalterlich-scholastische Weltbild umstürzten. In der Schrift „An den christlichen Adel deutscher Nation" appellierte er an den Adel, in der Sorge für die Untertanen die Tyrannei des Papstes zu beenden. Drei Mauern, die der zu seinem Schutz um sich herum errichtet habe, müssten zum Einsturz gebracht werden. Die erste sei, dass die geistliche Macht über der weltlichen stünde; dagegen müsse eine strenge Gewaltenteilung festgehalten werden, die beide Gewalten ihrem jeweiligen Herrschaftsbereich zuordnete. In diesem Zusammenhang entwickelte Luther die wichtige Unterscheidung zwischen Stand und Amt und, als Folge daraus, die Lehre vom Priestertum aller Getauften: Jeder, der aus der Taufe „gekrochen" käme, sei Priester, Bischof, Papst, sei geistlichen Standes; jedoch sei nicht jeder in dieses Amt berufen. Die zweite Mauer bestünde darin, dass der Papst zu Unrecht und zum Unheil derer, die ihm vertrauten, behaupte, er allein könne die Schrift auslegen und dies zu glauben sei zum Heil notwendig. Die dritte Mauer schließlich sei die falsche Meinung, nur der Papst könne ein rechtmäßiges Konzil einberufen. Auch die zweite Schrift widmete sich einem ekklesiologischen Thema, nämlich der Sakramentenlehre. Der Titel „Von der babylonischen Gefangenschaft der Kirche, Präludium" verdeutlicht erstens das Vorhaben Luther, dieses Thema noch ausführlicher zu behandeln, und zweitens seine Auffassung, die mittelalterliche Kirche sei ein Gefängnis der Offenbarungen der Heiligen Schrift, aus dem die Lehre endlich befreit werden müsste. Die Sakramente, die den Menschen auf dem Weg durch das Leben als Vergegenwärtigungen des zugesagten Heils begleiten sollen, seien in solcher Gefangenschaft gewesen, weil sie dem Menschen so, wie sie gehandhabt wurden, nicht zum Heil gereichen. Luther beschäftigte sich in dieser Schrift daher erst einmal mit der grundsätzlichen Frage, was überhaupt ein Sakrament ist. Dabei bediente er sich einer augustinischen Definition und formulierte, ein Sakrament bestünde aus zwei notwendigen Elementen, nämlich Wort und Zeichen. „Wort" meint dabei das Verheißungs- oder Einsetzungswort Jesu Christi, bezeugt im Evangelium,

„Zeichen" meint das sichtbare Element, das unverwechselbar für den Gläubigen ist. Setzt man diesen strengen Maßstab an, dann bleiben nur zwei Sakramente, nämlich Taufe und Abendmahl. Auch diese Auffassung war ein Affront gegen Rom und setzte sich fort in der Beschreibung der beiden Sakramente. Die Taufe wollte Luther als Sakrament verstehen, das als sakramentaler Akt unwiederholbar ist, als tägliches Absterben und Neugeborenwerden jedoch ewig andauere. Wenn der Mensch aus der Taufe kriecht, dann ist er zwar von Gott gerecht gesprochen, aber nicht in sich gerecht. Er ist nach der Taufe Gerechter und Sünder zugleich (simul iustus et peccator), und zwar Sünder in seiner eigenen Erfahrung, gerecht aber vor Gott in der Hoffnung. Das Abendmahl verstand Luther real, d. h. Leib und Blut Jesu Christi sind tatsächlich anwesend in den Elementen, nicht jedoch, weil der Priester kraft der ihm verliehenen Würde die Elemente gewandelt hätte (Transsubstantiation), sondern weil die Einsetzungsworte diese Realität verheißen (Konsubstantiation). Die Einsetzungsworte sprächen zudem davon, dass das Abendmahl unter beiderlei Gestalt, also unter Brot und Wein, darzureichen ist. Luther ließ hier wie auch bei anderen Dingen eine bestimmte Freiheit gelten: Es sei nicht zwingend, das Abendmahl unter beiden Gestalten zu reichen, denn davon hingen Heil und Unheil nicht ab; es sei aber zum Unheil gereichend, wenn man umgekehrt die Darreichung unter einer Gestalt vorschreibe und diejenige unter beiderlei Gestalt verbiete. Luther nimmt eine Unterscheidung vor, die sich von dort an durchsetzen wird, nämlich die zwischen heilsnotwendigen Dingen und solchen, die man frei (nicht beliebig!) handhaben kann (die sogenannten Mitteldinge oder Adiaphora). Die Freiheit wurde das große Thema des dritten Traktates des Jahres 1520 „Von der Freiheit eines Christenmenschen". Dieser Traktat beginnt mit der scheinbar paradoxen Doppelthese, ein Christenmensch sei ein freier Herr und niemandem untertan, er sei zugleich aber auch ein dienstbarer Knecht und jedermann untertan. Diese Doppelthese macht nur Sinn, wenn man die im folgenden Text entfaltete Unterscheidung der beiden Foren anlegt. Im Forum Gottes gilt die absolute Freiheit des Menschen; er ist von Gott gerecht gesprochen, sein Gewissen ist befreit von der Gesetzlichkeit, die ihm vorschreibt, was er doch nicht erfüllen kann. Dass Gott ihn trotzdem gnädig angenommen und für gerecht erklärt hat, kann der Mensch nur durch Glauben (sola fide) annehmen. Im Gewissen steht der Mensch Gott allein gegenüber und ist ihm gegenüber allein zur Verantwortung zu ziehen und Rechenschaft schuldig. Er ist ganz frei. Im Forum der Welt ist er zur Liebe am Nächsten verpflichtet im guten Werk, das nun wirklich dem Nächsten dient und vor Gott keine Relevanz hat. Aus der Freiheit vor Gott ergibt sich notwendig (nicht: heilsnotwendig!) die Bindung an den Nächsten. So verstanden ist christliche Freiheit keine Freiheit „von", vielmehr eine Freiheit „in" und „zu". Gute Werke der Liebe müssen sein, aber nicht als die Rechtfertigung konstituierendes Element, sondern als ein ihr folgendes. Luther verwendete hierfür das Bild des Baumes und der Früchte: Ein guter Baum bringt gute Früchte hervor; gute Früchte machen aber nicht, dass der Baum gut ist.

In seiner Zeit in der Schutzhaft auf der Wartburg übersetzte Luther 1521 in wenigen Wochen das Neue Testament ins Deutsche und schuf damit den Grundstock für eine einheitliche deutsche Sprache und eine Volksbildung auf deren Basis. Wie im historischen Überblick zu sehen war, hatte er zugleich aber gegen die radikale Umsetzung seiner Reformvorstellungen zu kämpfen. Zunächst gegen die „Bilderstürmer" in Wittenberg, dann gegen die Bauern und die Täufer. In diesem Zusammenhang traf Luther eine weitere wesentliche Unterscheidung, nämlich die der beiden Regimente, der beiden Regierweisen Gottes. In der Schrift „Von weltlicher Obrigkeit, wie weit man ihr Gehorsam schuldig sei" von 1523 definierte er die weltlichen Obrigkeiten als verlängerten Arm des Willens Gottes, die dafür Sorge zu tragen hätten, dass Gottes Ordnung in der Welt durch die Folgen der Sünde nicht zu sehr gestört würde. Insofern sei ihr zu gehorchen. Dieser Arm reiche aber nur bis an das Gewissen. Im Gewissen gegenüber Gott sei und bleibe jedermann frei, und insofern dürfe man der Obrigkeit passiven Widerstand leisten, wenn sie ihre Macht missbrauche und über die Gebühr ausweite. Eine scharfe Trennung vom Humanismus vollzog Luther in seiner 1525 verfassten Schrift „Vom unfreien Willensvermögen", in der er die Auffassung des Erasmus entschieden ablehnte, der Mensch könne in irgendeiner Weise zu seinem Heil beitragen. Schließlich setzte er sich mit dem Schweizer Reformator Ulrich Zwingli über die Frage der Realpräsenz auseinander. Luther hielt vehement an dieser fest und lehnte die symbolische Deutung Zwinglis kategorisch ab.

In der Mitte der Dreißigerjahre lebte in Wittenberg das Disputationswesen wieder auf. In diesem Kontext verfasste Luther neben exegetischen Vorlesungen einige wichtige Disputationen und Thesen, die seine Theologie pointiert zusammenfassten. Herausragend sind dabei die Antinomerthesen und die „Disputatio de homine". In den Antinomerthesen rechnete Luther mit all denjenigen ab, die glaubten, sich aufgrund der Lehre von der Rechtfertigung allein aus Glauben aller Gesetzlichkeit entziehen zu können. Luther hatte schon früher betont, dass das Gesetz zwar kein Heilsweg mehr sei, aber eine nützliche Funktion innerhalb der Welt als ordnende Macht habe (usus politicus) und theologisch als diejenige Kraft diene, die auf Christus und die Gnade hinweise (usus elenchticus oder paedagogicus). Insofern sei das Gesetz weiterhin zu predigen. In der „Disputatio de homine" („Disputation über den Menschen") entfaltete Luther auf sehr dichte Weise das, was er aus der Bibel als die Wahrheit über Gott und den Menschen erkannt hatte. Er setzte dazu die theologische gegen die philosophische Definition des Menschen. Die philosophische Definition beschreibe den Menschen als vernunftbegabt, körperlich, mit

Sinnen ausgestattet. Der Vernunft komme in diesem Leben eine besondere Rolle zu, die durch keine andere Kraft ersetzt werden kann. Diese Potenz erstrecke sich aber eben nur auf dieses Leben. Für alles andere und damit für die Tiefe der menschlichen Existenz ist der Glaube zuständig, der die theologische Definition begründet, die lautet: Der Mensch ist der zu rechtfertigende Mensch. Der Mensch ist nur da wesenhaft Mensch, wo er gerechtfertigt ist, das heißt, sich in einer Relation zu Gott befindet beziehungsweise von diesem in eine solche Relation gesetzt wird.

In seiner letzten Lebensphase hat Luther sich noch einmal mit den alten Themen beschäftigt, aber keine wirklich neuen Akzente mehr gesetzt. Er hat zu einer verbitterten Schärfe gefunden, denn er war offensichtlich enttäuscht, dass seine Lehre nicht den erhofften Erfolg hatte. Mit für heutige Ohren teilweise unerträglicher Gehässigkeit zog er gegen die in seinen Augen unbelehrbaren Juden ebenso zu Felde wie gegen den Papst, gegen den er nun auch zum offenen Widerstand aufrufen konnte. Was sich schon in den Zwanzigerjahren angedeutet hatte, manifestierte sich in diesen letzten Aussagen: Der Papst war für Luther der Antichrist, ein Werkzeug des Teufels, das es mit allen Mitteln zu bekämpfen galt. Am 18. Februar 1546 starb Martin Luther, schwer angeschlagen von vielen aufreibenden Auseinandersetzungen.

Ulrich Zwingli (1484–1531)

Der Reformator Zürichs, Ulrich Zwingli, war humanistisch geschult, und wie der Überblick über die Reformation in Zürich gezeigt hat, war die von ihm ausgehende und sich weitgehend von der Wittenberger Reformation unabhängig gestaltende Bewegung eine sowohl seiner Person als auch den speziellen Zürcher Bedingungen angepasste. Seine Theologie unterscheidet sich vornehmlich in drei Punkten markant von der Wittenberger Linie: Er gab der Christologie und damit der Rechtfertigungslehre einen anderen Stellenwert; er kam von dort aus zu einer anderen Beurteilung der Gegenwart Christi in den Abendmahlselementen; und seine Theologie war von vornherein nicht zu lösen von bestimmten politischen Entscheidungen. Dabei ist zu beachten, dass diese drei Merkmale untereinander verbunden sind.

Dieses politische Engagement lässt sich schon früh bei Zwingli beobachten. Am 1. Januar 1484 in Wildhaus in Toggenburg geboren, trat er nach Studienaufenthalten in Wien und Basel seine erste Pfarrstelle 1506 in Glarus an, wo er sich in der Frage, wie die Politik des Ortes ausgerichtet sein sollte (französisch, habsburgisch oder päpstlich), als kirchentreuer Priester auf die Seite Roms schlug und zur Belohnung eine nicht geringe jährliche Pension erhielt. Auch seine wenigen erhaltenen literarischen Ergüsse der Zeit mahnten die eidgenössischen Truppen an ihre Romtreue und innere Einheit. Allerdings wurde er nach der Teilnahme an der für die Eidgenossen mit einer Niederlage endenden Schlacht bei Novara 1513 zum überzeugten Kriegsgegner und lehnte jede Form des Solddienstes ab. In diese Zeit fiel auch die intensive Beschäftigung mit humanistischen Schriften und die persönliche Begegnung mit Erasmus von Rotterdam, der bei Zwingli vor allem einen neuen Zugang zur Schrift geweckt und von dem er die klare Unterscheidung zwischen Schöpfer und Geschöpf gelernt hatte. 1516 wechselte Zwingli für zwei Jahre nach Einsiedeln, bevor er, voll der enthusiastischen Begeisterung für die humanistischen Ideen, nach Zürich berufen wurde, wo er zu Beginn des Jahres 1519 die Stelle eines Leutpriesters antrat.

In der nachfolgenden Zeit entfernte sich Zwingli mehr und mehr von den traditionellen Lehrstücken, aber auch von dem humanistischen Versuch, innerhalb der Kirche durch bloße Beseitigung der Missstände zu reformieren. Die Konzentration auf die Schrift als ausschließliche Autorität und die gleichzeitige Kritik an den selbst ernannten Autoritäten Papst und Konzilien sind bei ihm ab 1522 zu beobachten. Eine direkte Beeinflussung durch Schriften Luthers kann nicht nachgewiesen werden, sodass man annehmen muss, hier habe sich eine recht selbstständige, womöglich durch die Kirchenväterlektüre, insbesondere durch Augustin angeregte „reformatorische Wende" ereignet. In den Predigten nach 1522 ist eine umfassende Traditionskritik zu spüren, die sich bereits deutlich von der humanistischen unterschied, weil sie insofern weiter ging, als sie die Gründe für die Missstände untersuchte und also mit der Kritik an der Wurzel und nicht erst an der faulen Frucht ansetzte. Deutliches äußeres Zeichen des Bruchs mit der Tradition war dann das bereits im historischen Überblick erwähnte Wurstessen während der Fastenzeit, das Zwingli zwei Wochen später mit einer Predigt theologisch begründete, die unter dem Titel „Von Erkiesen und Freiheit der Speisen" publiziert wurde. Die Fastengebote, so Zwinglis Hauptargument, könnten in der Schrift nicht nachgewiesen werden und seien also in die persönliche Freiheit des Glaubenden zu stellen. Der Große Rat der Stadt stellte sich, wie geschildert, hinter Zwingli und machte sich dessen Ansichten zu eigen, was den Durchbruch der reformatorischen Bewegung in Zürich bedeutete. Im selben Jahr 1522 ging Zwingli dann folgerichtig die nächsten Probleme an: die Heiligenverehrung, die in seinen Augen den Glauben an Christus als alleinigen Heilsmittler ad absurdum führe, und den Zölibat. Er selbst lebte seit Anfang des Jahres heimlich mit der Witwe Anna Reinhart zusammen, die er 1524 ehelichte. Mit unerbittlicher Schärfe verlangte er die Möglichkeit der schriftgemäßen Predigt, was er durch die Schrift „Von Klarheit und Gewissheit des Wortes Gottes" theoretisch untermauerte.

In den „67 Artikeln" oder den „Schlussreden" wollte Zwingli 1523 die Kerninhalte seiner bisherigen Predigten zusammenfassen und seine Ansichten verteidigen, wobei er die beiden wichtigen Exklusivformeln der Reformation, das sola scriptura und das solus Christus, programmatisch machte. Eigentlich sollten diese Artikel als Disputationsthesen für die vom Rat zur Beilegung der Streitigkeiten initiierte Disputation 1523 dienen, aber ihr assertorischer Charakter verbot im Grunde jede Diskussion darüber. Das sola fide hingegen und damit die Spitze der lutherschen, rechtfertigungstheologisch interpretierten Christologie kamen bei ihm nicht explizit vor. Stattdessen interessierten ihn die ethischen Konsequenzen, die den von Gott aufgehobenen Graben zwischen Schöpfer und Geschöpf bleibend überwinden helfen. Dazu entwickelte Zwingli in der Schrift „Von göttlicher und menschlicher Gerechtigkeit" eine strikte Unterscheidung zwischen diesen beiden Gerechtigkeiten. Auch wenn die göttliche Gerechtigkeit immer das Maß darstellt, an dem sich alle irdische, menschliche Gerechtigkeit auszurichten habe, so wäre es doch eine gefährliche Utopie, ihre vollkommene Verwirklichung in dieser Welt anzunehmen. Deshalb bedürfe es weiterhin der Obrigkeit und sei es nötig, ihr Gehorsam zu leisten, deren vornehmliche Aufgabe in der Eindämmung der Folgen der Sünde bestünde. Allerdings habe die Obrigkeit ebenso darauf zu achten, die Bauern nicht auszubeuten und wirtschaftliche und soziale Verhältnisse zu schaffen, die der eschatologisch zu verwirklichenden Gerechtigkeit entsprechen beziehungsweise nicht fundamental widersprechen. Nach dieser Ersten Zürcher Disputation entfaltete Zwingli zunächst die 67 Artikel zu einer grundlegenden Abhandlung, in der er insbesondere die Differenz zwischen Schöpfer und Kreatur mit allen anthropologischen und soteriologischen Konsequenzen darlegte. In der Abendmahlslehre lehnte er die Transsubstantiation sowie den Opfercharakter ab; das Interesse an der Frage nach der Realpräsenz war zu diesem Zeitpunkt noch nicht ausgeprägt.

In der Zweiten Zürcher Disputation 1523 brach der sich bereits anbahnende Konflikt zwischen Zwingli und seinen radikaleren Mitreformatoren offen aus; in der Frage der Bilder und der Heiligenverehrung lehnten sie eine Entscheidung durch die Obrigkeit ab, während Zwingli zur Vermeidung eines Aufruhrs ihr das Urteil überlassen wollte. Hinter diesem politischen Konflikt blieben die theologischen Debatten beinahe zurück, in denen vor allem Zwinglis Christologie und seine schärfere Unterscheidung von göttlicher und menschlicher Natur Jesu Christi angegriffen wurde, die auch in der Abendmahlsdiskussion eine prominente Rolle spielen sollten. Am Ende der Disputation wurde ein Vorschlag Konrad Schmids aufgenommen, welcher es der Obrigkeit überließ, ein Mandat auszugeben, das die Prediger instruierte, über die Neuerungen häufiger zu predigen. Sie entsprechend anzuleiten, sollte eine Kurzfassung der Lehre erfolgen, die Zwingli gegen Ende des Jahres in der „Kurzen, christlichen Einleitung" vorlegte. In den beiden Folgejahren betätigte sich

Zwingli vor allem literarisch und vertiefte seine theologischen und sozialpolitischen Überlegungen. Unter den entstandenen Schriften ragt der „Commentarius de vera et falsa religione" („Kommentar über die wahre und falsche Religion") heraus, in dem sich Zwingli als neben Erasmus und Luther stehend charakterisierte und nicht zufällig die Abschnitte „Über die Obrigkeit" und „Über das Abendmahl" den breitesten Raum einnahmen.

Zu wirklichen Veränderungen kam es, wie bereits der historische Überblick gezeigt hat, in Zürich nach und nach, etliche der sozialen Forderungen Zwinglis wurden umgesetzt, und von nachhaltiger theologischer Wirkung war die Errichtung der „Prophezei". Im Blick auf die endgültige Loslösung von Rom war die Einrichtung des Ehe- und Sittengerichts ein deutliches Zeichen. Mit einer Abendmahlsliturgie „Aktion oder Brauch des Nachtmahls" legte Zwingli den Grundstock für die praktische Umsetzung seiner theologischen Ansichten, das Abendmahl betreffend, in dem Buch „Von der Taufe, von der Wiedertaufe und von der Kindertaufe" grenzte er sich sowohl von Rom als auch von den Täufern ab. In diesen Jahren kristallisierte sich heraus: Erwies sich innerhalb Zürichs die Frage nach der Rolle der Obrigkeit als eigentlicher Zündstoff, so außerhalb vor allem der Streit um die Sakramente. Hinsichtlich der Taufe vertrat Zwingli die Ansicht, sie sei kein Gnadenmittel. Weder das Sakrament noch gar das Wasser hätten die Kraft, die Sünden zu tilgen. Zwingli strich den zeichenhaften Charakter der Taufe heraus, sie markiere den Anfang eines Weges, einer Bindung des Getauften an Gott. Die Kindertaufe verteidigte Zwingli mit dem Hinweis auf die Analogie zur Beschneidung, eine Vorstellung, für die er später auch den Bundesgedanken bemühen wird; außerdem verhindere die Taufe an Säuglingen, dass sich die Getauften für etwas Besonderes hielten, Auserwählte seien und sich in Konsequenz absondern wollen. In gleicher Weise lehnte Zwingli das Abendmahl als Gnadenmittel ab; es weise auf Erlösung und Heil hin, bringe diese aber nicht mit sich. In mehreren Schriften setzte er sich ab 1524/25 mit seinen Gegnern auseinander, 1526 sollte „Eine klare Unterrichtung vom Nachtmahl Christi" auch die Laien erreichen. Im Zusammenhang der symbolischen Deutung des Abendmahls als Erinnerungsmahl entwickelte Zwingli auch eine immer deutlichere Trennung der göttlichen und menschlichen Natur Jesu Christi. Die Vorstellung einer communicatio idiomatum, also eines Austausches der göttlichen und menschlichen Eigenschaften, sowie die der Ubiquität, der Möglichkeit der Präsenz an vielen Orten zugleich, wie Luther sie vertrat, konnte er nicht nachvollziehen; da Christus leiblich zur Rechten des Vaters sitzt, kann er nicht zugleich leiblich in den Elementen Brot und Wein anwesend sein. Eben das Festhalten an der Personeinheit Jesu Christi über die Zwei-Naturen-Lehre aber war es, das Luther in den unheilbaren Konflikt mit Zwingli stürzte und das Marburger Gespräch 1529 scheitern ließ, nachdem schon zuvor die Kontroverse erbittert und mit unterschiedlichen Beteiligten schriftlich geführt wurde. Die Differenzen zwischen Wittenberg und Zürich, zwischen Luther und Zwingli traten immer deutlicher zutage und wurden durch das Bekenntnis Zwinglis, der „Fidei ratio", die Zwingli 1530 in Augsburg übergeben hatte, unterstrichen. In gleicher Richtung ist das Werk „Sermonis de providentia Dei anamnema" („Erinnerung an eine Predigt über die Vorsehung Gottes") aus dem gleichen Jahr zu verstehen, in der er sich nicht nur in der Abendmahlslehre klar von der Wittenberger Linie verabschiedete. Dies trieb die Zürcher Reformation und mit ihr Zwingli selbst in eine gewisse Isolation, und es ist Heinrich Bullinger (1504–1575), Zwinglis Nachfolger nach dessen Tod im Zweiten Kappeler Krieg am 11. Oktober 1531, zu verdanken, dass die Bewegung nicht unterging, sondern dann auch im Zusammen mit der Genfer Reformation unter Johannes Calvin in die Zukunft überführt wurde.

Philipp Melanchthon (1497–1560)

Philipp Melanchthon gehört zu den bedeutendsten Reformatoren, auch wenn er in der Forschung immer ein wenig im Schatten Luthers steht. Meistens wird er sofort mit diesem verglichen, und vor dem Hintergrund der Aussagen Luthers werden seine eigenen theologischen Aussagen beurteilt. Dabei ist er als historische und theologische Persönlichkeit einer eigenständigen Betrachtung mehr als wert.

Am 16. Februar 1497 in Bretten geboren, fiel er schon früh durch seine große Sprachbegabung auf. Gefördert von seinem Onkel Reuchlin lernte er die Ideen des Humanismus intensiv kennen und gräzisierte bereits 1509 seinen Namen „Schwarzerdt" in „Melanchthon". Im selben Jahr immatrikulierte er sich in Heidelberg, wechselte später nach Tübingen, durchlief die Grundstudien in großer Geschwindigkeit und machte um 1514 erstmals mit einer Terenz-Ausgabe von sich reden. Das Lateinische und das Griechische beherrschte er perfekt, zusätzlich eignete er sich noch das Hebräische an. Man kann es nicht anders ausdrücken: Er war ein Sprachgenie und verschrieb sich mit Leib und Seele der wissenschaftlichen Arbeit. Die erste griechische Grammatik aus seiner Feder, die „Institutiones Graecae Grammaticae", erlebte innerhalb eines Jahrhunderts 44 Auflagen. Die gesamte Gelehrtenwelt, allen voran Erasmus, erwartete viel von dem begabten, eifrigen jungen Mann. Ja, Erasmus vermutete sogar, Melanchthon werde ihn in den Schatten stellen.

1518 wurde Melanchthon auf die Griechisch-Professur nach Wittenberg berufen und begeisterte mit seiner Antrittsrede über die Erneuerung der Studien seine zukünftigen Kollegen. Das Vorgetragene traf genau das, was sich der Kurfürst von dieser neuen Art der Universität erhoffte, und insbesondere Melanchthons

Ausführungen über die Bedeutung des Bibelstudiums fanden großen Beifall. Allen voran schloss Luther den jungen Kollegen sofort ins Herz, weil er ahnte, was ihm die Sprachkenntnisse und die humanistische Bildung dieses jungen Mannes nützen konnten. In den nächsten beiden Jahren schien sich zu bewahrheiten, was Luther vermutet hatte. Melanchthon entwickelte sich zu seinem Lehrmeister. Doch ist der umgekehrte Einfluss stärker und ungleich bedeutender: Melanchthon ließ sich von der Begeisterung Luthers für theologische Fragen anstecken. Er wandte sich nun theologischen Studien zu und hielt Vorlesungen über zahlreiche biblische Bücher, unter anderem über das Matthäusevangelium und den Römerbrief. Zusätzlich vertrat er für einige Monate die Hebräischdozentur in Wittenberg. Bei all dem ist es erstaunlich, dass er nicht weiter eine akademische Karriere anstrebte. Aber ihm waren seine Forschungen wichtiger als akademische Weihen. Den Grad des Baccalaureus biblicus errang er im September 1519 mit einer Thesenreihe, die Luther wiederum Respekt abverlangte. Nicht nur harsche Kritik an der theologischen Verwendung des Aristoteles fand sich dort, sondern auch – in Aufnahme dessen, was er von Luther in Leipzig gehört hatte – eine Betonung der Vorrangstellung der Heiligen Schrift vor Papst und Konzilien hinsichtlich der göttlichen Wahrheit. Unter seinem Arbeitseifer ebenso wie unter dem rauen Klima Wittenbergs litt Melanchthons Gesundheit. Sein väterlicher Freund Luther und andere drängten Philipp förmlich zur Heirat; eine Ehefrau, so meinte Luther, sei das probateste Mittel, um zu verhindern, dass Melanchthon seinen Körper und seinen Hausstand weiterhin so sträflich vernachlässige. Melanchthon gehorchte und heiratete die gleichaltrige Bürgermeisterstochter Katharina Krapp. Die Ehe bedeutete für ihn zunächst nichts weniger als eine gehörige Einschränkung seiner Freiheit, besonders: seiner freien wissenschaftlichen Tätigkeit.

Neben der Confessio Augustana von 1530 sind die bedeutendste Frucht dieses wissenschaftlichen Eifers die 1521 erstmals erschienenen „Loci communes", gerne als die erste evangelische Dogmatik bezeichnet, was freilich den Grundtenor dieses Werkes gründlich verzeichnet. Zwar stellen sie kompendienhaft die Zentralbegriffe der reformatorischen Theologie zusammen, sind aber nach Melanchthons eigenen Einleitungsworten als eine Art Handbuch für Studenten zu verstehen, das ihnen beim Studium der Heiligen Schrift helfen soll. Anhand aus der Schrift gewonnener Allgemeinbegriffe (loci) sollte der Inhalt der Schrift memoriert und inhaltlich durchdrungen werden. Diese Methode, die in der Folgezeit, namentlich in der Orthodoxie viele Nachahmer finden sollte, war schon in der Antike bekannt, allerdings wurden dort Begriffe an die Texte herangetragen, wohingegen Melanchthon hier sozusagen den Kern aus der Frucht schälte. Im Sinne Luthers stellte Melanchthon in den Loci die rechte Unterscheidung zwischen Gesetz und Evangelium als den hermeneutischen Schlüssel zum Verständnis der gesamten Schrift dar. Wenn der Mensch begriffen hat, dass er nicht tun kann, was er tun soll, weil ihn die Sünde beherrscht, dann wird sein Blick frei auf Christi Erlösungstat, welche den Sünder mitten in seinem Sündersein antrifft und ihm im Geschehen von Kreuz und Auferstehung die Gnade Gottes verheißt, ihn rechtfertigt. Sünde und Gnade, die beiden weiteren Hauptloci nach Gesetz und Evangelium, verstehen sich in ihrer Radikalität nur in diesem Spannungsfeld. In Konsequenz dessen lehnte Melanchthon auch die menschliche Willensfreiheit im Heilsgeschehen ab. In den späteren Ausgaben der Loci communes allerdings und auch in einem Kommentar zum Kolosserbrief aus dem Jahr 1527 versuchte er humanistische und theologische Anthropologie miteinander zu verbinden. Die schroffe Ablehnung der Willensfreiheit durch Luther in der Auseinandersetzung mit Erasmus hatte ihn für die Frage sensibilisiert, welche Rolle die Ethik im Leben des Wiedergeborenen spielt, und er kam zu dem Schluss, dass es neben den beiden bisher schon bekannten Gebrauchsweisen des Gesetzes auch einen Gebrauch in den Wiedergeborenen gibt (tertius usus legis = usus in renatis): Der Wiedergeborene und vor Gott Gerechtfertigte ist in der Lage, die Wirkweisen des Gesetzes zu verstehen, mehr aber noch, Gottes Willen wenigstens ansatzweise zu erfüllen. Melanchthon von dort aus vorzuwerfen, er vertrete einen Synergismus, trifft indes nicht wirklich: Der Mensch ist lediglich frei zum Bösen, nicht zum Guten.

Mit der Confessio Augustana hat Melanchthon 1530 das Dokument verfasst, das in der Folgezeit zu *dem* Identifikationsdokument protestantischer Konfession lutherischer Prägung geworden ist und bis heute ist. Ohne dass dies die erklärte Absicht gewesen ist, werden hier die Punkte dargelegt, die den unüberwindbaren Graben zur altgläubigen Tradition markieren. Es ist überliefert, dass Melanchthon, als der sächsische Kanzler Brück den Text vor Kaiser und Reich verlesen hat, in seiner Herberge saß und vor Ergriffenheit weinte. Möglich, dass er um die Bedeutung, die sein Text erlangen sollte, wusste. Umso erstaunlicher ist, dass er selbst äußerte, die Differenzen zwischen Tradition und Reformation lägen eher in den Missbräuchen als in den dogmatischen Artikeln. Diese Äußerung und zahlreiche Begebenheiten danach haben immer wieder den Verdacht aufkommen lassen, Melanchthon sei wankelmütig und man müsse auf ihn ein besonderes Auge werfen, damit er sich nicht in Privatgesprächen zu Äußerungen hinreißen lasse, die der evangelischen Sache schaden könnten. Während der Religionsgespräche 1540/41 ging eine Order des sächsischen Kurfürsten an die Gesandten, man möge niemanden zu ihm vorlassen und verhindern, dass er öfter allein ausgehe. Diese Befürchtungen sind nicht ganz grundlos gewesen, denn bereits bei den Verhandlungen in Augsburg 1530 waren Versuche der Altgläubigen zu beobachten, Melanchthon auf ihre Seite zu ziehen, und in der Zeit nach Luthers Tod wurden mehr als einmal vonseiten der Gnesiolutheraner Zweifel an seiner reinen Rechtgläubigkeit laut. Wie in der

Übersicht über die nachlutherischen Streitigkeiten, etwa beim adiaphoristischen Streit, zu sehen war, haben einige seiner Äußerungen für Verwirrung und Unmut gesorgt. Dabei hat er sich im Ernstfall sehr wohl an das luthersche Erbe gehalten, und es ist sicher auch kein Zufall, dass sein Traktat über die Macht des Papstes, der „Tractatus de potestate et primatu papae" von 1537, Aufnahme in die lutherischen Bekenntnisschriften gefunden hat, weil man ihn für einen Text Luthers hielt.

Unbestritten sind Melanchthons Leistungen auf dem Gebiet von Erziehung und Bildung. Er erhielt – nach Hrabanus Maurus als Zweiter – den Ehrentitel des „Praeceptor Germaniae". Wilhelm Dilthey nannte ihn das größte didaktische Genie des Jahrhunderts. Melanchthons Interesse für dieses Themenfeld wurde bereits in seiner Wittenberger Antrittsvorlesung deutlich, in der er vor allem den Zusammenhang von Sprache und Denken heraushob: Nur wer die Sprache(n) beherrscht, kann logisch und konsequent denken und diese Gedanken auch in angemessene Worte bringen. Diese Verbindung legte er in zahlreichen weiteren Veröffentlichungen dar. So stellte er im „Lob der Beredsamkeit" heraus, wie wichtig eben die eloquentia für hohe Geistesbildung ist und wie diese Fähigkeit letztlich auch der Theologie zugute kommt. Melanchthon verharrte indes nicht in der Theorie. 1521 rief er in seinem Haus in Wittenberg die „schola privata" ins Leben. In dieser Art Wohngemeinschaft sollten Schüler besser auf die Universität vorbereitet werden. Und bald bemühte sich Melanchthon um eine umfassende Reform des öffentlichen Schulwesens, weil er sah, dass nur so die Zukunft der reformatorischen Bewegung gesichert werden konnte. Er war es, der dem gegen Ende der Zwanzigerjahre drohenden Niedergang der Wissenschaften entgegentrat und vor allem durch eine umfassende Studienreform das Auseinanderdriften von Reformation und humanistischem Bildungsideal verhinderte. Eine Missachtung von Bildung kam für ihn einem Sakrileg nahe, und so sind aus seiner Feder zahlreiche Anweisungen und Lehrbücher entstanden, die weit über seine Lebzeiten hinaus den Grundstock für ein evangelisch geprägtes Bildungsideal darstellen sollten. Eine beinahe ebenso große Bedeutung gewann Melanchthon als Kirchenreformator in Kursachsen, wo er nicht nur mit der Universitätsreform, sondern auch mit dem „Unterricht der Visitatoren" (1528) hervortrat. Er hatte selbst an etlichen Visitationen teilgenommen und die schlimmen Zustände beklagen können, die in den noch ungeordneten Gemeinden anzutreffen waren. Seine Ausführungen namentlich zum Pfarrerbild und zur Bedeutung einer guten theologischen Ausbildung wurden Vorbild für viele spätere Kirchenordnungen.

Wie in vielen anderen theologischen Bereichen versuchte Melanchthon auch im Blick auf das Abendmahlssakrament einen Mittelweg zu gehen. So vertrat er zwar die Realpräsenz, wollte und konnte sich aber nicht über das Verhältnis von Leib und Blut Jesu Christi zu den Abendmahlselementen äußern. Seine im Gespräch mit

Martin Bucer gefundene Formel des cum pane (mit dem Brot), die der Wittenberger Konkordie 1536 und auch der veränderten Fassung der Confessio Augustana (Confessio Augustana Variata 1540) zugrunde lag, wurde daher schnell vom Konkordienbuch als nicht eigentlich lutherisch verdrängt, gewann aber im ökumenischen Gespräch unserer Tage (Arnoldshainer Thesen, Leuenberger Konkordie) erneut an Bedeutung.

Melanchthon wurde von dort aus gerne als früher Ökumeniker bezeichnet, eine Charakterisierung, die sicher nur zu einem geringen Teil zutrifft. Sicher lag ihm aus humanistischem Interesse viel daran, Gräben nicht zu tief und zu unüberwindbar werden zu lassen. Andererseits hat er in den entscheidenden Punkten doch konsequent die reformatorische Lehre vertreten und auf seine Art dafür gesorgt, dass sie sowohl im akademischen Raum als auch in der gemeindlichen Praxis dauerhaft Fuß fassen konnte.

Johannes Calvin (1509–1564)

Während Melanchthon und Zwingli zwar Großes und Bedeutendes für die Reformationsgeschichte geleistet haben, so ist doch die eigentliche Hauptgestalt neben und nach Martin Luther Johannes Calvin, denn hauptsächlich mit ihm und durch ihn erhält die Reformation einen europäischen Zug. Er war, wie viele andere seiner Zeit, die humanistisch geprägt waren, ein Kosmopolit. Sein Gesichtskreis hörte nicht an den Stadt- oder Landesgrenzen auf, er dachte weit über seinen Horizont hinaus. Nicht nur durch seine eigene Reisetätigkeit, sondern in erster Linie durch seinen regen Briefwechsel mit einflussreichen Persönlichkeiten im ganzen westlichen und östlichen Europa breiteten sich seine Ideen auf dem ganzen Kontinent bis hin in den angelsächsischen Sprachraum aus. Erreichte, wie wir gesehen haben, die durch Luther geprägte Reformation vor allem die skandinavischen Länder, so finden wir eindrückliche Spuren der Lehre Calvins, vermittelt und vermischt mit den reformerischen Gedanken ihrer Vermittler, neben der Schweiz in Frankreich, in Schottland, in den Niederlanden und in den osteuropäischen Ländern. Die später so genannte reformierte Lehre ist es gewesen, welche die Pilgrimväter in den neu entdeckten Kontinent, nach Amerika, mitgenommen haben. Und über diesen Weg hat sich das Reformiertentum in der ganzen Welt weiter fortgesetzt. Calvin ist, so kann man sagen, damit zum Vater eines internationalen Protestantismus geworden. Anders als Luther ist er bereits ein Angehöriger der zweiten Generation der Reformatoren. Er kämpfte an anderen Fronten und hatte andere Gegner, und so unterschied sich auch seine Theologie an wesentlichen Punkten fundamental von der Luthers, auch wenn sie an anderen fundamentalen Punkten mit ihm konform ging. Der internationale Protestantismus ist also ein anderer als der, welcher in Wittenberg entstanden ist, und namentlich durch Calvin und seine Lehre geprägt.

Calvin wurde am 10. Juli 1509 als Jean Cauvin in Noyon in der Picardie geboren. Sein Vater war bischöflicher Sekretär und gewährte seinem Sohn eine humanistische Erziehung. Er hatte im Sinn, aus seinem Sohn ebenfalls einen Mann der Kirche zu machen und ließ ihm die entsprechende Ausbildung angedeihen, die den jungen Jean zu Studien nach Paris und Orléans führten. In Orléans allerdings gab es eine hervorragende juristische Fakultät und Calvins Vater bestimmte umgehend seinen Sohn für die juristischen Studien, die weitaus einträglicher zu sein versprachen – im durchaus materiellen Sinne. Jean widmete sich mit ebenso großem Feuereifer wie vorher den philologischen und philosophischen Studien nun der Juristerei. Die Parallele zum Lebenslauf Luthers ist augenfällig, wenngleich Calvin aufgrund seiner humanistischen Herkunft bereits einen etwas anderen Zugang zu den Studien hatte, und das heißt in diesem Fall: einen von der Tradition eher unabhängigen. Doch schon während der Beschäftigung mit den Rechtsfragen ließ ihn das Interesse für das, was wir heute summarisch Geisteswissenschaften nennen würden, nicht los: Er lernte Griechisch, und nach dem Tod des Vaters 1531 studierte er Literatur, was nur ein Jahr später auch eine erste literarische Frucht hervorbrachte, nämlich einen im besten humanistischen Sinne verfassten Kommentar zu Senecas „De clementia". Wichtiger jedoch ist, dass dieses Studium in Paris ihn in Berührung mit den französischen Bibelhumanisten kommen ließ. Dadurch empfing er zwei Grundlagen, die sein eigenes theologisches Profil späterhin auszeichnen sollten: eine philologische und philosophische Kompetenz zur Textauslegung sowie eine juristische Denkweise, die ihn insbesondere auf die Ordnungsfragen der Theologie den Blick richten ließ.

Durch seine Freundschaft mit dem evangelisch gesinnten Nicolas Cop geriet Calvin schließlich in den Bannkreis der Reformation. Cop, neuer Rektor der Universität, hatte 1533 eine Rede zur Eröffnung des akademischen Jahres gehalten, die lutherisches Gedankengut aufgenommen hatte und mehr Predigt als Rede war. Die Obrigkeit verdächtigte Cop aufrührerischer Tendenzen und entließ ihn. Cop floh ins Ausland, und die Tatsache, dass Calvin mit ihm flüchtete, legte den Verdacht nahe, dass er bei der Verfassung der Rede mitgewirkt haben dürfte. Wohl in diesem Kontext wird Calvin auch seine Bekehrung erfahren haben. Genau wie in der Lutherforschung kann der Zeitpunkt der „Wende" nicht eindeutig geklärt werden, weil Calvin keine klaren Aufzeichnungen oder ähnlich Hilfreiches dazu hinterlassen hat. Jedenfalls reiste er im Frühjahr des Jahres 1534 in seine Heimat, um auf alle kirchlichen Vorrechte zu verzichten – ein ziemlich deutliches Zeichen, dass er mit der Kirche der Altgläubigen gebrochen hat. Ein weiteres Zeichen: Er verfasste seine erste Schrift theologischen Inhalts, die „Psychopannychia", in der er sich mit der Seele beschäftigte und mit den Wiedertäufern auseinandersetzte, die gerade zu dieser Zeit ihrem tragischen Höhepunkt zustrebten. Im Zuge der in Frankreich gegen die Evangelischen losbrechenden Verfolgungen und Exekutionen verließ auch Calvin das Land und fand eine neue Heimat in der Schweiz, zunächst in Basel. Dort verfasste er 1536 das Werk, das er im Laufe seines theologischen Lebens noch mehrfach überarbeiten und das ihn weit über seine Zeit hinaus ins kulturelle Gedächtnis brennen sollte: einen Erwachsenenkatechismus, der zum Fundament der calvinischen Lehre werden sollte: die „Christianae Religionis Institutio". In diesem Werk, das etliche Überarbeitungen und Erweiterungen erfuhr und seine letzte Auflage 1550 hatte, legte Calvin die Grundlagen der evangelischen Lehre in systematischer Weise dar. Ähnlich wie die Confessio Augustana von 1530 wollte die Institutio beweisen, wie sehr sich die evangelische Lehre auf dem Boden der Schrift und im Rahmen der kirchlichen Tradition der frühen Konzilien bewegt und wie unsinnig der Häresievorwurf ist. Der Hauptgedanke der Institutio liegt in ihrem Einleitungssatz begründet, der sich durch alle Auflagen kaum veränderte: Gottes- und Menschenerkenntnis verhalten sich proportional zueinander: Je mehr ich von mir selbst erkenne, desto mehr erkenne ich von Gott; je mehr ich von Gott erkenne, desto mehr erkenne ich von mir selbst. In jedem Menschen, so Calvin, bestehe eine Ahnung vom Göttlichen, ohne dass er dieses immer mit dem Namen „Gott" oder den göttlichen Attributen belegt. Ein semen religionis, ein Same zur Religion, sei in jedem Menschen vorhanden. In der Institutio entfaltete Calvin dann, von diesen Grundgedanken ausgehend, eine Theologie, die weitgehend an die Erkenntnisse Luthers angeschlossen ist. Unterschiede traten allerdings an wichtigen Punkten auf. Zunächst im Sakramentsverständnis. Calvin war der Überzeugung, Sakramente hätten in erster Linie Erinnerungs- und Gemeinschaftscharakter, sie seien in dieser Hinsicht als Hilfsmittel zur Stärkung und Festigung des Glaubens symbolisch zu verstehen und nicht notwendig zur Erlangung des Heils. Das beinhaltet unter anderem auch, dass es eine Nottaufe gar nicht zu geben braucht. Hier greift sich gleich wieder Calvins Ordnungsgedanke Raum, denn als weiteren Effekt, auf die Nottaufe zu verzichten, nennt er die Verhinderung einer Taufe durch Unwürdige – wozu für ihn auch Frauen zählten.

Ein weiterer fundamentaler Unterschied zur lutherschen Position besteht in der Lehre von der Prädestination. Danach bestimmt Gott von jeher die Menschen zu Heil und Unheil, und zwar allein nach seinem göttlichen Ratschluss und ohne die jeweilige Person in ihrem Denken und Tun zu berücksichtigen. Die Prädestination ist keine Sache göttlichen Vorherwissens (praescientia), sondern göttlichen Vorherwollens und Vorhersehens (providentia). Die Erwählung ist dabei Ausdruck der göttlichen Güte, die Verdammung Ausdruck der göttlichen Gerechtigkeit. Eine andere Akzentuierung hatte Calvin ebenfalls hinsichtlich des Bundesgedankens, man spricht daher von Föderaltheologie (foedus = Bund): Gott hat am Sinai einen einzigen Bund mit den Menschen geschlossen, den er in Jesus Christus erneuert hat. Von dort aus dachte Calvin Altes und Neues Testament stärker einheitlich und Gesetz und Evangelium ebenfalls.

Der große Einfluss der Institutio bewirkte, dass Calvin bald nach Genf gerufen wurde, um dort die Reformation zu organisieren. Dort hatte Guillaume Farel die Reformation eingeleitet und brauchte einen fähigen Mann, der die organisatorische Seite des Unternehmens ebenso begleiten konnte wie die inhaltliche Füllung des Ganzen. Wer war da besser geeignet als Calvin, der als Jurist durchaus mit Strukturen und Ordnungen umgehen konnte und als Theologe dazu noch wusste, was er und warum er es tat? Calvin wurde Lektor für Schriftauslegung und goss als Erstes seine Institutio in eine leichter verständliche Form, die „Instruction et confession de foi", die als Art Kleiner Katechismus gedacht war und überall eingeübt werden sollte. Auch hier ist die Voraussetzung, jeder Mensch sei von Natur aus religiös und dazu da, Gott zu erkennen, grundlegend für alles Folgende. Im Blick auf das Gesetz nahm Calvin – ganz ähnlich wie Melanchthon – einen dritten Gebrauch an, der den Wiedergeborenen die Heiligung ermöglichen sollte. Die Heiligung des Lebens, so seine Auffassung, sei die Voraussetzung der Wiederherstellung der Natur des Menschen in ihrer Unversehrtheit. So driften Rechtfertigung und Heiligung bei Calvin auseinander: Ohne Leben in der Wiedergeburt keine Erlösung. Allerdings: „Dennoch heißt es sich davor in Acht nehmen, daß wir nicht durch eitles Vertrauen auf diese guten Werke dahin gebracht werden, zu vergessen, daß wir allein durch den Glauben an Christus gerechtfertigt werden. Denn es gibt vor Gott keine Gerechtigkeit der Werke außer jener, die seiner Gerechtigkeit entspricht. Deshalb genügt es nicht, daß jemand, der durch Werke gerechtfertigt zu werden sucht, einige gute Werke fertigbringt, sondern er muß einen vollendeten Gesetzesgehorsam vorweisen, von welchem sicher (auch) jene noch weit entfernt sind, welche mehr als alle anderen am meisten Gewinn aus dem Gesetz des Herrn gezogen haben."[2] Wegen dieser Heiligung des Lebens forderte der Katechismus auch den strikten Ausschluss derjenigen aus der Gemeinde, die sich als „Wüstlinge, Ehebrecher, Diebe, Mörder, Geizhälse, Räuber, Rechtsbrecher, Streithähne, Fresser, Säufer, Aufrührer und Verschwender"[3] bereits selbst der Verdammnis anheim gegeben haben und der Gemeinschaft nur Schaden zufügen würden. Die Feststellung, dieser Lebenswandel sei bereits ein Aufweis dafür, dass der ewige Ratschluss Gottes für sie die Verdammnis vorgesehen hätte, lässt nun umgekehrt den Schluss zu, ein guter Lebenswandel mit entsprechendem Erfolg in Familie und Beruf bedeute, in der Vorsehung mit dem ewigen Heil bedacht worden zu sein. Da man sich dessen aber nicht sicher sein kann – denn natürlich bleibt der Ratschluss Gottes dem Menschen letztlich verborgen –, gilt es, das gute, redliche, sittlich unanstößige Leben zu vervollkommnen. In der Neuzeit hat jedenfalls die Möglichkeit, diesen Rückschluss vermeintlich ziehen zu können, Max Weber zu seiner berühmten These geführt, im Calvinismus sei der Grundstein für den westlichen Kapitalismus gelegt. Die Betonung der Heiligung brachte schließlich schon in der Institutio eine neue Konzentration auf die Lehre vom Heiligen Geist, die Pneumatologie, mit sich. Denn der Geist ist es, der die Gemeinschaft mit Christus stiftet und im Alltag lebendig hält.

Wahrscheinlich zusammen mit Farel formulierte Calvin ein Glaubensbekenntnis, das alle Genfer Bürger unterzeichnen sollten. Und schließlich arbeitete er eine Kirchenordnung aus. Vier Artikel legte er dazu dem Rat der Stadt vor. Der erste betraf das Abendmahl, der zweite den Psalmengesang, der dritte empfahl die Einführung eines Katechismus für Kinder und der vierte propagierte eine Reform des Eherechts. Der erste Artikel erwies sich zugleich als der kritischste. Calvin machte nämlich das Zugeständnis, dass mit Rücksicht auf die Schwachheit der Menschen nur einmal im Monat und nicht jeden Sonntag das Abendmahl zu feiern sei. Im Gegenzug wollte er aber dann dieses seltene Ereignis nicht durch Sünder beschmutzt wissen und forderte, die bekannten Sünder ohne langes Verfahren zu exkommunizieren. Diese Sünder waren aber nur durch entsprechende Aufsicht und Kontrolle überhaupt zu identifizieren. Und das gefiel dem Magistrat, der sich gerade von der bischöflich-altgläubigen Aufsicht und dem Einfluss der weltlichen Obrigkeiten, sprich: der Herzöge Savoyens, losgekämpft hatte, überhaupt nicht. Wenn überhaupt, dann wollte er die disziplinarische Oberhoheit behalten. Und auch das Glaubensbekenntnis mochten nicht alle Genfer unterschreiben, einmal wahrscheinlich, weil natürlich nicht alle begeisterte Anhänger der Reformation waren – wenn eine Reform eingeführt wird, gibt es immer Menschen, die sich dem Neuen aus guten und aus weniger guten Gründen nicht anschließen wollen. Und manche wollten das, was sie unter evangelischer Freiheit verstanden, nicht gleich wieder aufgeben und weigerten sich schlicht, sich sofort wieder neu zu binden und zu verpflichten. Tatsächlich kann man Calvin einen gewissen Hang zum doktrinären Perfektionismus nicht vollständig absprechen, und die neue Gesetzlichkeit, die hier Einzug halten sollte, stimmte damals wie heute bedenklich. Nun kam es aber erst recht zum Konflikt, denn Calvin, Farel und ihre reformatorischen Gesinnungsgenossen wollten alle die, die sich dem Glaubensbekenntnis verweigerten, folgerichtig vom Abendmahl ausschließen. Der darüber wenig erfreute Magistrat überschritt infolgedessen seine Kompetenzen, indem er eine theologische Frage entschied: Die Verweigerer durften doch am Sakrament teilnehmen. Das wiederum konnten die Reformatoren nicht dulden, und so predigten sie an Ostern 1538, ohne Abendmahl zu feiern. Der Magistrat zog aus diesem offenen Widerstand gegen obrigkeitliche Anordnung die Konsequenzen und verwies Calvin und Farel der Stadt.

Calvin wollte eigentlich nach Basel zurückkehren, aber Martin Bucer holte ihn nach Straßburg, wo Calvin drei Jahre lang die französischen Flüchtlingsgemeinden betreute und als Professor für Exegese an der dortigen neuen Universität lehrte. Die intensive Bekanntschaft mit Bucer und den anderen Straßburger Reformatoren ließ den Einfluss lutherischer Theologie zurücktreten und ihn einen reformatorischen Weg einschlagen, der ihn näher an die Oberdeutschen als an Wittenberg führte. Dies machte sich insbesondere in der Abendmahlslehre bemerkbar, wo er versuchte, einen Zwischenweg einzuschlagen, indem er die leibliche Präsenz Christi im Abendmahl zwar nicht leugnete, aber auch nicht bestätigte, sondern als Gegenwart im Glauben beschrieb: Indem wir das Sakrament im Glauben empfangen, nehmen wir teil an Blut und Leib Jesu Christi. Calvin fühlte sich in Straßburg sehr wohl und reagierte erst einmal verhalten, als seine alte Genfer Gemeinde nach ihm rief, weil sich dort die Lage zwischen Magistrat und Gemeinde dramatisch zuspitzte. 1541 aber folgte Calvin dem Ruf, und aus dem eigentlich nur kurz geplanten Aufenthalt wurden 23 Jahre – Calvin blieb bis zu seinem Tod in Genf. Im selben Jahr heiratete Calvin Idelette van Buren, pikanterweise die Witwe eines ehemaligen Wiedertäufers. Sie starb nur acht Jahre später, und man darf aus verschiedenen Äußerungen des Reformators den Schluss ziehen, dass ihm die Ehe eher ein lästiges Übel war, das ihn unnötig von der Arbeit abhielt.

Calvins Rückkehr nach Genf war wenig spektakulär. In der lectio continua, der kontinuierlichen Bibellesung, schlug er die Bibel einfach dort auf, wo er sie drei Jahre zuvor zugeschlagen hatte. Aber er tat nun alles, damit die Reformation dort nicht länger eine äußerliche Angelegenheit blieb, sondern in jeder Hinsicht ihre Durchsetzung fand. In der Nachwelt galt sein Stil nicht immer als besonders milde, und wir dürfen unter Berücksichtigung all dessen, was bei einer solchen Reformarbeit sicher auch an Strenge und Durchsetzungsvermögen nötig ist, tatsächlich auch einen religiösen Ernst bei Calvin beobachten, der manchmal schon in religiösen Eifer umzuschlagen drohte. Erster und effektivster Schritt, damit in Genf Ordnung einkehrte, war eben genau dies: eine Kirchenordnung, die bereits erwähnten „Ordonnances ecclésiastiques". Diese Kirchenordnung bekräftigte die Vierämterlehre (Pfarrer, Lehrer, Älteste, Diakone), deren Aufgaben im ersten Teil der Ordnung festgelegt wurden, während der zweite Teil die Ordnung des kirchlichen Lebens festschrieb. Die Pfarrer hatten das Hirtenamt inne; die Lehrer sollten vor allem den theologischen Nachwuchs recht unterweisen; die Ältesten waren Aufsichtsorgane, sie sollten den christlichen Lebenswandel der Gemeindeglieder beäugen und durften auch entsprechende Ermahnungen aussprechen, und da sie aus den Reihen des städtischen Rates gewählt wurden, gab es hier eine Schnittstelle zwischen Staat und Kirche; die Diakone schließlich hatten für die Verteilung der Spenden zu sorgen sowie für die Verwaltung der Wohlfahrtseinrichtungen. Neu gegenüber den lutherischen Kirchenordnungen war etwa die Einrichtung eines Konsistoriums, das die Aufsicht über die Kirchenzucht hatte und bei Verstößen entsprechende Maßnahmen ergreifen durfte; der Rat der Stadt hatte dabei maßgeblichen Einfluss. In gewisser Weise haben wir in der calvinischen Kirchenordnung das Modell eines christlichen Staates vor Augen; als Schlagwort reformierter Tradition ist daher immer wieder die Königsherrschaft Christi zu hören im Gegensatz zur lutherischen Zwei-Reiche-Lehre. In der Folgezeit bedeutete dies aber auch eine weitaus politischere Ausrichtung der reformierten Tradition, was wir an vielen Stellen bis heute beobachten können und was etwa in der Stellung der Kirche zum Nationalsozialismus eine große Rolle gespielt hat, wo ein aktiver Widerstand leichter begründbar schien als in der lutherischen Tradition.

Eine weitere Maßnahme Calvins war es, einen Katechismus, den „Genfer Katechismus", zu verfassen, der anders als die „Instruction et confession de foi" von 1537 in klassischer Frage-Antwort-Form gestaltet war und so für die jungen Leute, für die er in erster Linie gedacht war, schlicht und ergreifend besser geeignet war. Später hat er sich über die Grenzen Genfs hinaus vor allem in Briefen an Gemeinden und Christen gewandt, in denen er Ratschläge gab, wie man sich christlich verhalten, vor allem wie man sich gegen den schädlichen Einfluss der Papstkirche und deren Verführungsversuche wehren soll. Besonders die Christen in Frankreich, die sich weiterhin heftigen Bedrohungen ausgesetzt sahen, ermunterte er, zur Not auch bis zum Martyrium durchzuhalten. Die Strenge und der Ernst Calvins, der aus solchen Mahnungen sprach, erregte durchaus auch Unmut, andere dagegen fanden darin einen seelsorgerlichen Trost. Calvin war auch an dieser Stelle unerbittlich und bezichtigte die in seinen Augen lauen Christen, die nicht das Martyrium erleiden wollten, des Nicodemismus in Anlehnung an den feigen Pharisäer Nicodemus, der sich nur in der Nacht traute, Christus zu befragen.

Eine zweite Front baute Calvin gegen die Schwärmer auf, die sich in Frankreich verbreiteten und in der Sekte der „Libertins" unter anderem behaupteten, es gebe eigentlich keine Grundlage für eine Unterscheidung zwischen Gut und Böse, weil ja alles von Gott herrühre. Wiederum in Briefen setzte er sich mit ihnen auseinander, und man kann sich durchaus an Paulus und die Apostolischen Väter erinnert fühlen, die in ganz ähnlicher Weise per Brief die gemeindlichen Angelegenheiten zu regeln gedachten. Besonders in Ami Perrin erwuchs dem Genfer Reformator ein zäher Gegner, der nicht wenige Anhänger um sich zu scharen wusste. Ein ebenso starkes Gegenüber fand Calvin in Pierre Ameaux, der als Eigentümer eines Unternehmens zur Spielkartenproduktion nicht gerade begeistert war von der Kirchenzucht, denn das Verbot des Kartenspiels verunmöglichte ihm einen erfolgreichen Absatz in Genf. Damit aber nicht genug. Er war auch noch mit einer Frau verheiratet, die als ausgesprochen nymphomanisch bezeichnet werden musste. Auch Calvin selbst blieb von ihren Avancen nicht verschont, und er widersetzte sich dem Wunsch Ameaux' nach einer Scheidung nicht; da aber der Rat der Stadt die Eheleute zur Versöhnung drängte, entwickelte Ameaux eine durchaus ungesunde Wut auf alle Magistratspersonen und auf Calvin, den er der falschen und untauglichen Predigt bezichtigte. Calvin war darüber nicht erfreut und wollte sich mit einem Schuldeingeständnis des in diesem Moment unter dem Einfluss von reichlich Wein stehenden Ameaux nicht zufrieden geben. Ameaux musste, nur mit seinem Hemd bekleidet, mit einer Fackel in der Hand einen Rundgang durch die Stadt machen und Gott und den Rat und Calvin um Gnade bitten. Dass dies eine ziemliche Demütigung bedeutete, dürfte klar sein. Neben dem anekdotischen Charakter dieses Beispiels wird daran aber doch vor allem deutlich, dass der Rat der Stadt seine Kirchenhoheit in Verfassungs- und Disziplinarfragen behalten und nicht mit Predigern teilen oder unter vornehmlich geistlichem Aspekt verstanden wissen wollte. Etliche Fälle von Kirchenzucht aus den Folgejahren zeigten, welche unterschiedlichen Interessen herrschten. Dann aber gingen vielen diese Eingriffe einfach zu weit. Verboten und unter strenge Strafen gestellt wurden Ehebruch, Prostitution, Unzucht, Homosexualität, Tanz, Gesang unanständiger Lieder, magische Praktiken, Prügeleien, Trunksucht und Totschlag. Nicht selten war Calvin beißendem Spott ausgesetzt, was sich unter anderem darin erwies, dass viele seiner Gegner ihre Hunde „Calvin" nannten. Nicht gerade zuträglich für Calvins Ansehen war auch der bereits geschilderte Fall um den Ketzer Michael Servet. Die Tatsache, dass viele Reformatoren Calvin zustimmten, konnte doch nicht überdecken, dass er sich damit nicht nur Freunde gemacht hatte, denn er ging generell sehr streng mit Gegnern seiner Lehre um – war also dieses Unterfangen ein weiterer Beweis theologischer Eitelkeit oder wirklich um der Sache willen notwendig?

In der Tat gravierender aber waren Calvins Eingriffe in den Alltag der Genfer Bürger. So wurden Theaterbesuch, Kartenspiel und andere Vergnügungen verboten. Eine nicht geringe Anzahl integrationsfördernder Elemente des gesellschaftlichen Lebens fielen einfach weg, gesellige Abende im Wirtshaus oder Kirmes, denn eine Kirmes war natürlich mit einem Patron oder Heiligen einer Kirche verbunden – und die gab es nach evangelischem Verständnis nicht. Wenn jetzt noch bedacht wird, dass viele Feiertage aufgrund der anderen Auffassung von Heiligkeit entfielen, dann sieht man hier einen ganz äußerlichen Grund für das Wirtschaftswachstum, denn es konnte und durfte viel öfter und mehr gearbeitet werden. Kein Vergnügen und kein Feiertag – was blieb anderes übrig als zu arbeiten?

Calvins Interesse an Eintracht und Harmonie war ebenso ausgeprägt wie sein theologischer Eifer, wenn es um die Durchsetzung der Wahrheit ging. So erarbeitete er zusammen mit Heinrich Bullinger 1549 den Consensus Tigurinus aus, was de facto eine Übereinkunft der Zwinglianer und der Calvin-Anhänger bedeutete und diese beiden Reformationsstränge mehr oder weniger in eins fließen ließ. Ebenso suchte er Gespräche mit der anglikanischen Kirche sowie schließlich auch mit den Wittenbergern, wo es ja immer noch den schwelenden Konflikt in der Abendmahlsfrage gab. Und auch als Organisator machte sich Calvin einen großen Namen. Das, was Luther eher seinen Mitreformatoren überließ, damit er sich um die theologischen Inhalte ausgiebig kümmern konnte, hat Calvin selbst in die Hand genommen. Zu seinen größten und wirksamsten Unternehmungen in dieser Hinsicht gehörte die Gründung der Genfer Akademie im Jahre 1559, deren Führung Theodor Beza (1519–1605) übernahm, der in jedweder Hinsicht Calvins Nachfolger als Reformator in Genf werden sollte. Hauptgegenstand des Unterrichts in der Akademie war die Unterweisung in der Heiligen Schrift und deren Auslegung. Das hohe Niveau der Akademie bescherte ihr zahlreiche Studenten aus ganz Europa, sodass calvinisches Gedankengut auch über diesen Weg in viele Nationen getragen wurde.

Als Calvin dann, gesundheitlich schwer angeschlagen, mit nur 54 Jahren 1564 starb, hinterließ er zahlreiche Erben und Gesinnungsgenossen und ein umfangreiches Werk. Wie sehr er sich und seine Arbeit als Instrument des göttlichen Willens begriff, wird in seinem Testament deutlich, wo er sich noch einmal klar und unmissverständlich als Instrument Gottes beschrieb.

Anders als Luther hat Calvin unmittelbarere Wirkungsgeschichte geschrieben. So hat er nicht nur Schützenhilfe geleistet bei verschiedenen Kirchenordnungen und Bekenntnissen, sondern auch zur Errichtung von Schulen und anderen Bildungsstätten beigetragen. Durch seine internationalen Kontakte hat er direkt dafür gesorgt, dass seine Ideen überall in Europa auf fruchtbaren Boden fielen.

Betrachtet man zusammenfassend die vier großen Theologen der Reformationszeit, zu denen sich zahlreiche bedeutende Männer und auch einige Frauen zugesellen ließen, die in ihren Territorien jeweils Wichtiges geleistet haben, dann ist ihnen allen, neben den einzelnen Inhalten, vor allem ein bestimmter Eifer gemeinsam, ein ungeheures Ergriffensein von der Sache, ein Engagement mit und notfalls auch gegen die Obrigkeit. Sie alle waren getrieben von einem Interesse an der Wahrheit, die sie mit unterschiedlichen Methoden, aber immer orientiert an der Heiligen Schrift allein, erkennen und vermitteln wollten, nie zum Selbstzweck, sondern immer zum Trost der Gewissen. Die Heilige Schrift offenbart der Person ihre Identität als von Gott gewolltes, bejahtes, gehaltenes und gerettetes Geschöpf, und diese Identität zu lehren und zu predigen war erklärtes Ziel der reformatorischen Theologen.

Eine ähnliche identitätsstiftende Aufgabe hatten – und haben bis heute – auch die Bekenntnisschriften, die auf ihre eigene Weise die dichte und komplizierte Lehre in eine solche Form gießen wollten, dass sie verständlich und für den täglichen Gebrauch geeignet war.

2 Die Bekenntnisse

Als eines der wichtigsten Elemente reformatorisch-protestantischer Theologie ist – gerade auch im Gegenüber zur römisch-katholischen Tradition – die christliche Freiheit begegnet, die allen vorgestellten und auch den nicht vorgestellten Theologen ein zentrales Anliegen war. Und zwar nicht, weil es ihnen um Loslösung aus bestehenden Strukturen gegangen wäre, sondern weil sie in der Schrift eine Botschaft entdeckten, die von genau dieser Freiheit sprach: einer Freiheit vom Gesetz als Heilsweg, einer von Gott geschenkten Freiheit, einer Freiheit, die vor Gott im Gewissen gilt und zu neuen Bindungen und Verpflichtungen in der Welt führt. Außer der Schrift, so lautete ihrer aller Credo, gibt es kein Gerüst, das einengend wirkt und diese Freiheit des Gewissens beschnitte.

Gleichwohl musste und muss es eine Grenze zwischen Freiheit und Willkür beziehungsweise Beliebigkeit geben. Diese Grenze stellten bereits in ihrer Zeit die Bekenntnisschriften dar. Sie bieten nicht nur die Theologie der Reformation sozusagen in ihrer geronnenen Form, sondern sie wollen auch Inhalte über den konkreten historischen Kontext hinweg formulieren. Die Theologie der Reformatoren, wie wir sie eben ausschnittweise kennengelernt haben, verstand sich oftmals als ganz konkrete „Zeitansage", als Äußerung in einen bestimmten historischen Kontext, einen theologischen Konflikt, eine genau umrissene Auseinandersetzung hinein; daran haben diese Aussagen ihr Profil geschärft und manche Pointe zustande gebracht. Auch die Bekenntnistexte wollen in einer bestimmten Situation sagen, „was Sache ist", und eine zukünftige Marschrichtung festlegen. Das hat sowohl eine politische als auch eine theologische Funktion. Die politische liegt darin, nach außen zu demonstrieren, was man glaubt; ein solcher Bekenntnistext konnte dann als Diskussionsgrundlage dienen oder auch als Rechtsdokument. Die theologische Funktion liegt in der Abgrenzung und Identitätsfindung. Eben im Blick auf diese letzte Funktion aber erheben die Texte Anspruch darauf, mehr zu sein als nur ein Zeitdokument, als ein momentaner Schnappschuss theologischer Überzeugung. Als identitätsstiftende und -tragende Dokumente beanspruchen sie Gültigkeit über ihren Kontext hinaus.

In diesem Zusammenhang ergibt sich ein Problem, das allerdings für die Reformationszeit selbst erstaunlich konsequent gar keines gewesen ist, sondern erst nachfolgende Generationen beschäftigte, nämlich das Verhältnis von Schrift und Bekenntnis. Dass die Schrift alleine Lehrautorität besitzt, war für alle Reformatoren, gleich welcher Couleur, unumstößlicher Grundsatz. Nichts und niemand war über die Schrift zu setzen, nicht der Papst, nicht die Konzilien, nicht die Pfarrer der neuen Religion. Und auch nicht das Bekenntnis. Welchen Stellenwert aber genoss dann das Bekenntnis? Die Orthodoxie hat mit Begrifflichkeiten das Verhältnis ein für alle

Mal klargestellt: Die Bekenntnisse sind norma normata (normierte Norm) zu der sie normierenden Schrift, die als norma normans (normierende Norm) über allem und jedem steht. Sie haben also den Charakter einer Norm – aber einer solchen, die sich selbst stets an der Schrift auszurichten hat und von ihr befragt werden kann und muss. In der Konkordienformel ist programmatisch formuliert worden: „Wir glauben, bekennen und lehren, dass es eine einzige Regel und Norm gibt […], welche überhaupt keine andere ist als die prophetischen und apostolischen Schriften."[1] Daran haben sich, so die Konkordienformel weiter, alle Lehren und alle Lehrer („omnia dogmata omnesque doctores"[2]) auszurichten, und an ihr sind sie zu messen. Über und außerhalb der Schrift gibt es nichts, was ihren Rang einnehmen könnte und sollte. Das wird hier unmissverständlich verdeutlicht. Bei aller Bedeutung also, welche die Bekenntnisschriften in ihrer historischen Situation und weit darüber hinaus erhalten sollten, ist dies unbedingt zu beachten. Insofern die Bekenntnisse die Wahrheit der Schrift bezeugen, sind sie wegen ihrer doppelten Funktion von noch höherer Bedeutung als die „privaten" Texte der Reformatoren. Genau wie diese aber sind sie stets an der Schrift zu messen.

Die lutherischen Bekenntnisse

Im Jahr 1580 kam ein umfangreiches Werk auf den Markt, das noch heute unter dem Namen „Bekenntnisschriften der Evangelisch-Lutherischen Kirche" unverändert das darbietet, was damals schon als zu glauben und zu bekennen notwendig zusammengefasst wurde. 1580 lautete nur der Name anders: Konkordienbuch. „Concordia" heißt Eintracht, und genau dies wollte dieses Buch: einen Schlussstrich setzen unter die Streitigkeiten im eigenen Lager. Im historischen Teil wurde ein Überblick über diese Auseinandersetzungen gegeben, der verdeutlichte, dass sie weniger eine theologische als eine politische Katastrophe bedeuteten. Wie sehr Unklarheiten Streit zu provozieren in der Lage sind, überraschte damals niemanden wirklich. Und dass über schwierige und komplexe Themen Diskussionen geführt werden mussten, auch nicht. Nicht einmal, dass es im Lehrgebäude einige Zimmer gab, in denen lange noch nicht alles so aufgeräumt und übersichtlich war, wie man es sich für eine eindeutige Lehre und Predigt wünschen würde. Diese Dinge galt es auszuhalten und auszufechten. Es galt indes ebenso vordringlich zu verhindern, dass über diese notwendigen und unvermeidlichen Debatten ein Riss durch die Protestanten ging, welcher der gesamten Bewegung geschadet hätte. Das Marburger Religionsgespräch zwischen Zwingli und Luther war ein erster und großer von vielen Versuchen, eine Lehreinheit im Protestantismus herzustellen, die mit der Geschlossenheit auf der römisch-päpstlichen Seite auch öffentlich konkurrieren konnte. Doch wie zu sehen war, hatten alle Einigungsbemühungen nur sehr überschaubaren Erfolg und waren stets bedroht. Als der römische Katholizismus insbesondere durch das Trienter Konzil neue innere Einheit und Stärke demonstrierte, war es umso dringlicher, dem protestantischerseits zu antworten.

Um diese Geschlossenheit zu erreichen, gab es mehrere Gespräche und ebenso viele Niederlagen; man konnte sich nicht einigen und sprach sich gegenseitig ab, sich überhaupt auf irgendetwas berufen zu können. Inzwischen hatten sich in mehreren Territorien eigene Bekenntniskorpora entwickelt, die wenigstens dort so etwas wie ein Minimum des zu Glaubenden festlegen sollten. Das war wichtig und nötig im Blick auf die Kirchenordnungen und deren Einhaltung und ebenso im Blick auf die Studienordnungen, die zum Examen in der Theologie führen sollten. Damit ein protestantisches Gemeindeleben überhaupt funktionieren konnte, musste es eine Lehrnorm geben, nach der etwa Gemeinde organisiert, Gottesdienst gestaltet und Frömmigkeitspraxis geübt werden konnte. Und die zukünftigen Pfarrer mussten für Lehre, Predigt und Seelsorge wissen, welche Grundlagen als schriftgemäß anzuerkennen sind, sie mussten für ihren Dienst ordentlich ausgebildet und zugerüstet werden. Ebenso musste die als mündig eingestufte und als kritisches Organ fungierende Gemeinde wissen, woran sie ihr Urteil auszurichten hatte. Für diese und andere Aufgaben war es unerlässlich, die reformatorische Lehre in übersichtlicher Form vorliegen zu haben und über Texte zu verfügen, die als Maßstab dienen konnten und konkrete Anweisungen entweder selbst gaben oder für solche als Grundlage dienen konnten.

Zum Beispiel galt im Herzogtum Sachsen das Weimarer Konfutationsbuch (1559) als Lehrnorm, in Kursachsen war seit 1566 das Corpus Doctrinae Christianae in Gebrauch, eine Zusammenstellung von Texten, die Melanchthon bereits 1560 herausgegeben hatte; diese Sammlung enthielt neben der Confessio Augustana und deren Apologie auch die drei altkirchlichen Lehrbekenntnisse, dazu einige speziellere Texte, nämlich die Loci communes, das Examen ordinandorum, die Confessio Saxonica und andere. Diese Separattexte aber sorgten in keiner Weise für eine Lehreinheit, sondern bildeten vielmehr die speziellen Entwicklungen in den Territorien ab. Mehr noch hatten sie zum Teil verschiedene Stoßrichtungen und waren nicht geeignet, das Luthertum auf eine Linie zu bringen.

Es war schließlich vor allem zwei Theologen zu verdanken, dass diese Einigung dann doch noch auf den Weg kam und die verschiedenen Strömungen im Luthertum verband. Der eine war Jakob Andreae (1528–1590), ein begabter Schüler des lutherisch gesinnten Württembergers Johannes Brenz, der andere war der im Niedersächsischen tätige Martin Chemnitz, der bereits im Überblick über die Streitigkeiten innerhalb des Luthertums in Erscheinung getreten war. Diese beiden taten sich zusammen, um das so notwendige Einigungswerk voranzutreiben.

Württemberg und Braunschweig-Wolfenbüttel hatten sich inzwischen zu *den* lutherischen Territorien im Reichsgebiet entwickelt und sahen nicht nur das Erbe Luthers, sondern auch die konfessionelle Einheit der Protestanten aufs Ärgste gefährdet, und sie setzten alles daran, dem Auseinanderbrechen des Luthertums mit einem für alle akzeptablen Text entgegenzuwirken. Die Konkordienformel, von der gleich noch zu reden sein wird, brachte diese Einheit schließlich zustande. Vom sächsischen und vom brandenburgischen Kurfürsten sowie vom württembergischen Herzog wurde sie den Reichsständen zugestellt, mit dem Ziel, möglichst viele von ihnen sollten sie unterzeichnen, mit der Unterschrift das Einigungswerk anerkennen und so einen Schlussstrich unter die Streitereien ziehen. Sehr viele haben unterzeichnet. Viele, und zwar bedeutende, aber auch nicht: Hessen, Schleswig-Holstein, Magdeburg, Nürnberg und andere. Für diese Ablehnung gab es verschiedene Gründe, die bis heute die unterschiedliche Gestalt der evangelischen Landeskirchen ausmachen. Weite Teile des Luthertums aber hatten nun eine Lehrgrundlage, mit der die Konfessionalisierung in Lehre und Praxis eine sichere Basis erhielt. Erleichtert wurde dies noch dadurch, dass 1580 im Konkordienbuch durch einen Dreischritt die Konkordienformel als Abschluss einer Lehrentwicklung dargestellt wurde.

Dieser Dreischritt nämlich sah folgendermaßen aus: Das sola scriptura, also die durch nichts zu ersetzende Vorrangstellung der Heiligen Schrift, galt unangefochten; rechte Interpretation des sola scriptura sind die drei altkirchlichen Symbole sowie die Confessio Augustana in der Fassung von 1530; deren rechte Auslegung wiederum sind die restlichen aufgenommenen Texte: die Apologie der Confessio Augustana, der Traktat über die päpstliche Gewalt, die Schmalkaldischen Artikel, der Kleine und der Große Katechismus Luthers sowie eben die Konkordienformel. Das Konkordienbuch sollte also auch nach außen die reformatorische Überzeugung kenntlich machen, allein auf dem Boden des göttlichen Verheißungswortes zu stehen und nahtlos an das anzuknüpfen, was seit jeher in der Kirche gelehrt wurde, bis bestimmte geschichtliche Entwicklungen dazu geführt haben, dass diese Lehre verfälscht wurde. Wirkliche Lehrnorm stellt nach der Schrift ausschließlich die Confessio Augustana dar. Für die Verfasser und Verfechter der Konkordienformel markierte folgerichtig die Zusammenbindung derselben mit diesen Texten eine ganz wichtige Aussage: Die Konkordienformel ist keine Privatmeinung und bildet nicht bestimmte territoriale Lehrentwicklungen ab, sondern sie ist rechtmäßige Auslegung der Confessio Augustana – wie die anderen Texte auch.

Der Name „Konkordienbuch" übrigens hörte sich dabei vielversprechend an: „Werk der Einheit bzw. der Vereinheitlichung". Doch der Titel ist in gewisser Weise trügerisch. Denn der Textband sorgte zwar für Einheit im Luthertum, auch wenn manche Streitigkeiten munter weiter die theologische Landschaft bestimmten. Andererseits aber war ein klarer Schlussstrich gesetzt, die Fronten waren geklärt: hier die „Lutheraner", dort die „Papisten" und die „Calvinisten". Das Konkordienwerk eröffnete auf theologischer Ebene die Möglichkeit zur konfessionellen Spaltung bis hin zur Polemik gegen die Theologen und Gemeinden römischen und reformierten Bekenntnisses. Die Geschichte seiner Rezeption ist ebenso ein Zeichen dafür, denn auch späterhin haben die Texte und ihre Bündelung immer wieder für Auseinandersetzungen gesorgt. Was auch kein Wunder ist insofern, als im Konkordienbuch mehrere Zeitalter, Traditionen und Aussagen zusammengeschlossen worden sind, die nicht immer aus einem Guss zu sein scheinen, ja, es aufgrund dieser Umstände gar nicht sein können. Das ist eine Schwierigkeit, vor allem für die Interpretation und für eine darauf aufbauende Tradition, welche aus den dort versammelten Texte „Dogmen" macht. Zugleich und vor allem liegt darin aber eine Chance für eine protestantische Identitätssuche und für solche Leser, die sich bewusst sind, dass einzig die Heilige Schrift Inhalt und Norm dessen ist, was es zu glauben gilt. Die im Konkordienwerk zusammengestellten Bekenntnisse sind nicht „zu glauben", sondern „zu bekennen".

Welche Texte sind nun ins Konkordienbuch aufgenommen worden, und was sind ihre theologischen Hauptaussagen?

Die drei altkirchlichen Bekenntnisse
Die Absicht hinter der Aufnahme dreier Bekenntnisse, die nicht aus dem Reformationszeitalter stammen, ist evident: Die Lehre der Reformation, so soll gezeigt werden, entspricht dem, was die Kirche in ihrer Gesamtheit von alters her bekennt. In diesem Sinne stehen den aktuellen Bekenntnissen drei Texte vor, die in der kirchlichen Tradition eine prominente Rolle spielen, und zwar – und das ist etwas Entscheidendes! – nicht nur in der Lehre, sondern mindestens genauso in der liturgischen Praxis: das Apostolische Glaubensbekenntnis, das Bekenntnis von Nizäa und das Athanasianum.

Das Apostolikum – der Text, der auch uns heute aus dem Gottesdienst bestens bekannt ist –, ist so, wie er heute noch begegnet, im 8. Jahrhundert formuliert worden. Es geht zurück auf ein altrömisches Taufbekenntnis aus der Zeit um 150, das Symbolum Romanum, und zeigt damit den ursprünglichen Kontext eines Bekenntnisses an: die Taufe, bei welcher der Taufbewerber seine Zustimmung zu bestimmten Inhalten spricht oder von Paten sprechen lässt. In die Liturgie wurden die Bekenntnisaussagen im 6. Jahrhundert aufgenommen und erfreuten sich durch die Förderung des Christentums durch die Karolinger und die Ottonen weiter Verbreitung.

Der Bekenntnistext von Nizäa, das danach benannte Nizänum, entstammt dem dem Konzil zu Nizäa 325, das auf Initiative Kaiser Konstantins hin die Frage um das Verhältnis zwischen Gott-Vater und Gott-Sohn klären sollte. Die dort formulierten

Aussagen zur Trinität ebneten dem gerade erst der römischen Verfolgung entkommenen Christentum den Weg und wurden die Basis für weitere Lehrentscheidungen. Im gottesdienstlichen Gebrauch steht der Text nachweislich seit dem 6. Jahrhundert. Die Aussagen wurden bestätigt auf dem Konzil von Konstantinopel 381 und endgültig festgesetzt 451 auf dem Konzil von Chalzedon. Der Text von 381 setzte einen Schlussstrich unter alle Behauptungen, die in Jesus Christus etwas anderes sahen als Gottes gleichewigen und wahren Sohn.

Das Athanasianum, das entgegen seiner Bezeichnung nicht vom griechischen Kirchenvater Athanasius stammt, sondern im Spanien des 6. Jahrhunderts beheimatet sein dürfte, galt stets als Zeugnis, diesen trinitarischen und christologischen Grundentscheidungen zu entsprechen.

Mit der Aufnahme dieser Bekenntnisse stellten sich die Lutherischen klar und unmissverständlich auf den Boden einer Tradition, die mindestens in der Christologie wiederum ganz auf dem Boden der Schrift stand. Das Bekenntnis zu dem dreieinen Gott – und damit in der Tat das Minimum des zu Glaubenden – ist auch das Bekenntnis derer, die im Rufe standen – und 1580 ja durchaus noch stehen – Ketzer zu sein. Wenn sie sich aber so auf dem Boden der Christologie der Alten Kirche stehend bekennen – wie soll dann der Rest ihrer Lehre ketzerisch sein? Alles, was nach diesen drei Bekenntnissen folgt, versteht sich, so die Aussage, explizit als Auslegung dieser triadischen Grundformel und will nichts anderes, als diese zu bekräftigen und Antwort darauf geben, was sie für die übrigen Gebiete der Theologie bedeutet.

Die Confessio Augustana und ihre Apologie (1530/31)
Von den im Konkordienwerk zusammengestellten Texten ist die Confessio Augustana (CA), das Augsburger Bekenntnis, neben den Katechismen sicher der bekannteste und vielleicht auch der wichtigste. Und zwar deshalb, weil er es auf relativ knappem Raum versteht, die Inhalte der reformatorischen Lehre auf den entscheidenden Punkt hin zu konzentrieren und zu formulieren. Dadurch wurde er innerhalb kurzer Zeit für das protestantische Selbstverständnis so relevant, dass sich, wie wir gesehen haben, die Anhänger der Reformation „Augsburger Religionsverwandte" nannten.

Melanchthon benutzte als Vorlagen für seinen Text das der Schrift „Vom Abendmahl Christi" angehängte Bekenntnis Martin Luthers von 1528, dessen Marburger Artikel, die Schwabacher und die Torgauer Artikel (alle von 1529) sowie den „Unterricht der Visitatoren". Nach längeren Beratungen wurde der Text mit einer an den Kaiser gerichteten Vorrede versehen. Während diese Vorrede den Kaiser an seine Aufgabe erinnert, in Verantwortung für die Erhaltung der christlichen Lehre ein Konzil einzuberufen und beide Seiten zu hören, bietet der Bekenntnistext selbst zwei klar voneinander zu unterscheidende Teile. Der erste Teil beschäftigt sich in 21 Artikeln mit den Grundfragen des Glaubens: Gott, Erbsünde, Christus, Rechtfertigung, Predigtamt, neuer Gehorsam, Kirche, Taufe, Abendmahl, Buße, Gebrauch der Sakramente, geistliches Regiment, Kirchenordnungen, weltliches Regiment, Wiederkunft Christi, freier Wille, Ursprung des Bösen, Glaube und gute Werke, Heiligendienst. Der Aufbau ist sprechend, verdeutlicht er doch, wie es in der Theologie um die Geschichte eines jeden Einzelnen geht, worin diese Geschichte ihren Ausgangspunkt hat, wodurch Erlösung aus der unheilvollen Sündenverstrickung geschieht und was dies für das Verständnis von Kirche und Welt bedeutet. Eine Bewegung von innen nach außen ist ebenso zu verfolgen, wie festzustellen ist, dass sich bestimmte Aussagen nur so und nicht anders treffen lassen, weil zuvor andere in einer bestimmten Weise getroffen wurden. Der Aufbau schon legitimiert es, der Lehre von der Rechtfertigung eine kriteriologische Funktion im Gesamt der reformatorischen Theologie zuzuschreiben. Die zentrale Bedeutung des Heilswerkes Christi als Dreh- und Angelpunkt und als alleinigen Grund für die Rechtfertigung des Menschen ist dabei unübersehbar.

Zwischen der in Artikel 4 entfalteten Rechtfertigungslehre und den Kirchenartikeln 7 und 8 sind zwei Artikel geschaltet, welche die unmittelbaren Konsequenzen aus der Rechtfertigungslehre markieren: „Vom kirchlichen Amt" und „Vom neuen Gehorsam". „Vom kirchlichen Amt" beginnt mit den Worten: „Damit wir diesen Glauben erlangen, ist das Amt zum Lehren des Evangeliums und Austeilen der Sakramente eingesetzt worden. Denn durch das Wort und die Sakramente als Instrumente wird der Heilige Geist geschenkt, der den Glauben bewirkt, wo und wann es Gott gefällt, in denen, die das Evangelium hören [...]"[3]. Damit wird der Glaube als „Superwerk" ebenso verneint wie die Kirche als Heilsmittlerin in einer bestimmten, traditionell verstandenen Weise. Zudem aber wird auch jedes schwärmerische Verständnis abgelehnt, als könne und solle es Glauben und Glaubensgestaltung jenseits der Kirche, ja, ohne die Kirche und das Predigtamt geben. Allerdings gilt: Es kommt allein auf den Glauben an, dem das Amt untergeordnet ist. Funktion des Amtes ist allein, Wort und Sakrament so zu verwalten, dass der Heilige Geist jedenfalls in seinem Wirken nicht gehindert wird. Dieser durch die Wahrnehmung des geistlichen Amtes ermöglichte Glaube führt dann zum neuen Gehorsam. Die Kirche in ihrer sichtbaren Gestalt an sich ist keine Heilsanstalt, sondern sie ist es nur, insofern sie Wort und Sakrament recht verwaltet. Im Blick auf den damaligen Vorwurf der Kirchenspaltung und im Blick auf unsere heutigen Bemühungen um Einheit der Kirche formuliert Artikel 7 programmatisch: „Und zur wahren Einheit der Kirche genügt es, übereinzustimmen in bezug auf die Lehre des Evangeliums und die Verwaltung der Sakramente. Es ist aber nicht nötig, dass die menschlichen Überlieferungen oder von Menschen eingesetzten Riten oder Zeremonien überall gleich sind."[4] Diese Auffassung bietet schon die Überleitung zum zweiten Teil des Textes, der sich in sieben weiteren Artikeln mit den äußerlichen Dingen, den Missbräuchen beschäftigt: Gebrauch des Abendmahls unter beiderlei Gestalt, Zölibat, Messe, Beichte, Fasten, Klostergelübde und bischöfliche Gewalt. Sie geben beredte Beispiele dafür ab, was aus den Fundamentalartikeln zu folgen hat, wenn man sie konsequent versteht und umsetzt. Gleichzeitig wird durch diesen Aufbau verdeutlicht, worum es in der Kritik an Rom wirklich geht, nämlich um das Bemühen, die falschen und wider die Schrift gerichteten Fundamente dieser äußeren Gestalt zu entlarven.

Nach den Diskussionen um die Confessio Augustana und der Entgegnung durch die Altgläubigen in der Confutatio war es unerlässlich, verschiedene Artikel zu entfalten, damit wirklich alle Missverständnisse und Möglichkeiten der Fehlinterpretation ausgeräumt werden konnten. Melanchthon hat sich dieser Aufgabe, wie zu sehen war, in der Apologie unterzogen, die darum als unerlässliche „Lesehilfe" Bestandteil des lutherischen Lehrkorpus geworden sind. Insbesondere der Artikel von der Rechtfertigung wurde ausführlich erweitert und das sola fide exponiert.

Im Kontext der Reichsreligionsgespräche 1540/41 hatte wiederum Melanchthon es unternommen, diesen etablierten und bedeutsam gewordenen Bekenntnistext der Confessio Augustana an die zwischenzeitlich erfolgten Gespräche zwischen ihm und Bucer und dem in der Wittenberger Konkordie 1536 sichtbar gewordenen Erfolg der Bemühungen um Einheit in der Abendmahlslehre anzupassen. Die Confessio Augustana Variata wies einige markante Veränderungen auf und formulierte im Abendmahlsartikel (Artikel 10) nicht mehr, dass Fleisch und Blut Jesu Christi in den Elementen real anwesend sind, sondern dass sie wahrhaft dargereicht werden. Diese und einige andere Veränderungen verhinderten die Akzeptanz der Variata in den lutherischen Gebieten, eine Aufnahme in das Bekenntniskorpus von 1580 blieb ihr verwehrt. Allerdings ist sie bis heute in der Evangelischen Kirche der Pfalz Bekenntnisgrundlage.

Die Schmalkaldischen Artikel (1537)
Die Entstehung der Schmalkaldischen Artikel hat sich, wie erwähnt, dem Umstand zu verdanken, dass im Jahr 1536 Papst Paul III. ein Konzil ausgeschrieben hatte, das zu beschicken die Protestanten mindestens überlegten. Dazu forderte der sächsische Kurfürst Luther auf, die Artikel zu benennen, die weiterhin und möglicherweise auch dauerhaft eine Trennlinie zum römischen Katholizismus bedeuteten. Das Ergebnis der Tätigkeit Luthers waren die Schmalkaldischen Artikel, die an Deutlichkeit nichts zu wünschen übrig ließen und daher vielen Bundesleuten auf dem Schmalkaldischen Bundestag sehr heikel erschienen. Zu heikel jedenfalls, als dass man sie unterschrieben und damit als offizielle Meinung des Bundes anerkannt hätte. Dennoch verbreiteten sich die Artikel rasend schnell und fanden bald

zu einem bekenntnisartigen Status, dem sie auch die Aufnahme in das Korpus des Konkordienbuches verdankten.

Luther polemisierte in diesem Text in inzwischen gewohnt unnachgiebiger und kompromissloser Art gegen den Papst, getragen von einem Selbstbewusstsein und der Überzeugung, Gott stehe auf der Seite der Protestanten. Der erste Artikel nach den Glaubensgrundsätzen des Apostolikums ist der Artikel, der „das Amt und das Werk Jesu Christi oder unsere Erlösung behandel[t]"[5], kurz: alles, was die Rechtfertigung betrifft. Hier formulierte Luther ganz im Sinne seiner früheren Aussagen und ganz im Sinne der CA und kam zu dem unmissverständlichen und beredten Schluss: „Von diesem Artikel kann man nicht weichen oder nachgeben, es falle Himmel und Erde oder was nicht bleiben will [...] Und auf diesem Artikel beruht alles, was wir wider den Papst, den Teufel und die Welt lehren und leben. Darum müssen wir dessen ganz gewiss sein und nicht daran zweifeln. Sonst ist alles verloren, und der Papst und der Teufel und alles behalten wider uns den Sieg und Recht."[6] Nur von dort aus also verstehen sich die anderen Artikel; was immer zwischen der römischen und der protestantischen Kirche gehandelt wird, muss sich daran messen lassen, ob es dem Artikel von der Rechtfertigung der Gottlosen entspricht. Nur von daher ist der Artikel von der Messe als auf ewig strittig bleibender Artikel zu verstehen, denn „[S]ie spüren es gut: wenn die Messe fällt, liegt das Papsttum danieder."[7] Fegefeuer, Wallfahrten, Bruderschaften, Reliquien und Ablass werden von dort aus in einem Atemzug niedergerungen. Die Klostergelübde sind deshalb abzulehnen, weil sie die durch Christus befreiten Gewissen erneut binden, und zwar nach menschlicher Willkür und nicht nach göttlichem Willen. Und der vierte Punkt, über den auf ewig keine Einigung mit Rom zu erzielen ist, ist das Papsttum. Der Oberste über die gesamte Christenheit ist allein Jesus Christus, ihm allein ist in geistlichen Dingen zu gehorchen – und niemandem sonst.

Das waren sehr deutliche Worte in einer brisanten Zeit. Wie gesagt, war dies manchen zu deutlich und zu scharf, und so wurde der Text nicht offiziell als Bundesdokument angenommen. Da aber bezüglich der Frage des Papstamtes immer noch eine „dogmatische Lücke" klaffte, die angesichts des Konzils geschlossen werden musste, unternahm es nun einmal mehr Philipp Melanchthon, in die undankbare Rolle des theologischen Diplomaten gedrängt, einen Text zu erarbeiten, der sich explizit mit dieser Frage auseinandersetzte.

Der Tractatus de potestate et primatu papae (1537)
Und das gelang ihm so gut, dass man später fälschlicherweise annahm, der Text stamme von Luther, und er so Aufnahme in das Konkordienwerk fand. In der Tat ist aber der Traktat sehr lutherisch; er ist zwar im Ton milder, aber in der Sache genauso unnachgiebig.

In der Confessio Augustana war relativ offen geblieben, wie sich die Unterzeichner des Bekenntnistextes zur brisanten Frage des Papstprimates stellten. Selbst der entsprechende Artikel zur bischöflichen Gewalt (Artikel 28) im zweiten Teil der CA umging das heikle Thema und befasste sich mit der Unterscheidung der beiden Regimente sowie mit der Reichweite der geistlichen Amtsgewalt, jedoch nicht mit dem päpstlichen Primatsanspruch. Der Tractatus als Antwort auf die offen gebliebenen Fragen ist zweigeteilt. Der erste Teil argumentiert gegen die Behauptungen Roms, der Papst stünde qua göttlichen Rechts über allen anderen Priestern und Bischöfen, er habe Gewalt über beide Schwerter, und dies zu glauben sei um der Seligkeit willen notwendig. Rein äußerlich erinnert dieser Dreischritt an die drei Mauern, gegen die Luther in der Adelsschrift vorgegangen war; doch gibt es inhaltlich klare Unterschiede, durch die Melanchthons Kritik schärfer scheint als die Luthers 1520; andererseits lässt er den vielleicht zentralen Punkt (die Anmaßung des Papstes auf die allein rechtmäßige Schriftauslegung) aus. Im zweiten Teil beschäftigte sich Melanchthon mit der Frage der Reichweite und der jurisdiktionellen Seite der bischöflichen Macht; dies tat er mit ausdrücklicher Berufung auf das in der CA und Apologie bereits Gesagte. Damit verdeutlichte er, dass der Tractatus kein neues Bekenntnis darstellt, sondern lediglich eine Erläuterung zu dem alten. Allerdings erhielten auch die Aussagen über die bischöfliche Gewalt ein klareres und festeres Fundament insofern, als nun die dort zu stellenden Fragen nur dann in rechter Weise beantwortet werden können, wenn zuvor die falsche Lehre von der Autorität des Papstes biblisch fundiert widerlegt wird. Daher legte Melanchthon mehr Gewicht auf den ersten Teil.

Nicht minder aufschlussreich sind die Themen, von denen Melanchthon behauptete, an ihnen würde die Einheit mit der römischen Kirche scheitern können: die Bußlehre, die Sündenlehre, die Anrufung der Heiligen, der Zölibat und die Gelübde; die Lehre vom Messopfer wurde relativ kurz behandelt. Für Melanchthon war, dies wird bei genauerer Betrachtung des Textes offenbar, die Rechtfertigung des Sünders Dreh- und Angelpunkt aller theologischen Aussagen. Diese Fokussierung ist christologisch-soteriologisch begründet. Dass die angesprochenen Themen in der CA sowohl im ersten als auch im zweiten Teil über die Missbräuche begegneten, macht deutlich, wie stark rechte Lehre und rechte Praxis ineinandergreifen. Damit hatte Melanchthon zum Ausdruck gebracht, wie die Frage nach dem Papstprimat nicht nur ein Gegenstand der Praxis ist (und damit vielleicht zu den Adiaphora gezählt werden kann), sondern ihr rechtes Verständnis sowie ihr Missverständnis Aufschluss über die zugrunde gelegte Christologie gibt: Erkennt man an, dass es nur einen Herrn und Mittler Jesus Christus gibt und nur ihm im Bekenntnis zu geloben ist, dann bleibt für die Anmaßungen des Papstes kein Raum mehr.

Der Kleine und der Große Katechismus (1529)
Die beiden Katechismen Luthers gehören mit zum Großartigsten, was es an reformatorischen Texten gibt. Auf rhetorisch feinste Art und Weise vermögen sie es, die schwierigsten Sachverhalte der Theologie zu elementarisieren, in den Lebensvollzug des Christen zu stellen und ihm eine Orientierung für einen christlichen Alltag zu geben. Inhaltlich geben sie daher in kürzester und präzisester Form Luthers Gedankengut wieder, und man spürt beim Lesen jeder Zeile die befreiende und tröstende Kraft der reformatorischen Erkenntnis.

Luther trug sich schon länger mit dem Gedanken, eine für alle verständliche Zusammenfassung der Lehre in Katechismusform niederzuschreiben. Als Ende der Zwanzigerjahre des 16. Jahrhunderts erste Visitationen in lutherischen Gemeinden stattfanden und das erschreckende und ernüchternde Ergebnis zutage förderten, wie wenig von der lutherischen Lehre an der „Basis", also bei den Gemeindepfarrern und den Gemeindegliedern, angekommen war, setzte sich Luther daran, seinen Plan zu verwirklichen. Auf der Basis verschiedener Predigtreihen begann er 1528 mit der Arbeit an dem Deutschen Katechismus, für den später die Bezeichnung „Großer Katechismus" üblich wurde. Die Arbeit am Kleinen Katechismus, den Luther als Handbüchlein für Haus und Gemeinde verstand, verlief beinahe parallel dazu. Der Inhalt ist klassisch gegliedert nach dem traditionellen Katechismusstoff: 10 Gebote, Glaubensbekenntnis, Vaterunser, Taufe, Beichte und Abendmahl, Gebetspraxis und Haustafelsprüche. Beide Texte erschienen 1529, der Kleine Katechismus zunächst auf Tafeln, die in Schulen und in Kirchen aufgehängt wurden. Und beide Texte erlebten zahlreiche Neuauflagen, bei denen es zu Ergänzungen kam, insbesondere wurden Gebete hinzugefügt sowie liturgische Texte (das Tauf- und das Traubüchlein). Der Kleine Katechismus erlebte eine weite Verbreitung, und es darf angenommen werden, dass er in zahlreichen Familien zur Gestaltung des alltäglichen christlichen Lebens diente. Es wäre jedoch verfehlt, den Kleinen einfach für einen Auszug oder eine Summe des Großen Katechismus zu halten. Vielmehr sind beide zu lesen, wenn man wissen will, was Luther für das „Grundwissen" des christlichen Glaubens hält.

Die Konkordienformel (1577)
Wie schon erwähnt, ist die Konkordienformel der groß angelegte Versuch gewesen, unter die Streitigkeiten im Luthertum einen Schlussstrich zu ziehen. Auf der Basis mehrerer Vorgängerwerke unternahmen es Andreae und Chemnitz in der Konkordienformel (Formula Concordiae = FC), die gröbsten Missverständnisse und Fehlinterpretationen der lutherischen Lehre auszuräumen. Dies geschah in zwei Teilen: in der Epitome und in der Solida declaratio (SD), wobei erstere gewissermaßen einen Auszug aus der umfangreichen SD darstellt. Die behandelten Themen waren ein Spiegel der innerlutherischen Streitigkeiten: Erbsünde, frei-

er Wille, Glaubensgerechtigkeit, gute Werke, Gesetz und Evangelium, der dritte Gebrauch des Gesetzes, Abendmahl, die Person Christi, Höllenfahrt Christi, Kirchenbräuche, Vorsehung, Irrtümer solcher, die als Rotten und Sekten bezeichnet werden. Die strengere Linie der Gnesiolutheraner hatte sich in den meisten Fällen durchgesetzt, was zur Folge hatte, dass für die Lehre der Philippisten und erst recht der Calvinisten kein Platz mehr blieb. Die Konkordienformel war ein Dokument des strengen Luthertums, nicht unumstritten, jedoch für lange Zeit Richtschnur der orthodoxen Lehre.

Nachdem die Schrift als alleinige Autorität der Glaubenslehre festgelegt wurde, wurde die Erbsünde so klar und eindeutig als echte Ursprungssünde definiert, verhaftet nicht im Äußeren, sondern in der Natur und im Wesen des Menschen, dass sich von dort aus jeder Synergismus über ein etwaiges freies Willensvermögen oder das Tun guter Werke verunmöglichte. Alle Kräfte, auch die vornehmsten, seien so von der Sündhaftigkeit gebunden, dass auch nur die kleinste Mitwirkung des Menschen an seinem Heil ausgeschlossen werden muss. Die FC machte mit dem solus Christus Ernst und strich für diese radikal soteriologisch gefasste Christologie die Bedeutung der Zwei-Naturen-Lehre heraus, der folgerichtig ein eigener Abschnitt gewidmet wurde. Diese Auffassung schlug sich im Artikel über das Abendmahl nieder, in der die reale Anwesenheit des Leibes und des Blutes Christi bekräftigt und die Transsubstantiation abgelehnt wurde.

In Konsequenz des Rechtfertigungsverständnisses wurde zu den Auseinandersetzungen um das Gesetz und die guten Werke Stellung genommen und der Auffassung Luthers vollauf Rechnung getragen, das Gesetz spiele auch für die Gerechtfertigten und aus dem Evangelium Lebenden eine bedeutende Rolle, wobei die FC hier schöpfungstheologisch argumentiert: Auch die Menschen vor dem Sündenfall seien nicht ohne Gesetz gewesen. Unterschieden wurde allerdings zwischen Werken des Gesetzes und Früchten des Geistes; erstere seien gezwungenermaßen, erwüchsen also nicht aus der Freiheit des Evangeliums, während die letzteren genau dies seien: freiwillige Konsequenz aus der durch das Gnadengeschenk erfahrenen Freiheit. Einen dritten Gebrauch des Gesetzes wollte die FC also nicht annehmen. Im Artikel über die Kirchengebräuche wurde zugestanden, es gebe sehr wohl Dinge in der gemeindlichen und der liturgischen Praxis, von denen das Heil nicht abhängt und die je nach Zeit und Ort so oder anders gehandhabt werden könnten. Eine sehr moderne und im ökumenischen Kontext inzwischen wieder heftiger diskutierte Frage wurde dabei gleich mit beantwortet: Das Kirchesein und damit die Frage nach der Einheit der Kirche hängt nicht an diesen Dingen. Allerdings müsse man sich, so die FC, darüber im Klaren sein, dass in Zeiten der Verfolgung auch im Blick auf die ansonsten als Adiaphora geltenden Elemente das Bekenntnis und damit die Wahrheit auf dem Spiel stehen könnte – eine klare Absage an die melanchthonische Offenheit an dieser Stelle.

Dass schließlich die Frage der Prädestination eine prominente Stellung in der Konkordienformel erhielt, dürfte seinen Grund nicht allein in den innerlutherischen Streitigkeiten gehabt haben, sondern auch im Gegenüber zur calvinischen Tradition. Die FC unterschied dazu zunächst zwischen Vorherwissen (praescientia) und Vorherbestimmung (praedestinatio), wobei die praescientia Gute und Böse, die praedestinatio indes nur die Guten betreffe. Dieser Ratschluss Gottes sei nicht geheim, sondern im Wort offenbar und also sei der Ratschluss und die Bestimmung zum Heil und zum Leben allen offen, die dieses Wort glaubten und ihm vertrauten.

Die reformierten Bekenntnisse

Während die lutherischen Bekenntnisse von einem unbedingten Einheitswillen geprägt waren und davon, das Erbe Luthers in rechter Weise für Lehre und Praxis zu bewahren und aufzuarbeiten, spiegeln die reformierten Bekenntnisse die Vielfalt und Buntheit des reformierten Lebens in ganz Europa wider. Sie sind – nicht zuletzt deshalb, weil sie in gänzlich andere historische Situationen und nationale Bedingtheiten hinein Aussagen treffen wollten – viel stärker historisch gebunden und gefärbt, wenngleich natürlich auch sie den Anspruch erheben, über den konkreten Kontext hinaus Glaubensidentität zu stiften und zu erhalten. Es gab und gibt aber kein Bekenntnis, das für „das Reformiertentum" schlechthin stünde, am ehesten würde man noch dem Heidelberger Katechismus diesen Rang zusprechen wollen, was aber historisch und theologisch nur bedingt zutreffen würde. Die Vielfalt hat nun jedenfalls zur Konsequenz, dass im Folgenden nicht alle reformierten Bekenntnisse besprochen werden können, sondern nur eine repräsentative Auswahl der wichtigsten und einflussreichsten vorgestellt werden kann.

Der Genfer Katechismus (1542/1545)
Im Gegensatz zu allen anderen Bekenntnistexten reformierter Couleur hat der Genfer Katechismus aus der Feder Johannes Calvins eine weite Verbreitung gefunden und wurde so zum Vorbild für viele andere Katechismen in ganz Europa. Zuerst war er in Französisch erschienen, dann 1545 in Latein, zugleich erfuhr er viele Übersetzungen. Der Erfolg des Katechismus ist aber auch der Tatsache zu verdanken, dass er nicht nur gewissermaßen der freiwilligen Lektüre und dem Hausgebrauch überlassen wurde, sondern bereits in seiner Entstehung in engem Zusammenhang mit der Genfer Kirchenordnung stand, welche vorsah, dass jeden Sonntag mit den Kindern öffentlich in der Kirche Katechese gehalten und zudem an vier Sonntagen im Jahr vor

dem Abendmahlsgottesdienst eine Katechismusbefragung mit den Kindern durchgeführt wurde. Daraus erklärt sich die Einteilung des Katechismus in 55 Abschnitte, was garantierte, im Jahr den Katechismusstoff einmal vollständig traktiert zu haben. Auch für die Pfarrerschaft war er bald unentbehrlich, zumal Calvin selbst, später auch andere Autoren, Kommentare zu verschiedenen Abschnitten verfasst haben, die wie eine kurz gefasste Dogmatik wirkten.

Die vier Hauptteile des Katechismus weisen in ihrer Anordnung bereits eine wohl auf Martin Bucer und Calvins Straßburger Erfahrungen zurückzuführende Besonderheit auf, die späterhin zum Unterscheidungsmerkmal zwischen den protestantischen Konfessionen werden sollte. Während nämlich die Katechismen Luthers und darauf aufbauende Lehrtexte stets zuerst das Gesetz und seine anklagende Funktion im Blick auf die Sündhaftigkeit des Menschen vorstellten, auf die dann das Evangelium als befreiende Botschaft antwortete, stellte Calvin den Glauben voran mit einer Auslegung des Glaubensbekenntnisses, bevor der zweite Hauptteil sich dem Gesetz und der Entfaltung des Dekalogs widmete. Das impliziert die Vorstellung, erst durch das Evangelium und damit der *ganzen* Erkenntnis Gottes kann auch das Gesetz in rechter Weise wahrgenommen und letztlich auch erfüllt werden. Die Erkenntnis Gottes wird folgerichtig allem anderen als Sinn des Lebens vorangestellt, wobei man sich nicht zufällig an die Institutio Calvins erinnert fühlen darf. Der Katechismus sollte eine Art Laienform der Institutio sein. Es finden sich also viele Elemente aus Calvins Hauptwerk ebenfalls im Katechismus, so etwa das dreifache Amt Christi als König, Priester und Prophet, der dritte Gebrauch des Gesetzes für die Wiedergeborenen und die Bezeichnung der Sakramente als Siegel und äußerliche Zeichen zur Vergewisserung der Gläubigen. Im Abschnitt über das Abendmahl begegnet auch ein Anflug von Kirchenzucht, denn es wird zur Reinhaltung dieses Sakraments empfohlen, eine bestimmte Gemeindeordnung aufzurichten, die diese Reinhaltung über verschiedene Instrumente garantieren kann. Sehr geschickt wurden von Calvin also Kirchenordnung und Kirchenzucht als Teil des Katechismus eingeführt, der nicht beliebig handhabbar ist, sondern gleichsam von Gott gewollt ist und wie alle anderen Stücke des Katechismus dem Nächsten zum Besten und Gott zur Ehre dient.

Die Confessio Gallicana (1559)
Mehr als anderen reformierten Bekenntnissen kommt der Confessio Gallicana eine unmittelbare historische Bedeutung zu, denn sie diente den französischen Protestanten als Halt und einigendes Band in der Verfolgung. Neben diesem vielleicht eher psychologischen und pastoralen Moment ging es dabei auch um eine kirchenpolitische Note: Um nicht noch größere Angriffsfläche zu bieten, war es unabdingbar, ein übereinstimmendes Lehrsystem zu entwickeln, das man im Ernstfall

immer wieder – und immer wieder gleich – argumentativ vorweisen und bemühen konnte. Als 1559 die erste französische Nationalsynode heimlich zusammentrat, lagen ihr 35, wahrscheinlich von Calvin verfasste Artikel vor, welche die Gesandten nur geringfügig bearbeiteten und als Bekenntnis verabschiedeten. Dieser Text wurde dann 1571 auf der siebten Nationalsynode von La Rochelle als verbindlicher Bekenntnistext beschlossen.

In 40 Kapiteln werden, strukturell an das Apostolikum angelehnt, die – wenig überraschend – stark an Calvins Institutio orientierten Lehrstücke entfaltet, die inhaltlich keine Besonderheiten gegenüber anderen reformierten Bekenntnissen aufweisen. So werden in bekannter Weise unter anderem die Erwählung, die Sakramente und das Kirchenverständnis, bis hin zu Fragen der Gemeindeleitung, dargeboten. Diese Ordnungsfragen hatten für die verfolgten Gemeinden ein starkes Gewicht, weil sie Halt und Stabilität in unruhiger Zeit verhießen. Was allerdings auffällt, ist die Hervorhebung der Schrift, in der Gottes Wort ungebrochen begegnet, und die Aufzählung der Schriften, die aufgrund des „Zeugnis[ses] und [der] innere[n] Versicherung des Heiligen Geistes"[8] als kanonisch zu gelten haben. Das Wort der Schrift wird zudem neben der Schöpfung als Werk Gottes bezeichnet, das der Erhaltung und Lenkung der Welt dient. Man könnte beinahe die so gekennzeichnete Schrift als geistliche Obrigkeit bezeichnen. Dies wäre besonders pikant insofern, als die letzten beiden Abschnitte der Confessio Gallicana sich mit der weltlichen Obrigkeit beschäftigen, der Gehorsam zu leisten sei, weil sie von Gott zur Lenkung der Welt in ihr Amt eingesetzt sei. So verstanden, wäre der Bekenntnistext gerahmt von Aussagen zur geistlichen und weltlichen Obrigkeit, wobei selbstverständlich die geistliche Obrigkeit – also Gottes Wort in der Schrift – die auch die weltliche lenkende wäre. Für eine Gemeinde in der Verfolgung wesentliche Aussagen!

So ist es nicht verwunderlich, dass die Confessio Gallicana auch für die Exulantengemeinden etwa in Preußen zum Bekenntnistext wurde, denn, in neuer obrigkeitlicher Umgebung und oft bei der heimischen Bevölkerung nicht wirklich willkommen, zu wissen, was im Leben Halt und Orientierung gibt, was einen wesentlich regiert und was nur sekundär – das war überlebenswichtig. Zum unmittelbaren Vorbild gereichte die Confessio Gallicana den schottischen Gemeinden in der Confessio Scotica (1560) und den niederländischen in der Confessio Belgica (1561).

Der Heidelberger Katechismus (1563)
Unter Kurfürst Friedrich III., der von 1559 bis 1576 regierte, wurde die Kurpfalz das erste geschlossen reformierte Territorium im Reich. Die konfessionellen Spannungen im Territorium verlangten danach, dass sich sein Kurfürst zu einem Bekenntnis entschloss, denn eben diese Spannungen machten das Land instabil und

angreifbar. Es war nur folgerichtig, dass der selbst stärker calvinisch-reformiert als lutherisch beeinflusste Friedrich sich entschloss, das Reformiertentum zur verbindlichen Konfession zu erklären und dafür einen Katechismus ausarbeiten zu lassen. Die Verfasserfrage lässt sich auch heute noch nicht eindeutig beantworten, es spricht aber viel dafür, dass innerhalb einer eigens dazu eingesetzten Theologenkommission der in Heidelberg tätige Theologieprofessor Zacharias Ursinus (1534–1583) zumindest maßgeblich und federführend beteiligt gewesen ist. Die Tatsache indes, dass hier mehrere Hände zusammen gewirkt haben, dürfte einer der Gründe dafür sein, dass der Katechismus Gedanken Bezas und Bullingers aufnahm und insgesamt an melanchthonische Theologie angelehnt ist. Viele Elemente aus dem Genfer Katechismus Calvins haben ebenso beinahe wörtlich Eingang in den Heidelberger Katechismus gefunden.

Der Heidelberger Katechismus besteht aus 129 Fragen und Antworten, die – anders als bei den Katechismen Luthers und Calvins – nicht an den traditionellen Hauptstücken orientiert, sondern nach einer bestimmte Systematik geordnet sind, wobei freilich Dekalog, Credo und Vaterunser jeweils zugrunde liegen. Diese Systematik wird an den drei Hauptstücken ersichtlich: Im ersten, der betitelt ist „Von des Menschen Elend", geht es um die Sünde, im zweiten Teil „Von des Menschen Erlösung" um das Werk Christi und die Rechtfertigung, im dritten „Von der Dankbarkeit" schließlich um das Leben des Gerechtfertigten, das als Antwort auf die Gnade verstanden wird. Das pro me (für mich) des Evangeliums wird auf diese Weise unmissverständlich in den Mittelpunkt gerückt und jede spekulative Theologie ebenso unmissverständlich in den Hintergrund geschoben. Die ersten beiden Fragen und Antworten sind dabei programmatisch zu verstehen: „Frage 1: Was ist dein einziger Trost im Leben und im Sterben? Dass ich mit Leib und Seele im Leben und im Sterben (Röm 14,7f.) nicht mir (1 Kor 6,19), sondern meinem getreuen Heiland Jesus Christus gehöre (1 Kor 3,23). Er hat mit seinem teuren Blut (1 Petr 1,18f.) für alle meine Sünden vollkommen bezahlt (1 Joh 1,7; 2,2) und mich aus aller Gewalt des Teufels erlöst (1 Joh 3,8); und er bewahrt mich so (Joh 6,39), dass ohne den Willen meines Vaters im Himmel kein Haar von meinem Haupt kann fallen (Mt 10,29ff.; Lk 21,18), ja, dass mir alles zu meiner Seligkeit dienen muss (Röm 8,28). Darum macht er mich auch durch seinen Heiligen Geist des ewigen Lebens gewiss (2 Kor 1,21f.; Eph 1,13f.) und von Herzen willig und bereit, ihm forthin zu leben (Röm 8,14ff.). // Frage 2: Was musst du wissen, damit du in diesem Trost selig leben und sterben kannst (Lk 24,46ff.; 1 Kor 6,11; Tit 3,3–7)? Erstens: Wie groß meine Sünde und Elend ist (Joh 9,41; 15,22). Zweitens: Wie ich von allen meinen Sünden und Elend erlöst werde (Joh 17,3). Drittens: Wie ich Gott für solche Erlösung soll dankbar sein (Eph 5,8–11; 1 Petr 2,9–12; Röm 6,11–14)."[9] Neben dem ausdrücklichen Schriftbezug und dem seelsorglich-pastoralen Impetus dieser beiden Fragen fällt vor allem auf, dass die Dreigliedrigkeit des Gesamtaufbaus gleich mehrfach begegnet, und zwar als Entfaltung des ersten Satzes: 1. Die Existenz des Menschen ist fremdbestimmt durch a) Gott, den Schöpfer, b) Gott, den Erlöser und c) den Heiligen Geist, den Bewahrer und Tröster; 2. die Existenz des Menschen ist dialektisch, denn er steht in der Spannung a) von Leib und Seele, b) von Leben und Sterben und c) von Ich und Du; und 3. Gott ist treu als a) Schöpfer, b) Bewahrer und c) Erlöser und Vollender. In der ersten Antwort ist also gleichsam alles zusammengefasst, was später begegnen wird. Die zweite Frage benennt die Themen, um die es im Folgenden zu gehen hat, im sodann als Gliederungsprinzip aufgenommenen Dreischritt: die Anthropologie, die konzentriert wird auf die Hamartiologie (die Lehre von der Sünde); die als Soteriologie pointierte Christologie; und die Ethik, die in der Ekklesiologie ihre rechte Verortung hat. Damit wird der klassische Aufbau Dekalog, Glaubensbekenntnis und Vaterunser indirekt gespiegelt beziehungsweise in seinen jeweiligen Pointen wiedergegeben.

Theologische Merkmale des Heidelberger Katechismus verbergen sich dann namentlich in den Fragen 27 und 28, wo es um die Vorsehung geht, in den Fragen, welche die Sakramente betreffen (66–82), und in der dem gesamten dritten Teil zugrunde gelegten Überzeugung von der Rolle des Lebens des Wiedergeborenen. Die Vorsehung wird dabei eher zurückhaltend behandelt, vor allem wird sie als großer Trost begriffen, der denjenigen zuteil wird, die der Verheißung glauben und vertrauen. Die hinter dem Begriff der Vorsehung offenbar werdende Allmacht Gottes kann so, als Allgüte für die Glaubenden verstanden, Geduld in Trübsal und Dankbarkeit provozieren. Die Sakramente Taufe und Abendmahl, als „sichtbare heilige Wahrzeichen und Siegel"[10] definiert, erinnern und bekräftigen, sie initiieren aber nicht den Glauben und die Erlösung. Wie das Wasser in der Taufe, so sind auch Brot und Wein beim Abendmahl „sichtbare Zeichen und Pfand"[11]. Obwohl Christus im Himmel zur Rechten des Vaters sitzt, ist daher eine geistliche Vereinigung mit ihm über diese Zeichen die Aufgabe und das Ziel des Abendmahls, das allerdings nur erreicht werden kann, wenn das Abendmahl vom Teilnehmenden als Besiegelung seines Bußwillens verstanden wird. Dass schließlich das Leben des Gläubigen als Antwort auf die umsonst geschenkte Gnade verstanden wird, ist an sich noch nichts Besonderes. Allerdings bemerkenswert ist, dass die guten Werke nicht nur dem Nächsten dienen, sondern auch dem, der sie tut, nämlich als Vergewisserung des eigenen Glaubens. Das heißt, die guten Werke lassen einen Rückschluss darauf zu, ob der rechtfertigende Glaube gewirkt hat oder nicht und also überhaupt vorhanden ist; diesen Rückschluss nennt man „syllogismus practicus".

Die Bedeutung des Heidelberger Katechismus wird speziell daran ersichtlich, dass er zwar immer wieder auch im Separatdruck ausging, aber auch Teil der kurpfälzischen Kirchenordnung wurde und so in den unmittelbaren praktischen und kirchenpolitischen Kontext gestellt wurde. Er erlangte als einziges reformiertes Bekenntnis eine bleibende Bedeutung im kirchlichen Leben bis heute.

Die Confessio Helvetica posterior (1566)
Auch für das bedeutendste Bekenntnis der deutschschweizer Reformation zeichnet indirekt Friedrich III. von der Pfalz verantwortlich. Mit der Einführung des Heidelberger Katechismus 1563 hatte sich Friedrich nämlich in gewisser Weise ins Abseits manövriert, denn die Kritik, die ihm dafür aus dem lutherischen Lager entgegenschlug, konnte im Ernstfall bedeuten, dass er des im Augsburger Religionsfrieden verbürgten Schutzes für Katholiken und Lutheraner verlustig ging. Der Religionsfrieden galt für die Anhänger des römischen Bekenntnisses und diejenigen der Confessio Augustana – nicht jedoch ausdrücklich für die Anhänger irgendeines Bekenntnisses, das nicht deckungsgleich mit der CA war. Als 1566 ein Reichstag einberufen wurde, auf dem der neue Kaiser Maximilian die Einheit im Land herstellen wollte, hätte das die Ausgrenzung der Kurpfalz bedeuten können. Daraufhin bat Friedrich Zwinglis Nachfolger in Zürich, Heinrich Bullinger, um einen Bekenntnistext, den er auf dem Reichstag vorlegen und mit dem er beweisen konnte, auf dem Boden der lutherischen Reformation zu stehen. Bullinger tat, wie ihm geheißen. Als die befürchtete Ausgrenzung auf dem Reichstag ausblieb – ob mit oder ohne Verlesung des Bekenntnistextes, ist unklar –, wurde der Text zugunsten des Heidelberger Katechismus in der Kurpfalz vollkommen in den Hintergrund gerückt. In der Eidgenossenschaft trat er seinen Siegeszug an, denn alle Orte, die eher in der Tradition Zwinglis standen, unterschrieben ihn. Und er wirkte weit über die Schweiz hinaus bis nach Schottland, Ungarn und Polen.

In 30 Kapitel unterteilt, ist die Confessio Helvetica posterior das erste Bekenntnis reformierter Tradition, das im Stile späterer orthodoxer Texte mit der Autorität der Heiligen Schrift beginnt, die darauf beruhe, dass in ihr das Wort Gottes unverfälscht vernehmbar sei. Die Kenntnis der Schrift in den Ursprachen und eine kritische Exegese seien für ihre rechte Auslegung verantwortlich, und letzte Autorität und Richterin sei immer die Schrift selbst und sie allein. In dieser Betonung der Schriftautorität trat also nicht nur ein Formal- und ein Materialprinzip des rechten Theologietreibens zutage, sondern zugleich ein gesamtes Bildungsprogramm. Ebenfalls neu ist die exponierte Stellung und explizite Begründung des Bilderverbots, das zwischen die traditionellen Elemente des trinitarischen und christologischen Bekenntnisses eingeschoben ist, die ihrerseits dazu dienen sollen, die Übereinstimmung der Lehre mit der Alten Kirche und ihren Dogmen zu pointieren. In der Anthropologie fällt die positive Definition des durch die Gnade befreiten Willens auf, der nunmehr angesehen wird, dass er mit Gottes Hilfe Gutes wollen und vollbringen kann. Ausgesprochen umfangreich ist das Kapitel über Wesen und Gestalt der Kirche geraten, das biblisch gut begründet gegen den päpstlichen Primatsanspruch polemisiert und dabei en passant eine breit angelegte Definition bietet, was Kirche ist und woran man sie erkennen kann. Im Grunde haben wir hier eine Vereinigung von CA 7 und 8 sowie des Tractatus' Melanchthons vor Augen. Im Blick auf die Sakramente wird stärker als in anderen Bekenntnistexten der Bundesgedanke belebt, sodass Taufe und Abendmahl als Zeichen des neuen Bundes gewertet werden. Ein letztes Novum schließlich stellen die insgesamt einen doch recht breiten Raum einnehmenden Kapitel 22–30 zur Gestaltung des pastoralen Dienstes, des religiösen Alltags und der Kirchenzucht dar – bis hin zu Ratschlägen im Kapitel über die Gestaltung von Begräbnissen, dass man die Erscheinung von Geistern Verstorbener für eine List des Teufels halten soll.

Die Dordrechter Canones (1619)
Anlass der Dordrechter Synode 1618/19 war ein in den Niederlanden entbrannter Streit um das rechte Verständnis von Erwählung und freiem Willen zwischen den beiden Leidener Theologieprofessoren Jacobus Arminius (1560–1609) und Franciscus Gomarus (1563–1641). Arminius wollte um der menschlichen Willensfreiheit willen streng zwischen Erwählung beziehungsweise Vorherbestimmung und Vorherwissen unterscheiden und die Erwählung nach dem Sündenfall ansetzen (Infralapsarismus), während Gomarus an der klassischen Prädestinationslehre festhielt, wonach die Erwählung vor aller Zeit und Geschichte bei Gott beschlossen worden ist (Supralapsarismus). Auf dem Spiel stand das rechte Verhältnis von göttlicher Erwählung und menschlichem Glauben im Prozess der Erlösung: Erwählt Gott die Menschen zum Heil aufgrund des vorhergewussten Glaubens (das war die Auffassung des Arminius)? Oder wird der Glaube überhaupt nur den Erwählten zuteil? Arminius' Anhänger verfassten daraufhin eine Einwendung, lateinisch: remonstratio, in fünf Artikeln, in denen die Position des Arminius festgehalten wurde. Auf einer Synode 1611 setzten sich Arminianer beziehungsweise – aufgrund der Einwendung so genannt – Remonstranten mit den Gomaristen beziehungsweise – aufgrund einer entsprechenden Gegenschrift so genannten – Kontraremonstranten auseinander; diese Debatte führte allerdings nicht zu einer Einigung, sondern verschärfte im Gegenteil diesen Konflikt. Auf der Dordrechter Generalsynode schließlich wurden neben anderen Fragen auch die fünf Artikel der Remonstranten behandelt, in den Canones wurde die kontraremonstrantische Auffassung bekräftigt bei gleichzeitiger klarer, aber durchaus nicht polemischer Ablehnung der arminianischen, was in folgender Passage deutlich wird: „Nach diesem Ratschluss erweicht er gnädig die Herzen der Auserwählten, obwohl sie hart sind, und bewegt sie zum Glauben; diejenigen aber, die nicht erwählt sind, belässt er nach seinem gerechten Urteil in ihrer Bosheit und Hartherzigkeit. […] Gott hat uns auserwählt in Christus

vor Grundlegung der Welt, damit wir heilig und unsträflich vor ihm in der Liebe sind. [...] Eben diese Erwählung ist nicht aus dem vorhergesehenen Glauben und dem Gehorsam des Glaubens, aus vorhergesehener Heiligkeit oder irgend einer anderen guten Eigenschaft oder Fähigkeit geschehen, die als eine Ursache oder Bedingung zuvor in dem zu erwählenden Menschen erforderlich wären, sondern zum Glauben und zum Gehorsam des Glaubens, zur Heiligkeit usw."[12] Dieser Erwählung werden die Erwählten auch versichert, und zwar, wenn sie „die untrüglichen Früchte [...] mit geistlicher Freude und heiligem Vergnügen in sich wahrnehmen"[13]. Die Wahrnehmung dieser Früchte soll nun aber gerade nicht dazu führen, darin nachzulassen, sondern im Gegenteil dazu anstacheln, sich immer weiter darin zu üben, um noch gewisser zu werden. Hier ist klassisch der syllogismus practicus erkennbar, sodass auch dieses Dokument reformierter Theologie auf den engen Bezug zwischen Erwählungsvorstellung und Ethik weist.

Die Westminster Confession (1647)
Auch dieser Bekenntnistext thematisiert die Erwählungslehre und die Ethik im Sinne eines syllogismus practicus. Dies ist aufgrund der historischen Umstände, die zur Entstehung des Textes geführt haben, kein Zufall. Innerhalb der Kirche von England hatte sich im Laufe der Jahrzehnte und der teilweise schon beschriebenen Entwicklungen ein Riss zwischen Puritanern und ihren Gegnern gebildet, der einem neuen Höhepunkt zustrebte, als William Laud (1573–1645) Erzbischof von Canterbury wurde. Er setzte sich vehement für die arminianische Position in der Erwählungslehre ein und wollte zudem – nicht weniger vehement – auch in Schottland die bischöfliche Kirchenordnung und die englische Gottesdienstordnung einführen. Damit zwang er die Schotten und die englischen Puritaner, sich gegen ihn zu vereinigen. Dass sich in Schottland gegen die zwanghafte Einführung der neuen Ordnung 1637 organisierter Widerstand regte, ist nicht verwunderlich, aber auch in England wehrte sich das puritanisch dominierte Parlament heftig gegen die Neuerungen. Mit Erfolg: 1642 wurden das Bischofsamt und die bestehende Gottesdienstordnung abgeschafft. Zur Beilegung des natürlich aber weiterhin schwelenden Konflikts wurde schließlich eine Synode einberufen, die im ausdrücklich betonten Einvernehmen mit der Kirche von Schottland ein breites reformiertes Band gegen alle episkopalen Tendenzen schmieden sollte.

Genau dies ist schließlich auch gelungen. In fünf Dokumenten wurden die Ordnungs- und Lehrfragen im reformiert-presbyterianischen Sinne geklärt. Der „Confession of Faith", die 1647–1649 von der Church of Scotland, dem schottischen und dem englischen Parlament angenommen wurde, sowie dem Längeren und dem Kürzeren Katechismus kam dabei die weitreichendste Bedeutung zu, weil sie nicht nur in den Inselstaaten, sondern auch in vielen weiteren englischsprachigen, namentlich späterhin in amerikanischen Denominationen als Vorlage genutzt wurde. Die „Confession of Faith" gliedert sich in 33 Artikel, die, wie viele der bisher besprochenen Bekenntnisse, analytisch einem systematischen Aufbau, von der „Heiligen Schrift" bis zum „Jüngsten Gericht", folgen und nicht den Katechismuselementen. Dabei wird das Schriftprinzip als Formal- und Materialprinzip vorangestellt. In diesem Zusammenhang wird sofort der Vorsehungsgedanke mit eingeschlossen, der dann im dritten („Von Gottes ewigem Ratschluss") und im fünften Artikel („Von der Vorsehung") entfaltet wird. Auffällig gegenüber anderen Bekenntnistexten ist, dass an der doppelten Prädestination zum Guten *und* zum Bösen, die supralapsarisch geschehen ist, festgehalten wird. Neu ist die explizite Behandlung des Bundesgedankens, die vor dem Artikel über Christus zu stehen kommt und damit auch die Christologie föderaltheologisch deutet. Ein syllogismus practicus wird nicht in gleicher Weise klar eingeführt, wie uns dies schon in anderen Bekenntnistexten begegnet ist, wenngleich Rechtfertigung und Heiligung in getrennten Artikeln traktiert werden und ein dritter Gebrauch des Gesetzes in den Wiedergeborenen selbstverständlich ist. Merkwürdig in den Hintergrund getreten sind die Fragen um die weltliche Obrigkeit, was den historischen Umständen geschuldet ist, die sich gegenüber der Anfangszeit der Reformation verändert haben. Auch die Amtsfrage innerhalb der Kirche tritt zurück, was insofern verständlich ist, als auf der Westminstersynode dazu andere Dokumente verabschiedet worden sind. Stattdessen wird der Kirchenzucht ein Kapitel gewidmet, obschon die Ausführungen dort sehr allgemein gehalten sind.

Im Kürzeren Katechismus, der in guter reformierter Tradition verfasst ist und im Wesentlichen aus der Feder John Wallis (1616–1703) stammt, der in Oxford Geometrie lehrte, fällt dann aber doch eins sehr ins Auge: Der Katechismus ist analytisch aufgebaut, geht also nicht am klassischen Katechismusstoff entlang – außer im Blick auf die Zehn Gebote und das Vaterunser. Darin wird deutlich, welche Bedeutung der ethischen Umsetzung des Glaubens und der Alltagsfrömmigkeit inzwischen zugekommen ist, der damit Rechnung getragen wird. Die Praxis des Glaubens, die praxis pietatis, verdrängt nach und nach alle spekulativen Systeme und rückt in einer Zeit, in der es nicht mehr in erster Linie darum geht, sich von anderen theologischen Zugängen und Aussagen zu distanzieren, andere Aspekte in den Vordergrund. Ebensolches ist auch im Längeren Katechismus zu beobachten, für den vor allem Anthony Tuckney (1599–1670) verantwortlich zeichnete.

Das anglikanische Bekenntnis

Die besondere Genese und weitere historische Situation der anglikanischen Kirche brachte es, wie zu sehen war, mit sich, dass zuerst die Reformation eingeführt wurde und die Theologie sozusagen nachgeholt werden musste. Das Ergebnis waren für Gottesdienst und Liturgie das „Book of Common Prayer" von 1549 und – im Sinne einer Kurzdogmatik – die 42 Artikel von 1552, die 1563 dann auf 39 heruntergekürzt wurden und seitdem zu einem bedeutenden Textdokument anglikanischer Theologie avancierten.

In den 39 Artikeln hat man ein merkwürdiges Gemisch aus lutherischer und reformierter Tradition vor Augen, das aus der Genese des Textes leicht erklärbar ist. Wie im historischen Überblick zu sehen war, hat sich Heinrich VIII. nach seiner Abkehr von Rom und Papst dem Schmalkaldischen Bund angenähert. 1536 schickte er eine Delegation nach Wittenberg, damit für das geplante Konzil in Mantua ein gemeinsamer Bekenntnistext ausgearbeitet werden konnte. Unter dem Einfluss Melanchthons entstanden daraufhin in England die 10 Artikel. Heinrich, der dem Schmalkaldischen Bund beitreten wollte, musste aber auf Wunsch der deutschen Fürsten noch weiter gehen, denn Voraussetzung zur Aufnahme in den Bund war die Anerkenntnis der Confessio Augustana. Dafür waren die 10 Artikel noch nicht genug, und Heinrich schickte ein zweites Mal eine Delegation, die auf der Basis der CA im Jahr 1538 13 Artikeln verfasste, die gewissermaßen einen lutherischen Ruck im Bekenntnis bedeuteten. Als sich in England danach wiederum konservativer, und das hieß: römischer Einfluss einstellte, wurde diese überdeutliche lutherische Position problematisch. Unter anderem in den Fragen der Willensfreiheit und der Siebenzahl der Sakramente musste ein Kompromiss eingegangen werden. 14 Jahre später war zwar der Einfluss der konservativen Kräfte in England zurückgedrängt, dafür hatten viele Exulantengemeinden und ihre Pfarrer und Theologen dafür gesorgt, dass nunmehr die reformierte Seite stärker gehört wurde. Dafür sind die 42 Artikel ein sprechendes Beispiel. Die Revision der 42 Artikel, deren Ergebnis die 39 Artikel waren, sollte indes wieder eine Annäherung an die lutherische Lehre bieten. Das konfessionelle Hin und Her ist bemerkenswert. Die 39 Artikel waren zwar 1563 fertiggestellt, verbindlich gemacht wurden sie aber von Königin Elisabeth erst 1571.

Inhaltlich gibt es kaum Überraschungen, wenn man von diesem Konglomerat einmal absieht. Manche Passagen zeigen wörtliche Anklänge an die Formulierungen der Confessio Augustana. Humanistische beziehungsweise calvinisch-reformierte Einflüsse zeigen sich insbesondere im Abschnitt vom freien Willen, in dem von der zuvorkommenden, den Willen wirkenden, und der mitwirkenden, den Willen begleitenden Gnade gesprochen wird; dann im Abschnitt über Vorherbestimmung und Erwählung zum Guten; und in der Sakramentenlehre. Dass im Kapitel über die weltliche Obrigkeit die Suprematie ihren Ort findet, ist nicht verwunderlich, und in dem Zusammenhang wird manche antirömische Spitze im Text durchaus verständlich.

Mit der Bekenntnisbildung ist, das konnte man an allen Texten sehen, so unterschiedlich sie im Einzelnen auch sind, ein bestimmter Prozess abgeschlossen und zugleich ein neuer initiiert worden. Zu Ende gebracht worden sind Streitigkeiten und Debatten verschiedenster Art: mit Rom, mit Gegnern aus den eigenen Reihen, mit Fehlinterpretationen bestimmter Lehrstücke usw. Alle hier vorgestellten und auch alle hier nicht vorgestellten Bekenntnistexte zogen einen vorläufigen Schlussstrich unter irgendeine Auseinandersetzung und formulierten einen Status quo. Im Luthertum war hinter diesen Status quo nicht mehr zurückzugehen, die Bekenntnistexte avancierten rasch zu normativen Texten, die eigene Tradition nahm einen großen Stellenwert ein, was nur zum Teil aus der historischen Situation erklärbar ist, sich gegen Rom stark positionieren zu wollen. Im Reformiertentum begegnete ein freierer Umgang mit der eigenen Tradition, und so sind zwar immer wieder gegenseitige Beeinflussungen spürbar, aber keiner der Texte galt – wie umgekehrt etwa die CA – als beinahe sakrosankt. Initiiert wurde in allen Fällen mit den Bekenntnistexten eine auf ihnen aufbauende Entfaltung protestantischer Identität in Lehre und Praxis, die Bekenntnisse – vor allem dort, wo sie Vorbild für oder Teil von Kirchenordnungen wurden – ermöglichten die zahlreichen, folgenden Konfessionalisierungsprozesse auf theologischer und religiöser Ebene. In den meisten Fällen waren die Texte so gestaltet, dass sie unmittelbar in der kirchlichen Praxis Verwendung finden konnten. Die meistenteils auf den Bekenntnistexten aufbauenden Dogmatiken der Orthodoxie sind ein sprechendes Beispiel, welche Bedeutung diese Texte für die akademische Theologie erhielten. Indes: Der Adressatenkreis der Bekenntnisse war nicht die Universität, sondern sowohl eine Pfarrerschaft, die im Notwendigsten unterwiesen werden musste und ein Kompendium des Glaubens dringend brauchte, als auch die Gemeinde, die in Kirche, Schule und im Haus in die Inhalte der Glaubenslehre eingeübt werden sollte. In der Frühen Neuzeit sollten dann vor allem geistliches Drama, Katechismuspredigt und geistliches Liedgut sowie diverse erbauliche Literatur dafür sorgen, dass diese Glaubensinhalte bei den Gläubigen lebendig gehalten wurden. Und ein weiteres Medium gab es, dem wir uns nun noch in aller Kürze zuwenden wollen: das Bild.

3 Theologie im Bild

Das erste, woran man bei „Bild in der Reformationszeit" denkt, ist wahrscheinlich das Flugblatt, das von allen theologischen Parteien auch als Bildmedium, nicht selten in der Kombination von Text und Bild in polemischem Stil den theologischen Gegner verunglimpfen und die Protagonisten der eigenen Reihen verherrlichen sollte. Ein Beispiel wurde hier bereits besprochen, zahlreiche weitere würden insbesondere über das zeitgenössische Lutherbild von Freund und Feind Aufschluss geben.

Im Fokus dieses Kapitels aber sollen solche Bilder betrachtet werden, die – wenngleich nicht immer ganz frei davon – weniger in polemischer Verzerrung als vielmehr in didaktischer Absicht über die Inhalte des „neuen Glaubens" informierten. Altarbilder oder sogenannte „Konfessionsbilder" trugen auf ihre Weise zur Konfessionalisierung im Sinne konfessioneller Identitätsbildung bei. Nicht ganz überraschend, aber doch auffällig ist, dass sich speziell das Luthertum dieses Mediums bediente, während die reformierte Seite – wenn überhaupt, und dann zum großen Teil schon in späterer Zeit – allenfalls historische Sachverhalte auf die Leinwand brachte; die theologischen Inhalte sollten sich über das Wort und das Leben der Gemeinde im Alltag vermitteln, das Bild war ein überflüssiges, wenn nicht gar schädliches Transportmittel, wovon das alttestamentliche Bilderverbot ein ganz eigenes Zeugnis ablegte. Wittenberg und die lutherische Reformation hatte dagegen eine positivere Einstellung zum Bild, und insbesondere mit Lukas Cranach d.Ä. und seiner Werkstatt sowie mit anderen, der Reformation wohlgesonnenen Künstlern wie etwa Albrecht Dürer gelang es, ein regelrechtes reformatorisches Bildprogramm mit typischen, häufig wiederkehrenden Motiven zu entwickeln.

Im Folgenden soll nun eine kleine Auswahl von insgesamt fünf Bildern beschrieben und gedeutet werden, die besonders plastisch die Theologie der Reformatoren wiedergibt.

Das Bildmotiv „Gesetz und Evangelium" wurde von Lucas Cranach d.Ä. und seiner Werkstatt etliche Male in immer neuen Varianten durchdekliniert. Die hier dargestellte (s. Abb. 3) stammt aus dem Jahr 1529, einem für die Reformationsgeschichte mit dem Zweiten Speyerer Reichstag und den Religionsgesprächen in Marburg entscheidenden Jahr.

Klar sind bei diesem Motiv zwei Bildhälften unterschieden, die von oben nach unten durchgezogene und also unüberwindliche Trennlinie bildet ein Baum, möglicherweise eine Anlehnung an den paradiesischen Baum der Erkenntnis, der auf der linken Bildhälfte, der Seite des Gesetzes, vollkommen kahl ist und abgestorben, rechts jedoch, auf der Seite des Evangeliums, in voller Blüte steht und als Baum des Lebens gedeutet werden kann. Auf der Seite des Gesetzes kann man in einer

3 Gesetz und Evangelium, 1529

grauen, nach unten geschlossenen Wolkengloriole Christus als Weltenrichter, auf der Erdkugel sitzend und mit Schwert und Lilie als Herr über Himmel und Erde ausgezeichnet, erkennen, umgeben von der Schar der Heiligen, die fürbittend zu ihm gewendet sind. Auf der linken Seite ist der Sündenfall abgebildet, während rechts eine Zeltstadt das ziellose Umherirren des Volkes Israel durch die Wüste symbolisiert. Festgehalten ist der Moment, als Gott zur Strafe für ihre Unzufriedenheit und allzu schnelle Bereitschaft, zu den Fleischtöpfen Ägyptens zurückzukehren und den Bund mit Gott zu brechen, den Israeliten Schlangen schickt und Mose, von ihnen um Hilfe gebeten, nachdem viele tödlich gebissen worden waren, eine eherne Schlange aufrichtet, deren Anblick den Gebissenen das Leben erhält (Num 21, 4–9). Es fällt allerdings auf, dass trotz der ehernen Schlange kaum Leben in der Zeltstadt ist, die Toten dominieren. Beherrscht wird die linke Bildhälfte von der Szene im Vordergrund, in der ein ängstlicher, klagender Mensch, die Arme in einer hilflosen Geste erhoben zu einem Paradies, aus dem er sich selbst vertrieben hat, von Tod und Teufel mit einer Lanze über einen steinigen Weg direkt in den Abgrund, in das schon erwartungsvoll züngelnde Feuer der Hölle getrieben wird. Am Baum stehen Mose und Propheten. Mose – daran erkennbar, dass er auf die Gesetzestafeln weist – ist gekleidet wie ein weltlicher Fürst der Reformationszeit, was darauf hindeutet, welche Bedeutung das Gesetz zur Ordnung der Welt durchaus hat. Im Blick auf das Heil allerdings vermag es nicht zu retten, im Gegenteil: Es hat den listig aus dem Hinterhalt kommenden Tod und Teufel nichts entgegenzusetzen.

Die rechte Bildhälfte, klar und hell, lebt von den drei Christusgeschehnissen Kreuz, Auferstehung und Himmelfahrt. Der gekreuzigte Christus mit dem Lamm als Symbol des Sühneopfers hat Tod und Teufel besiegt, die kraft- und machtlos am Boden liegen, wobei der Schwanz des Teufels wie eine Schlange wirkt und so sowohl das Sündenfallmotiv als auch das der ehernen Schlange aus der linken Bildhälfte aufnimmt. Auf diese Weise wird symbolisiert, dass weder Gesetz noch Zauber noch irgendetwas zum Leben helfen, sondern ausschließlich Christus. Während das leere Grab die Auferstehung markiert und also den Sieg über den Tod ein zweites Mal thematisiert, präsentieren sich sowohl der gekreuzigte als auch der zum Himmel auffahrende Christus offen, bereit, den glaubenden Menschen aufzunehmen. Die befestigte Stadt im Hintergrund ist ganz offensichtlich Wittenberg und verdeutlicht das Ende des Umherirrens in der Wüste. Auf der grünen Wiese davor sind Schäfer und ihre Herden zu erkennen, die an die Geburtsgeschichte Jesu und die Verkündigung der frohen Botschaft erinnern. Die Gegenfigur zu Mose und den Propheten in der linken Bildhälfte ist rechts Johannes der Täufer, der den sündigen Menschen auf den Gekreuzigten hinweist. Dieser Mensch ist im Gebet und ganz auf Christus hingeordnet, die Bewegung zwischen Stand- und Spielbein lässt ihn bar jeder Angst wirken. Würde man ein Lineal anlegen, ergäbe sich eine Gerade von den betenden Händen über den Fingerzeig des Johannes direkt zu Herz und Haupt des Gekreuzigten. Die Aussage ist eindeutig: Wer Christus als sein Haupt, als seinen Herrn anerkennt, der ist beschlossen in seinem Herzen und der wird mit ihm in den Himmel gelangen – eine weitere Linie führt nämlich direkt vom Haupt des Gekreuzigten zum gen Himmel gestreckten Finger des Auffahrenden. Dieser Mensch braucht Tod und Teufel nicht mehr zu fürchten, der steinige Weg und die Wüste sind verlassen und das Leben erwartet ihn.

Der Altar der Stadtkirche zu Wittenberg (s. Abb. 4), wiederum gestaltet von Lukas Cranach d.Ä. sowie Lukas Cranach d.J., ein Jahr nach Luthers Tod, ist beinahe so etwas wie ein kleiner Katechismus. Er zeigt auf den Flügeln die kirchliche Praxis in den Sakramenten Taufe, Abendmahl und Beichte und deren Fundament, die Predigt von Christus als dem Gekreuzigten. Getauft wird ein Säugling, und zwar von Philipp Melanchthon, auf dem rechten Flügel ist Johannes Bugenhagen bei der Abnahme der Beichte zu sehen, in der Abendmahlsszene in der Mitte ist Luther als Junker Jörg erkennbar. Von besonderer Bedeutung ist die Predella, der Fuß des Altars und das

4 Altar der Stadtkirche Wittenberg, 1547

Fundament der Szenen. Hier ist Luther als Prediger zu erkennen, zu den aufmerksam hörenden Gemeindegliedern zählen Luthers Frau Katharina und ihre Kinder sowie der Künstler Cranach selbst. Die alles beherrschende Gestalt in dieser Szene ist in der Mitte Christus. Christus allein. Christus, der Gekreuzigte. Christus, der sein Haupt der Gemeinde zuneigt. Diese Gemeinde stellt sich dar als ein Gemisch aus Männern und Frauen, Alten und Kindern, Angehörigen verschiedener gesellschaftlicher Schichten. Sie schaut auf Christus, hört das gepredigte Wort, blickt aber nicht auf den Prediger, sondern auf den, um den es allein in der Predigt zu gehen hat. Rechts Luther auf der Predigtkanzel, den Blick ebenfalls auf Christus gerichtet. Eine Hand liegt auf der Heiligen Schrift, die andere weist auf den Gekreuzigten. Zweifellos: Luther ist eine wichtige Gestalt auf diesem Bild. Die buchstäblich zentrale Gestalt aber ist allein Jesus Christus. Luther hat wie jeder andere Prediger auf ihn allein zu verweisen, weg von sich selbst auf die Botschaft dessen, der um der Erlösung willen Hohn, Schmach, Spott und schließlich den Tod erlitten hat.

5   Unterschied der wahren und falschen Lehre, um 1550

Wie beim Cranach-Bild von Gesetz und Evangelium besteht auch dieses Flugblatt (s. Abb. 5) aus der Zeit um 1550, wohl ebenfalls aus der Cranach-Werkstatt, klar aus zwei Bildhälften. Dass diesmal die wahre Lehre auf der vom Betrachter aus linken Seite zu stehen kommt, hat seinen Grund vermutlich darin, dass nach Mt 25, 31–46 die Nachfolger Jesu diejenigen zu seiner Rechten sind, die Bösen aber und also diejenigen, auf welche die ewige Verdammnis wartet, die zu seiner Linken. Diese Aufteilung in Rechts und Links hat alle Weltgerichtsdarstellungen in der Kunst bestimmt und wird wohl auch hier Vorbild gewesen sein.

In beiden Bildhälften geht es um das, was Kirche ausmacht. Bis heute spielt es in der ökumenischen Diskussion eine große Rolle, dass vor allem nach der Dogmatischen Konstitution „Lumen gentium" und dem Ökumenismusdekret des Zweiten Vatikanischen Konzils den aus der Reformation hervorgegangenen Kirchen das Kirchesein im Vollsinne abgesprochen wird, mit entsprechenden Folgen in andere Lehrstücke und in die Praxis hinein. Die Frage, was Kirche ist, wurde in ihrer ganzen Vehemenz überhaupt erst von der Reformation provoziert, denn bisher hatte sich die Kirche wenig Gedanken machen müssen, ob sie und demnach: was Kirche ihrem Wesen nach ist. Erst als die reformatorischen Gemeinden ebenfalls beanspruchten, Kirche zu sein, stellte sich das Problem dar. Ein Problem, das uns bis in die jüngste Zeit hinein begleitet. Dieses Flugblatt nun beantwortet die Frage nach dem Wesen und dem Ort der wahren Kirche ganz eindeutig und im Sinne von CA 7 und 8: Kirche ist dort, wo das Wort rein gepredigt und die Sakramente recht verwaltet werden. Taufe (als Säuglingstaufe), Abendmahl (unter beiderlei Gestalt) und Predigt haben ihre Zeichenkraft aber nicht aus sich selbst oder aus dem Vollzug heraus, sondern allein durch Jesus Christus, der als der Gekreuzigte und Auferstandene Mittler zwischen Gott und Gemeinde ist. Wie schon auf der Predella des Altars der Wittenberger Stadtkirche ist als Prediger hier Luther selbst zu sehen, die linke Hand auf der Heiligen Schrift, mit der rechten auf Christus weisend, wobei vom Zeigefinger Luthers ein Spruchband durch das Opferlamm und den fürbittenden Christus auf Gott zielt. Die Taube des Heiligen Geistes über Luthers Haupt komplettiert die Trinität und verdeutlicht zugleich die Unmittelbarkeit des gepredigten Wortes als Gottes Wort, wenn sie geistgewirkt ist. Genauso dominant wie der auferstandene und der fürbittende ist der gekreuzigte Christus, sodass Jesus Christus als wahrer Mensch und wahrer Gott in allen Funktionen begegnet: als derjenige, der für des Menschen Erlösung den Schmachtod erlitten hat; der die Sündenstrafe auf sich genommen hat (im Lamm symbolisiert); und der Mittler ist für die sündige Menschheit. Als dieser kommt er im Wort und in den Sakramenten zu den Menschen, auch hier ist die Szene von Kommunikation und Miteinander bestimmt. Der zwar wolkige, aber helle und freundliche Himmel ist von Engeln bevölkert, in dem ein sanfter, gütiger Gott-Vater seinem Sohn zugewandt ist. In der Zuhörerschaft sind wiederum auch Frauen anzutreffen, die – sicher auch wegen der Länge der Predigt – sitzen dürfen; ebenso ist der sächsische Kurfürst zu erkennen, der als Zeichen seiner Gefangenschaft nach dem Schmalkaldischen Krieg das Kreuz trägt.

Das Pendant zu dem auf die Schrift und das für den Menschen tröstliche himmlische Geschehen weisenden Luther auf der rechten Bildhälfte ist ein feister Mönch, erkennbar an der Tonsur, der keine Bibel vor sich hat, dem stattdessen ein mit Bischofsmütze bekleidetes Wesen, wahrscheinlich ein Äffchen, mit einem Blasebalg heiße Luft ins Ohr bläst und den Mönchsprediger wie eine Marionette agieren lässt. Die Zeigefinger des Mönchs sind auf ein buntes Treiben gerichtet, in dessen Vordergrund ein florierender Ablasshandel Truhen und Geldsäcke bereits prall gefüllt hat. Der Papst selbst, leicht erkennbar an der Tiara auf seinem Haupt, streicht das Geld ein, eine Nonne steht ihm hilfreich zur Seite. In der Hand hält der Papst den Spruch, der die Absurdität des Ablasshandels demonstriert: „Weil der Grosch noch klingt, feret die Seel in Himel". Die Menge besteht aus verschiedenen Mönchen und Würdenträgern, zu deren besserer Unterscheidung Kopfbedeckungen und andere Kleidungsstücke dienen. Manche Details entlarven das Trügerische, Geheuchelte und Närrische der Mönche, Bischöfe und Fürsten, zum Beispiel die durch Schellen zur Narrenkappe gewordene Kapuze des Mönchs vorne links oder die Spielkarten und Würfel, die seinem Nachbarn aus der Kutte fallen. An dem Tisch in der Bildmitte, an dem ganz offensichtlich diskutiert wird, hat sich gar ein dämonisches Wesen eingeschlichen: Der Teufel selbst leitet die Disputation, die so leer ist wie der Tisch. Rechts daneben feiert ein Priester ohne jede Gemeinde die Messe, während etwas weiter oben eine Glocke gesegnet wird, die aber völlig nutzlos scheint, weil sie nicht in einem Glockenturm aufgehängt ist und also ihr Werk gar nicht verrichten kann. Links davon ist zunächst das Sakrament der Letzten Ölung dargestellt, daneben eine Wallfahrt. Obwohl sich so viele Menschen in diesen Szenen bewegen, wirkt das Ganze so, als gebe es zwischen ihnen und den einzelnen Handlungen kein einigendes Band. Und das hat seinen Grund ganz offensichtlich darin, dass Jesus Christus an keiner Stelle auftaucht. In einem vom Geschehen abgeschlossenen Wolkenrund sitzt der durch die Frisur, Faltenwurf des Gewandes und Gestus als zornig charakterisierte Gott-Vater, der Hagel und Sturm auf die Szenerie wirft. Abgetrennt durch eine Wolkenwand und ebenso losgelöst vom Geschehen bemüht sich Franz von Assisi vergeblich darum, den zürnenden Gott fürbittend zu besänftigen, und die erhobenen Hände mit den Stigmata werden zur hilflosen Gebärde. Die Landschaft, in der sich das Ganze abspielt, ist als Wüste gezeichnet, während auf der linken Seite mit der wahren Lehre – ganz ähnlich wie bei dem Bild „Gesetz und Evangelium" – der gefliese Boden auf ein städtisches, heißt: geordnetes und festes Umfeld hinweist. Mit der neuen Lehre ist man „angekommen".

Lucas Cranach d.J. hat auf Wunsch der Kinder des 1569 verstorbenen Paul Eber, Pfarrer und Professor in Wittenberg, ein Epitaph angefertigt (s. Abb. 6), das auf andere Weise, aber nicht minder deutlich den Unterschied zwischen wahrer und falscher Lehre, wahrer und falscher Kirche thematisiert.

Dass Cranach ausgerechnet den in den Evangelien öfters bemühten Weinberg wählt, ist kein Zufall. In Assoziation zum Namen des Verstorbenen, „Eber", erinnert er an die Bannandrohungsbulle Leos X., der den Herrn des Weinbergs eindringlich bat, den wilden Eber, der seinen Weinberg zu verwüsten drohte, einzufangen und zu töten oder anderswie unschädlich zu machen. Dieses Bild nimmt Cranach auf, zeigt aber, wer der wirkliche Verwüster des Weinbergs ist: der Papst und seine Gesinnungsgenossen. Während rechts alles blüht und gedeiht und reiche Frucht bringt, weil sorgsam mit dem Samen und dem Feld umgegangen wird, erweisen sich der Papst und die Seinen als unfähig zur (theologischen) Kultur. Sie stehen sich gegenseitig im Weg, reißen Reben aus und verstopfen mit Steinen den Brunnen. Sie schlafen, faulenzen, essen und trinken und lassen das Land brachliegen. Alle wirken sehr geschäftig, sie tun viele Werke – aber Erfolg haben sie keinen mit all ihrem Bemühen. Auf der rechten Seite hingegen sind die Reformatoren am Werke. So schöpft etwa Melanchthon – wie der Humanist an den Quellen die rech-

6 Der Weinberg des Herrn, nach 1569

te Erkenntnis – frisches Wasser aus einem Brunnen, Paul Eber beschneidet einen Weinstock, Johannes Bugenhagen und Caspar Cruciger binden die Reben fest, damit sie aufrecht und fest stehen. Justus Jonas lockert die Erde, während Luther selbst, ziemlich in der Bildmitte, für alles den Boden bereitet. Interessant ist weiterhin das Geschehen am linken, unteren Bildrand. Während rechts die Stifterfamilie betend am Zaun kniet, kommt hier der Herr des Weinbergs, um den vereinbarten Lohn zu zahlen. Das Gleichnis aus Mt 20, 1–16 erzählt, dass unabhängig von der Arbeitszeit alle Arbeiter den gleichen Lohn empfangen. Auf dem Bild erhält der Papst, der als Erster einen Anspruch auf seinen Lohn erhebt – er hat schließlich am längsten gearbeitet, seine Kirche besteht länger als alle anderen –, einen Groschen. Und scheint darüber ziemlich entrüstet zu sein. Die Arbeiter rechts sind überhaupt nicht am Lohn interessiert, sie tun das, was von ihnen gefordert und was zur Erhaltung und Blüte des Weinbergs nötig ist.

Als letztes Bild (s. Abb. 7) soll eins gewählt werden, das von einem niederländischen Maler um die Wende zum 17. Jahrhundert geschaffen worden ist und eine schöne Vision darbietet. Es zeigt nämlich die Konfessionen an einem Tisch, wie sie gemeinsam essen und musizieren.

In den Sprüchen werden die Namen der Beteiligten aus ihrer jeweilig abgebildeten Tätigkeit hergeleitet: Calvin ist derjenige, der sein feines Kalb isst („calf fijn

7 Die Konfessionen an einem Tisch, Wende zum 17. Jahrhundert

ist"), im Vordergrund symbolisieren Orangen die Niederlande; Luther ist derjenige, der zart die Laute schlägt („laut teer") und sich beschwert, dass niemand sein Spiel verstehen will; und der Papst isst einen Brei („pap"), während auf seinen Schultern zwei Katzen liegen („catten lecken"). Ein Wiedertäufer taucht sein Brot ein. Auf dem Kaminsims sitzt Caritas (die Liebe) und beobachtet die Szenerie. Von links kommt der Friede, die personifizierte Pax und möchte die Herren zum dauerhaften Frieden mahnen. Das Bild bietet nicht so viele Informationen wie die zuvor besprochenen, doch gibt es eine Sehnsucht wieder, die möglicherweise viele Menschen in diesen Zeiten empfanden: die Sehnsucht nach Frieden, Ruhe und religiöser Gewissheit.

Doch dieses friedliche Miteinander der Konfessionen sollte noch lange eine Illusion bleiben. Denn erst einmal strebten die Entwicklungen einem blutigen und verheerenden Höhepunkt zu. Die Polemik, die in einigen der vorgestellten Bilder, die auf ihre Weise theologische Grundüberzeugungen lebendig werden ließen, anzutreffen war, beherrschte die Szene und sollte die Atmosphäre sowohl auf theologischer als auch auf politischer Ebene bestimmen.

5 Nach der Reformation – ein kurzer Ausblick

Vieles spricht dafür, die Epoche der Reformation mit dem Augsburger Religionsfrieden enden zu lassen, weil er die Grundvoraussetzung dafür war, dass sich mindestens die lutherische und die römisch-katholische Konfession unter den neuen Bedingungen formieren konnten; aber auch das im Religionsfrieden noch ausgegrenzte Reformiertentum konnte sich eben genau aus diesem Umstand heraus entwickeln und im Rahmen der Möglichkeiten gestalten. Dass hier das Ende des Kerns der Reformation 1580 mit dem Erscheinen des Konkordienbuches gesetzt worden ist, berücksichtigt dagegen stärker die theologische Entwicklung, die in der Konfessionsbildung die Ergebnisse verschiedenster Auseinandersetzungen zur äußeren Gestalt bringt und prägend wird für die Theologengenerationen danach. Das gilt sowohl für die lutherische Seite mit dem Konkordienbuch als auch für die reformierte mit ihren unterschiedlichen Bekenntnissen, deren Großzahl auch bis 1580 vorliegt. Und das gilt nicht zuletzt für die römische Seite, die mit den Beschlüssen des Tridentinums und den Folgetexten ebenfalls den Beginn einer neuen Epoche einläutet. Freilich aber begegnen nach 1580 Entwicklungen, die so eng an diese Epoche anknüpfen, dass sie einesteils noch zu ihr zu gehören scheinen, andererseits aber bereits in eine neue Zeit und ihre Bedingungen weisen. Wie das immer für die Ränder einer Epoche üblich ist, sind sie unscharf und leben von dem Vorhergehenden ebenso, wie sie das Rezipierte filtern und gefiltert weitergeben. An einigen Stellen ist schon über den Rand „1580" hinausgeschaut worden, etwa im Blick auf die Entwicklungen außerhalb des Reiches, und es gelang, etwas von der Atmosphäre dessen einzufangen, was geschieht, wenn bestimmte Prozesse an ihr Ende gelangt sind und neue Fragen und Probleme gerade zu keimen beginnen.

Genau diese Atmosphäre noch ein wenig genauer zu beschreiben, ist Ziel dieses Kapitels. Es kann auf den notwendig wenigen Seiten nicht gelingen, die gesamte Vielfalt der Konfessionalisierungsprozesse nach 1580 auch nur annähernd adäquat wiederzugeben. Wie bereits die Einleitung verdeutlicht haben dürfte, liegen, durch die Forschungsdebatte angeregt, zahlreiche Untersuchungen vor, welche die Konfessionalisierung als einen vielschichtigen und komplexen Vorgang auf gesamtgesellschaftlicher, theologischer und politischer Ebene haben zutage treten lassen.

Mit 1580 waren lange nicht alle theologischen Debatten erledigt, im Gegenteil schuf die vorläufige politische Ruhe Raum für Ideen und Vorstellungen, die Neues und Altes in bisweilen abenteuerlicher Weise zusammenschmiedeten. Zu denken ist hier zum Beispiel an bestimmte Formen des Spiritualismus, die durchweg eine Synthese mit Elementen der Mystik eingegangen sind. Dass die Mystik in dieser Zeit eine wahre Renaissance erfuhr, ist nicht weiter verwunderlich, konnten doch die theologischen Debatten und das Bemühen, Lehrsysteme zu entwickeln, die spirituelle Seite der Religion nicht recht befriedigen. In der Wiederentdeckung der Mystik als einer Form, die von manchen Reformatoren, allen voran Luther, durchaus auch geschätzt wurde, lag die Chance, dieser Seite gerecht zu werden. Der römische Katholizismus, insbesondere der Jesuitenorden, hatte ein ungebrochenes Verhältnis zur Mystik, im Gegenteil gab es sogar eine neue, schwärmerische Form bei Johannes vom Kreuz (1542–1591) und Theresa von Avila (1515–1582), die der Gegenreformation sehr zupasskam. Die evangelische Seite tat sich hingegen schwer, sich der Mystik als Mittel der Spiritualität zu bedienen, hatte doch der Spiritualismus bereits in der Reformationszeit seltsame, nämlich im Blick auf die Rechtgläubigkeit verdächtige Blüten getrieben. Dennoch gab es etliche Autoren in der schwierigen Zeit des religiösen Indifferentismus der Jahrzehnte nach 1580, die diesen Weg gegangen sind. Mindestens vier von ihnen hatten eine breite Wirkung auf viele Theologen dann namentlich des Pietismus. Zu nennen sind der Straßburger Dichter Daniel Sudermann (1550–1631), Valentin Weigel (1533–1588), Jakob Böhme (1575–1624) und Johann Arndt (1555–1621). Sudermann sammelte viele mystische Texte und erhielt sie so für alle, die sich für diese Form der Religiosität interessierten. Er hatte etliche Schriften Schwenckfelds rezipiert und mit mystischen Gedanken Taulers und der Theologia Deutsch verwoben. Tauler und die Theologia Deutsch, beides von Luther hoch geschätzte Werke, wurden auch von Weigel rezipiert, der einen innerlichen Weg zu Christus in völliger Aufgabe des eigenen Ich suchte. Sehr breit wirkte Böhme, der ein holistisches System entwarf, in dem auch naturwissenschaftliche, pantheistische und apokalyptische Ideen Platz hatten. Böhme hat überdies etliche Texte verfasst, die als Erbauungsliteratur Einfluss auf breitere Bevölkerungsschichten hatte. Zur folgenreichsten Erbauungsliteratur wurden allerdings die „Vier Bücher vom wahren Christentum" aus der Feder Arndts, dessen erstes Buch 1605 erschien. In den Büchern vom wahren Christentum wandte sich Arndt gegen die Büchergelehrsamkeit und lenkte den Blick auf ein praktisches, lebendiges Christentum, das durch tägliche Buße und Reflexion des eigenen Lebens die Seligkeit zu verdienen hoffte. Das dritte Buch der Vier Bücher ist stark angelehnt an die Predigten Taulers, im vierten Buch nahm Arndt unter anderem intensiv paracelsisches Gedankengut auf. Diese intensive Rezeption umstrittener Autoren und Gedanken brachte auch Arndt den Häresievorwurf ein, dem er sich zeitlebens zu entziehen trachtete. Der darin offenbar werdende Konflikt ist darum so bedeutsam, weil er die nachreformatorische Zeit und dann noch einmal die Nachkriegszeit im ausgehenden 17. und beginnenden 18. Jahrhundert bestimmen sollte, nun unter andere, gleichwohl nicht in jeder Hinsicht zutreffende Gegensatzpaare subsumiert: Orthodoxie und Pietismus, Glaube und Leben, Dogma und Praxis.

Eine weitere theologische Richtung, die in der zweiten Hälfte des 16. Jahrhunderts zu einer bestimmten Blüte fand und im Gegensatz zum mystischen Spiritualismus Gemeinden bildete, war der Antitrinitarismus, den aus Italien geflohene Protestanten und Nicht-Katholiken über die Grenzen mitbrachten. An erster Stelle ist Lelio Sozzini (1525–1565) zu nennen, der sämtliche klassischen Stücke der Gotteslehre und der Christologie leugnete. In der Christologie etwa stand er der dynamistischen Position nahe, die bereits in der Alten Kirche abgelehnt wurde und besagte, der Mensch Jesus sei von Gott mit besonderer göttlicher Macht (dynamis) ausgestattet worden. Der Sozianismus konnte vor allem in Polen Fuß fassen, nachdem er dort einige adlige Gönner fand. In Polen entwickelte er sich zum Unitarismus weiter, für den Sozzinis Neffe Fausto (1539–1604) verantwortlich zeichnete. Der Unitarismus weitete die Leugnung der Trinitätslehre und der Christologie aus auf die Soteriologie. Christus sei ein Vorbild im Glauben, Seligkeit sei durch Nachfolge Jesu zu erlangen.

Ebenfalls als Zeichen der religiösen Unsicherheit dürfte das Anschwellen der Hexenverfolgungen zu deuten sein, wobei hier regionale Schwerpunkte festzustellen sind.

Nach dem Abschluss der Bekenntnisbildung war die Theologie des Protestantismus darum bemüht und also davon charakterisiert, Lehrsysteme zu entwickeln, welche die Fundamente des Reformatorischen bis ins kleinste Detail darlegen und bestimmte Probleme lösen sollten. Dieser Aufgabe unterzogen sich die orthodoxen Theologen lutherischen und reformierten Bekenntnisses. Der Name „Orthodoxie" verrät eigentlich schon, was man sich unter diesem Phänomen vorzustellen hat. Die Orthodoxie versuchte nämlich, eine „gerade Linie" in die Lehrwirren der letzten Jahrzehnte des 16. Jahrhunderts zu bringen. Das, was dort in den Bekenntnissen formuliert wurde, sollte jetzt, wo der konfessionelle Status quo feststand und ebenso feststand, dass man auf irgendwelche und etwaige Einigungsversuche keine Rücksichten mehr nehmen musste, in ein Lehrgerüst gebracht werden, das an den Universitäten gelehrt und von den Kanzeln herab gepredigt werden sollte. Man wollte nach bestimmten Schemata das Ganze der Theologie erfassen und darstellen. Nicht umsonst spricht man von einer gewissen Neoscholastik in der protestantischen Theologie, die unter Aufnahme der einstmals verpönten aristotelischen Methodik und Begrifflichkeit dieses Gesamt zu durchdringen versuchte. Die Wiederentdeckung der Vernunft und ihre Indienstnahme für die Theologie als Wissenschaft spielen dabei eine große Rolle. Diese orthodoxe Schulgelehrsamkeit hatte meistens nicht mehr viel mit der Herzensfrömmigkeit der Reformation und den dort gefochtenen Kämpfen gemein.

Tatsächlich erstarrte die Theologie bisweilen in der Methode, und die „Kämpfe" waren keine inneren Glaubenskämpfe zwischen Anfechtung und Trost, sondern Schulstreitigkeiten. Zwischen den Universitäten tobten zum Teil wahre Schlachten um die rechten theologischen Aussagen. Die Streitigkeiten spielten sich dabei vor allem zwischen der lutherischen und der reformierten Orthodoxie ab.

Kennzeichen der lutherischen Orthodoxie war die Verquickung von Offenbarungswahrheit und Lehre. Sie war dementsprechend um logische und vernunftgemäße Argumentation bemüht, nicht selten aber auch von großer Schärfe und Polemik. Ein weiteres zentrales Element war die Ausbildung der Christologie, deren soteriologischer Aspekt durch metaphysische Begründungen untermauert werden sollte. Eine neue, zentrale Stellung nahm auch die Rechtfertigungslehre ein, die als articulus stantis et cadentis ecclesiae (als Hauptartikel, mit dem die Kirche steht und fällt) bezeichnet und in streng forensischem Sinne verstanden wurde. Das bedeutete, der Hauptakzent wurde auf den Zuspruch der Gnade gelegt, nicht darauf, was dieser Zuspruch im Wiedergeborenen bewirkt (effektives Verständnis). Das sollte ein Problem für das Luthertum werden, weil sich von dort aus leicht eine Vernachlässigung des christlichen *Lebens* begründen ließ. Zentrum der lutherischen Orthodoxie war aus leicht nachvollziehbaren Gründen die Universität Wittenberg – u.a. mit Leonhard Hutter (1563–1616), Ägidius Hunnius (1550–1603), Abraham Calov (1612–1686) und Johann Andreas Quenstedt (1617–1688). Daneben etablierten sich Tübingen – mit Jakob Heerbrand (1521–1600) und Matthias Hafenreffer (1561–1619) –, Jena – mit Johann Gerhard (1582–1637) und Johannes Musäus (1613–1681) – und Helmstedt – mit Georg Calixt (1586–1656) – als Hochburgen lutherischer Gelehrsamkeit. Alle verfassten umfangreiche Folianten, Dogmatiken oder Schriften mit dogmatischem Anspruch. Manchmal waren die Verfasser aber auch nicht in Diensten der Universität, sondern sie waren tätig in kirchlichen Ämtern, die besser bezahlt wurden.

Neben der lutherischen Orthodoxie gab es die reformierte Richtung, deren Zentren – dem europäischen Zug des Calvinismus entsprechend – in der Schweiz, den Niederlanden, Frankreich und England lagen. Die Universitäten Heidelberg, Leiden, Groningen, Basel und die Hohe Schule in Herborn wurden zu Hauptstätten reformierter Gelehrsamkeit, waren jedoch insgesamt ärmer an herausragenden Namen. Dies mag daran liegen, dass der reformierte Akzent seit jeher eher auf der kirchlichen Praxis denn auf der Lehre gelegen hat, was sich in dem nicht so existenziellen Interesse an einer lupenreinen Lehre zeigte. Ein weiterer Zug war das – wohl aus den humanistischen Wurzeln herrührende – Bemühen um ein philosophisches Instrumentarium. Galt im Luthertum die Rechtfertigungslehre als unverzichtbarer Hauptartikel, so wurde hier die Prädestinationslehre in den Mittelpunkt der Lehre gerückt, welche die absolute Souveränität Gottes garantierte und eine

Konzentration auf die absolute Gnadenhaftigkeit des Erlösungsgeschehens provozierte. Ein zweites zentrales Element wurde die Föderaltheologie, also das bereits für Calvin erörterte Verständnis des doppelten Bundes Gottes mit den Menschen. Insbesondere Johannes Coccejus (1603–1669) bemühte sich um die Ausgestaltung der Föderaltheologie.

Eines der wichtigsten gemeinsamen Lehrstücke der Orthodoxie war das von der sogenannten Verbalinspiration der Heiligen Schrift. Das bedeutet, dass Heilige Schrift und Wort Gottes schlechthin identisch sind. Der Heilige Geist selbst hat Propheten und Apostel angehaucht, inspiriert, sie waren seine Werkzeuge und haben Gottes Wort und Willen detailgetreu in den Buchstaben gebracht. Damit sollte sowohl die römisch-katholische Auffassung von der Gleichberechtigung von Schrift und Tradition klar und deutlich abgelehnt werden als auch alle spiritualistische oder frührationalistische Meinung, die Offenbarung geschehe durch irgendetwas anderes als durch die Schrift. Wenn man in dieser Weise eine Identität von Gott und Schrift behauptet, dann ist es nur ein kleiner Schritt, auch von göttlichen Eigenschaften der Schrift zu sprechen, was tatsächlich auch geschehen ist. Die Schrift galt als unmittelbar evident, als sachlich vollkommen und als irrtumslos. Das reformatorische Prinzip des sola scriptura wurde somit auf die Spitze getrieben und musste mit der rationalistischen Bibelkritik der Aufklärung ebenso notwendig kollidieren wie mit den Tendenzen zur Innerlichkeit, wie wir sie im Pietismus finden werden.

Durch den Versuch indes, Vernunft und Offenbarung zusammenzubringen, geriet die Orthodoxie in gewisse Nähe zu den aufklärerischen Tendenzen, ohne deren religionskritische Elemente zu übernehmen. Genau diese Elemente waren es aber, die letztlich der Aufklärung den Weg bahnten, weil sie wie die konsequente Weiterführung jenes Ansatzes wirken mussten. Nachteiliger jedoch wirkte sich für die Orthodoxie ihr immer stärker ins Gewicht fallender fehlender Bezug zum Leben der Gläubigen aus. Diese Lücke, die mehr oder weniger deutlich und empfindlich gespürt wurde, füllte dann der Pietismus aus.

Die Schulstreitigkeiten der Orthodoxie allerdings sind vergleichsweise harmlos gewesen, wenn man sich an die Entwicklungen in anderen europäischen Staaten erinnert. Fast überall gab es blutige Verfolgungen und Vertreibungen. An diesen außerdeutschen Entwicklungen kann man gut sehen, wie der Religionskonflikt einem neuen Höhepunkt zustrebte. Gerade weil machtpolitische Interessen den Gang der Dinge maßgeblich beeinflussten, schien eine kriegerische Lösung ein probates Mittel, die insgesamt dichte und undurchsichtig gewordene Lage gewissermaßen durch ein reinigendes Gewitter zur Klarheit und zu einem erlösenden Abschluss zu bringen. Der Dreißigjährige Krieg tat genau dies: Er setzte den Schlusspunkt hinter eine Entwicklung, die unvermeidbar auf einen Konflikt hinauslief. Es war von vornherein klar, dass der Augsburger Religionsfrieden in der Religionssache nur eine vorübergehende Lösung sein konnte, zumal etwa die sich erst danach wirklich etablierenden Calvinisten in diesem System nicht vorgesehen waren. Schwerwiegender aber ist gewesen, dass die politische Lage nach einer Lösung verlangte, denn der Kaiser, dessen Position im Reich ohnehin nicht die stärkste war, hatte in der für das Reich eminent wichtigen Frage der Religion mehr oder weniger versagt. Die Unabhängigkeitsbestrebungen der Territorialfürsten haben dadurch zusätzliche Nahrung erhalten. Der Anlass des Krieges ist in den habsburgischen Wirren zu sehen und in dem Bruderzwist zwischen Rudolf II., einem in Spanien von Jesuiten erzogenen Gegenreformator erster Ordnung, der 1576 die Nachfolge Maximilians II. antrat und auf dem Prager Hradschin zu Hause war, und Matthias, der 1608 von den österreichischen, ungarischen und mährischen Ständen zum König gewählt wurde. Verletzungen von Privilegien, Unruhen über Zerstörungen protestantischer Kirchen usw. veranlassten den berühmten zweiten Prager Fenstersturz, bei dem zwei kaiserliche Räte unsanft auf einem Misthaufen landeten. Eine kleine Handgreiflichkeit mit großen Folgen, denn dieser Fenstersturz löste eine allgemeine Erhebung der Stände gegen Matthias aus, welche die erste Phase des Krieges als kriegerische Auseinandersetzung zwischen Böhmen und der Pfalz einleitet (1618–1623). Ferdinand II. wurde 1619 zum Kaiser gewählt, von Böhmen aber nicht anerkannt, das Friedrich V. von der Pfalz zum König erhob – der Konflikt war vorprogrammiert. Dem Böhmisch-Pfälzischen Krieg folgten der Dänisch-Niedersächsische Krieg von 1625 bis 1629, der Schwedische von 1630 bis 1635 und schließlich der Französisch-Schwedische Krieg von 1635 bis 1648. An den Bezeichnungen erkennt man die jeweiligen Hauptbeteiligten und kann nachvollziehen, wie der Krieg sozusagen wanderte, dabei jedoch immer flächendeckend blieb und ganz Europa in unterschiedlicher Intensität mit einbezog. Ohne auf Details des Krieges einzugehen, kann man doch, da es entscheidend ist für die religiöse und theologische Seite dieses Krieges, etwas zu seinem Charakter sagen. Die einzelnen Feldzüge richteten sich jeweils danach, wieviel Geld gerade in der Kasse war. Krieg kostet Geld, damals wie heute. Damals war das insofern besonders fatal, als sich die Soldaten und Landsknechte bei Ausbleiben oder Rückstand des Soldes neu, oft vom zuvor gegnerischen Heer anwerben ließen. Es ging den Soldaten in erster Linie um Geld, nicht um die Sache. Das erlaubte ihnen auch, nach Herzenslust zu plündern, zu brandschatzen, zu morden, zu vergewaltigen. Die Folgen für die Bevölkerung waren verheerend. Zusammen mit der langen Dauer, der Flächendeckung und den wirtschaftlichen Folgen dieses Krieges konnte das nur das Zusteuern auf eine Krise, vor allem auf eine Frömmigkeitskrise bedeuten. Nicht nur, dass es an Geistlichkeit fehlte, welche die Fragen beantworten und die Sorgen und Nöte lindern konnte; da dieser Krieg offiziell unter dem Etikett „Religionskrieg" lief, stand nichts weniger als die Allmacht und Güte Gottes infrage.

Der Friede, der nach langen und zähen Verhandlungen dann endlich 1648 in Münster und Osnabrück geschlossen wurde, kann als Erlösung betrachtet werden und wurde auch so interpretiert. Einen eigentlichen Sieger gab es nach diesen Kämpfen nicht, was zusätzlich den Sinn dieser kriegerischen Auseinandersetzung hinterfragen ließ. Die wesentlichen Beschlüsse des Friedensschlusses waren:

- Der Augsburger Religionsfriede von 1555 wurde bestätigt, jedoch wurden jetzt die Calvinisten ausdrücklich einbezogen. Die konfessionelle Spaltung in nunmehr drei Konfessionen war eine Sache, hinter die es fortan kein Zurück mehr gab, über die aber eben auch nicht mehr kriegerisch gestritten werden musste.
- Um Diskussionen über Kirchengüter und andere Besitzstandsfragen zu vermeiden und damit neuen Stoff für militärische Auseinandersetzungen zu liefern, wurde 1624 als Normaljahr festgelegt: Die Besitzverhältnisse sollten so sein wie zu diesem Zeitpunkt.
- Ein Bekenntniswechsel sollte möglich sein und von der Obrigkeit geduldet werden; davon ausgenommen waren die Oberpfalz und die kaiserlichen Erblande, die katholisch bleiben sollten.
- Die kaiserlichen Rechte, also Gesetzgebung und Verträge, wurden an die Zustimmung der Reichstage gebunden, was die kaiserliche Macht natürlich erheblich einschränkte.
- Dem korrespondierte die volle Souveränität der Reichsstände durch das sogenannte ius foederationis, das heißt das Bündnisrecht, sofern die Bündnisse nicht gegen Kaiser und Reich gerichtet waren.
- Einige politische Bestimmungen schlossen sich noch an, die besonders die Gebietsverteilung an Frankreich, Schweden, Bayern und Brandenburg betrafen. Aus dem Reichsverband ausgeschieden sind endgültig die Schweiz und die Niederlande.

Mit seinen Entscheidungen setzte der Westfälische Frieden einen endgültigen Schlusspunkt hinter 150 Jahre, in denen sich die europäische Welt verändert hat. Fortan war das habsburgische Hegemoniebestreben endgültig verunmöglicht, neue Nationen stiegen zu Weltmächten auf, die Territorialmacht löste die Zentralmacht in Deutschland ab. Mit dem Westfälischen Frieden wurde ein neues Zeitalter ermöglicht und eröffnet, das aus den herkömmlichen Strukturen aus- und einem neuen Geist Bahn brach. Die sich schon zuvor abzeichnende Konfessionalisierung konnte nun, unter neuen Bedingungen, noch einmal klarere Richtungen einschlagen. Die Epoche der Reformation war zu Ende.

6 Ein Ereignis macht Epoche – Die historische und die bleibende Bedeutung der Reformation

Eingangs wurde die Frage gestellt, ob und warum die Reformation eine Epoche ist. Eine schwerwiegende Frage, denn an ihrer Beantwortung entscheidet sich, welches Gewicht der Reformation als historischem und als theologischem Ereignis nicht nur in ihrer Zeit, sondern darüber hinaus bis heute zukommt.

Die Einleitung hat sich bereits an einer Antwort versucht und dazu eine Definition von „Reformation" gewagt, die hier noch einmal wiederholt werden soll: „Reformation ist die theologische, religiöse, politische und soziale Bewegung des 16. Jahrhunderts, die in der über die Pauluslektüre gewonnenen Erkenntnis Martin Luthers von der Rechtfertigung des Gottlosen ihren Anfang nahm, in eine Kritik an Kirche und Theologie der Zeit mündete und sich in ihrer institutionellen und lehrhaften Konsolidierung mit den politischen und kirchlichen Strukturen einerseits und den althergebrachten Lehrmeinungen andererseits so sehr rieb, dass schließlich eine Trennung zwischen den Anhängern dieser Bewegung und den traditionellen Kräften unausweichlich wurde." Die Kapitel, die sich mit dem historischen Verlauf und den theologischen Elementen der Reformation beschäftigt haben, dürften diese Definition unterstützt und ihre Buchstaben gewissermaßen mit Geist gefüllt, also lebendig und anschaulich gemacht haben. Dass also die Reformation wirklich und ganz und gar eine Epoche genannt werden muss, scheint mit aller Klarheit und Deutlichkeit ausgesagt werden zu können, und es ist dabei unausweichlich, der theologischen Seite dieser Epoche gebührende Beachtung zu schenken. Eben in der unvergleichlichen Neuentdeckung des theologischen Fundaments mit ihren entsprechenden Folgen liegt das Epochale der Reformation.

Zwei Fragen sind nun zum Schluss noch offen und harren einer Beantwortung. Und von dieser wird es abhängen, ob und in welcher Weise man tatsächlich auch in einem übertragenen Sinne von einer epochalen Wirkung der Reformation sprechen kann. Die erste Frage lautet: Wie ist das Zusammenwirken der politischen und der theologischen Kräfte in der Reformationszeit und für den reformatorischen Prozess zu bewerten? Zugespitzt: Wer hat sich hier wem gebeugt? Welche Kraft war die treibende? Ist es berechtigt, das Epochale der Reformation in ihrem theologischen Fundament zu sehen, wie eben behauptet, oder liegt nicht vielmehr in der Umstrukturierung der Herrschaftsverhältnisse und der Gesellschaft das Eigentliche und Wesentliche? Und noch einmal in eine andere Richtung pointiert: Welchen Beitrag kann die Kirchengeschichte zur Erforschung und Darstellung dieser Epoche leisten, der über die Ergebnisse der Profangeschichte hinausginge? Ist die „Epoche Reformation" eine Epoche, die auch in der Profangeschichtsschreibung ihren Ort hat? Die zweite Frage lenkt die Perspektive auf das Bleibende der historisch definierbaren, das heißt: abgrenzbaren und damit auch abgeschlossenen Epoche: Wie nachhaltig ist das, was als Kern der Reformation und des Reformatorischen herausgeschält worden ist? Haben die historisch beschreibbaren und hier in wesentlichen Auszügen dargestellten theologischen Aussagen eine Bedeutung über das Reformationszeitalter hinaus? Tragen sie zur konfessionellen Identität bei und gewinnen von dort aus Relevanz für das ökumenische Gespräch?

Die Einleitung sowie die Ergebnisse im darstellenden Teil haben schon wertvolle Hinweise für den Umgang mit den beiden Fragen geliefert. Danach ist das, was Reformation zur Reformation im eigentlichen Sinne macht, losgelöst von den politischen und gesellschaftlichen Umständen zu betrachten. Die Erkenntnis der Rechtfertigung des Gottlosen durch Martin Luther aus der Heiligen Schrift als genuin Reformatorisches bewegt sich natürlich innerhalb eines historisch-kulturellen Kontextes, und der eröffnet dem Wittenberger Möglichkeiten, diese Entdeckung weiterzuentwickeln und gegen alle Angriffe zu verteidigen – die Entdeckung selbst indes ist kein Politikum, nicht einmal ein Kirchenpolitikum, sondern die exegetische Antwort auf ein existenzielles Problem einer einzelnen Person. Dass und wie sich daraus dann eine Bewegung mit solcher Schlagkraft entwickeln konnte, verdankt sich den Umbruchbewegungen der Zeit, und gerade die Anfangszeit, die Genese der Reformation ist abhängig von einigen historischen Umständen, ohne die sie wohl nicht möglich gewesen wäre. Das Fundament des Reformatorischen ist indes losgelöst vom politischen Umfeld. Gleiches muss für so manche reformatorische Aussage festgehalten werden. Unbestritten ist, dass die eine oder andere Pointe einer konkreten Auseinandersetzung geschuldet ist. Wo sich eine solche Pointe aber notwendig aus dem Fundament heraus ergibt, ist auch sie nicht mehr eine zeitlich bedingte, sondern erhebt Anspruch auf Gültigkeit über diesen Kontext hinaus. Dass der Kern dessen, was Reformation ausmacht, in diesem theologischen Fundament zu finden ist, dürfte unter Beachtung aller Faktoren, die weiterhin genannt werden müssen, wenn man von dieser Epoche redet, von niemandem bestritten werden. Selbst diejenigen, die sich schwer tun mit der existenziellen Frage Luthers und ihre Relevanz anzweifeln, müssen doch zugeben, dass das Problem der Gerechtigkeit vor Gott im 16. Jahrhundert keine Erfindung von konfessionell dünkelhaften Kirchenhistorikern ist, sondern ein vielfach nachprüfbares Faktum. Insofern ist Luthers Antwort auf dieses Problem, seine reformatorische Erkenntnis nicht *ein* Element neben vielen, sondern *das*, nämlich dasjenige, was die Reformation zunächst als theologische Bewegung, dann auch verquickt mit anderen Interessen, in Gang gesetzt hat.

Freilich sind Luther und seine Gedanken machtpolitisch instrumentalisiert worden, und dass die Reformation als gesamteuropäische Bewegung nicht mit Luther unterging und sich keineswegs auf seine Person allein konzentrierte, sondern eine Breiten- und Tiefenwirkung erzielte, die sie weit über die Grenzen Wittenbergs hinweg trug, liegt zu einem großen Teil fraglos an dieser nicht beziehungsweise nicht ausschließlich theologisch motivierten Instrumentalisierung. Was Reformation ist, lässt sich aber nicht auf diese Instrumentalisierung reduzieren. Ebenso wenig, wie sie sich auf ihre theologischen Elemente reduzieren lässt. Insofern liegt die Aufgabe der Kirchengeschichte darin, immer wieder den Finger auf die theologische Seite der Reformation zu legen, ohne die eine Wahrnehmung, erst recht eine Darstellung der Epoche unmöglich gelingen kann. Nur so wird das Epochale dieses Zeitabschnitts deutlich, und eine Profangeschichtsschreibung, die den theologischen Impetus als historisches Faktum ernst nimmt, wird sich nicht verschließen können, darin ebenfalls den epochalen Charakter zu entdecken.

Selbst unter Beiseitelassung des theologischen Aspektes aber kann nicht an der Epoche Reformation vorbeigegangen werden. Die Umwälzungen im politischen, sozialen und kulturellen Bereich, und zwar in ganz Europa, sind zu deutlich, als dass man diese Zeit in anderen Epochen aufgehen lassen könnte. Die Reformation ist eine Übergangszeit mit einem ganz eigenen Charakter. Sie ist nicht mehr Mittelalter und sie entbehrt noch mancher Charakteristika der Frühen Neuzeit. Sie ist etwas Eigenes und Unvergleichliches. Kirchengeschichts- und Profangeschichtsschreibung hätten bei Berücksichtigung jeweiliger spezifischer Aspekte also von der „Epoche Reformation" zu reden.

Das hat Konsequenzen für die Beantwortung der zweiten Frage. Denn wenn konstatiert werden muss, dass das Epochale der Reformation im Reformatorischen liegt, will sagen: in ihrem theologischen Fundament, dann ergibt sich daraus ein Anspruch. Und zwar wiederum nicht einer, den man dazuerfinden müsste, sondern einer, der aus der Zeit selbst heraus ableitbar ist. Denn die Entdeckung und Ausgestaltung des theologischen Fundaments war ja nicht zeitgebunden und als solches gedacht, sondern die Theologen der Zeit wollten über ihren engen und begrenzten räumlichen und zeitlichen Horizont hinaus den Menschen Trost und Gewissheit vermitteln. Was sie zu sagen hatten und was sie schrieben und predigten, das sagten, schrieben und predigten sie zwar oft genug in aktuelle Situationen hinein. Das Wort Gottes indes, das ihren Gedanken und Aussagen ihrem eigenen Anspruch nach zugrunde lag, war unabhängig von diesen Situationen und insofern sollte ihr Zur-Sprache-Bringen des Wortes über den konkreten Kontext hinaus Geltung haben. Das gilt noch einmal mehr von den Bekenntnistexten. Im allen Reformatoren gemeinsamen Schriftprinzip selbst, das nie allein als Formalprinzip verstanden werden darf, sondern immer zugleich als Materialprinzip, das Jesus Christus und sein

Heilshandeln am sündigen Menschen meint, liegt der Anspruch verborgen, über den Kontext hinaus Gültiges zu formulieren. Denn die Rückbindung aller theologischen Aussagen an die Schrift führt diese Aussagen in eine dialektische Spannung: Einerseits wollen sie in der je eigenen Wirklichkeit des aktuellen Kontextes die Wahrheit der Schrift zur Sprache bringen und also über die Zeit hinaus Gültiges formulieren; andererseits wissen sie um die Kritikwürdigkeit all dieser Aussagen, weil die Wahrheit eine immer wieder einzuholende ist, und insofern um die Vorläufigkeit und Zeitbedingtheit. Das Schriftprinzip schützt also zum einen davor, in den theologischen Erkenntnissen und Formulierungen der Reformationszeit mehr zu sehen als Erkenntnisse und Formulierungen bestimmter Autoren; es schützt aber zugleich davor, darin weniger zu entdecken als Texte, die nicht historisch zufällig, sondern exegetisch notwendig sind. Und eben darin über ihre Zeit hinaus gelten wollen. Ohne dass die Reformatoren das selbst explizit so formuliert hätten, stiften ihre Texte protestantische Identität und haben nachhaltige Wirkung. Und insofern haben sie immer wieder neu aktuelle Bedeutung und gilt es, die Aussagen zu vergegenwärtigen und an neuen exegetischen Erkenntnissen zu messen. Für den ökumenischen Dialog bedeutet dies, die Epoche „Reformation" und das Epochale an ihr, das „Reformatorische", immer wieder zur Geltung zu bringen, weil das, was *im* 16. Jahrhundert formuliert wurde, nicht nur *für* das 16. Jahrhundert formuliert wurde.

Die epochale Wirkung der Reformationszeit geht damit weit über das Faktum hinaus, dass Reformation als Epoche zu bezeichnen ist. Die epochale Wirkung liegt darin, das menschliche Leben in theologischer Deutung als aus Beziehung und in Beziehung existierendes entdeckt und aus Gottes unverdient gnädiger Zuwendung atmendes beschrieben zu haben, vom ersten Schrei bis zum letzten Seufzer, in allen Dimensionen, in seiner ganzen Vielfalt, in seinem Gelingen und in seinem Scheitern. Das hatte Konsequenzen in alle Bereiche individueller, gesellschaftlicher und politischer Wirklichkeit hinein und führte im 16. Jahrhundert zu den beschriebenen Umwälzungen. Und das hat Konsequenzen bis heute, wenn Menschen sich in diesem Beziehungsgeflecht verstehen. Die Reformation entfaltet ihre epochale Wirkung auch in unseren Tagen, wenn deutlich werden kann, dass der Mensch nicht sich selbst lebt und Mensch und Kirche stets zu reformieren, semper reformanda sind.

7 Anmerkungen

1 Warum die Reformation eine Epoche ist

1 „Nachdem wir eingangs konstatiert haben, den Historikern sei die Reformation abhanden gekommen, so ist abschließend festzustellen, daß sie unter dieser bedeutungsgeschichtlichen Perspektive die Reformation wieder neu gewonnen haben. Es geht, um auch hier zugespitzt zu formulieren, um den *Mythos*charakter von ‚Reformation' als einem zentralen Gegenstand der Reformationsforschung. ‚Mythos' ist in diesem Zusammenhang [...] nicht im alltagssprachlichen, negativen Sinne als unwahr, irreal oder in ideologischer Absicht erlogen verstanden. Gemeint ist vielmehr die Aneignung der Reformation durch die Nachwelt – als wissenschaftliche Rezeption und vor allem als Vision einer spezifischen religiösen und geistigen Existenz sowie der historisch-politischen Kultur allgemein." (Schilling, Heinz: Reformation – Umbruch oder Gipfelpunkt eines Temps des Réformes? in: Moeller, Bernd (Hg.): Die frühe Reformation in Deutschland als Umbruch. Wissenschaftliches Symposion des Vereins für Reformationsgeschichte 1996 (SVRG 199), Heidelberg 1998, 13–34, hier: 31.)
2 Vgl. deren Einführung in die Reihe „Spätmittelalter und Frühe Neuzeit" (Tübinger Beiträge zur Geschichtsforschung), in: Trüdinger, Karl: Stadt und Kirche im spätmittelalterlichen Würzburg, Stuttgart 1978, 7: „Schon seit langem ist der Forschung die traditionelle, gewöhnlich um das Jahr 1500 angesetzte Grenzscheide zwischen ‚Mittelalter' und ‚Neuzeit' problematisch geworden. Der Umbruch, der durch Renaissance, Reformation, Entdeckungen, durch Erfindungen und Wandlungen in Gesellschaft, Wirtschaft, Kirche und Staat zwischen dem 15. und 16. Jahrhundert geschehen ist, hat offensichtlich nicht die Tiefendimension, die ihm seit Jahrhunderten beigelegt worden ist. Angesichts der fundamentalen Veränderungen, die seit der Mitte des 18. Jahrhunderts durch Industrialisierung und Revolutionen eingeleitet worden sind, schrumpft der vermeintliche Graben um 1500, der gar zwei Weltalter voneinander trennen soll, zusammen: das Verbindende, Gemeinsame zwischen Vorher und Nachher und das bis ins 18. Jahrhundert hinein Überdauernde gerade in den Grundzügen der Gesellschafts- und Lebensordnung und vor allem den Wertvorstellungen, die das tägliche Leben tragen und die Auseinandersetzungen der Staaten und Konfessionen bestimmten, tritt durch alle Veränderungen der Zeiten hindurch immer stärker zutage."
3 Oberman: Reformation, 18.
4 A.a.O., 19.

5 Ebd.
6 A.a.O., 20.
7 Dazu vgl. ausführlich Lexutt, Athina: Konfessionalisierung – neuer Schlauch für alten Wein?, in: VuF 45 (2000), 3–24.
8 Zeeden, Ernst Walter: Die Entstehung der Konfessionen: Grundlagen und Formen der Konfessionsbildung im Zeitalter der Glaubenskämpfe, München/Wien 1965, 9f.
9 Vorwort zum Band über die reformierte Konfessionalisierung (Schilling, Heinz (Hg.): Die reformierte Konfessionalisierung in Deutschland – Das Problem der „Zweiten Reformation". Wissenschaftliches Symposion des Vereins für Reformationsgeschichte 1985 (SVRG 195), Heidelberg 1986), 9.
10 Deutschland im konfessionellen Zeitalter (Deutsche Geschichte 5), Göttingen 1983.
11 Die Konfessionalisierung von Kirche, Staat und Gesellschaft. Profil, Leistung, Defizite und Perspektiven eines geschichtswissenschaftlichen Paradigmas, in: Reinhard, Wolfgang / Schilling, Heinz (Hgg.): Die katholische Konfessionalisierung. Wissenschaftliches Symposion der Gesellschaft zur Herausgabe des Corpus Catholicorum und des Vereins für Reformationsgeschichte 1993 (SVRG 198), Heidelberg 1995, 1–49, hier: 4.
12 Lutherische Konfessionalisierung – ein Überblick, in: Rublack, Hans-Christoph (Hg.): Die lutherische Konfessionalisierung in Deutschland. Wissenschaftliches Symposion des Vereins für Reformationsgeschichte 1988 (SVRG 197), Heidelberg 1992, 33–53, hier 34.
13 Vgl. dazu Schmidt, Heinrich Richard: Konfessionalisierung im 16. Jahrhundert (EDG 12), München 1992, 110–115.
14 Die Konfessionalisierung von Kirche, Staat und Gesellschaft, 31 mit Anm. 61.
15 Vgl. Hamm, Berndt / Moeller, Bernd / Wendebourg, Dorothea: Reformationstheorien. Ein kirchenhistorischer Disput über Einheit und Vielfalt der Reformation, Göttingen 1995, 10.
16 Vgl. a.a.O., 34: „Das, was die Reformation zur ‚Reformation' machte, war das Urteil der Gegenreformation. Erst durch diese Reaktion wurde daraus das Geschehen, welches zum Ende der Einheit der westlichen Christenheit führte, wurde aus dem innerkirchlichen Umkehrruf die Kirchenspaltung."
17 A.a.O., 127.
18 Leppin, Volker: Wie reformatorisch ist die Reformation?, in: ZThK 99 (2002), 162–176, hier: 173f.
19 A.a.O., 175f. Die letzte Bemerkung bezieht sich auf eine Äußerung von Heinz Schilling, vgl. a.a.O., 163.
20 Schorn-Schütte: Reformation, 106f.
21 Seebaß, Gottfried: Die Reformation als Epoche, in: Ehrenpreis Stefan / Lutz-Heumann, Ute u.a. (Hgg.): Wege der Neuzeit. Festschrift für Heinz Schilling zum 65. Geburtstag, Berlin 2007, 21–32, hier: 31f.

22 Vgl. a.a.O., 21f.
23 Freilich liegt hier die Forschung noch mehr zurück als im Blick auf die Frage nach den Verbindungslinien zwischen Spätmittelalter und Reformation.

2 Vorgeschichte der Epoche

1   Erasmus von Rotterdam, Bd. 2, 55.
2   A.a.O., 131–149.
3   A.a.O., Bd. 3, 435.
4   QGPRK , 499–501.
5   D. Martini Lutheri Opera Latina. Varii Argumenti ad reforamtionis historiam imprimis pertinentia, hg. von Heinrich Schmidt, Bd. 1, Erlangen 1865 [Erlanger Lutherausgabe = EA], 273f.
6   Das hussitische Denken im Lichte seiner Quellen, hg. von Robert Kalivoda und Alexander Kolesnyk, Bd. 8., Berlin 1969, 245–247.

3 Die Reformation als historisches Ereignis
3.1 Das Werden

1   WA.Br 1, Nr. 110, 233/10–234/82.
2   WA 2, 8/1–9/10.
3   DH 1445.
4   DH 1447–1449.
5   EA 3, 476f.
6   WA.Br 2, Nr. 402, 314/13–316/72.
7   WA 7, 838/4–9.
8   DRTA.JR 2, 82, 595/7–596/2.
9   DRTA.JR 2, 92, 643/19–654/20.
10 Lietzmann, Hans (Hg.): Die Wittenberger und Leisniger Kastenordnung (1522 / 1523) (Kleine Texte für Vorlesungen und Übungen 21), 2. Aufl. Berlin 1935, 4f.
11 Lietzmann, Hans (Hg.): Andreas Karlstadt. Von Abtuhung der Bilder und das keyn Bedtler unther den Christen seyn sollen, 1522 (Kleine Texte für Vorlesungen und Übungen 74), Berlin 1911, 21/17–40.
12 WA 10/III, 3/5–8/5.
13 WA 10/III, 18/10–19/7.
14 WA 10/III, 35/7–9.

15 Hauschild, Wolf-Dieter: Lehrbuch der Kirchen- und Dogmengeschichte, Bd. 2: Reformation und Neuzeit, Gütersloh 1999, 75.
16 Franz, Günther (Hg.): Thomas Müntzer. Schriften und Briefe. Kritische Gesamtausgabe (QFRG 33), Gütersloh 1968, 493/31–494/20.
17 WA 15, 211/11–14.
18 WA 15, 213/24–218/4.
19 Franz: Thomas Müntzer, 328/8–342/2.
20 Westin, Gunnar / Bergsten, Torsten (Hgg.): Balthasar Hubmaier. Schriften, Gütersloh 1962, 119f.
21 Jenny, Beatrice (Hg.): Das Schleitheimer Täuferbekenntnis 1527 (SBVG 28), Thayngen 1951, 9/24–12/118.
22 Detmer, Heinrich (Hg.): Hermanni A. Kerssenbroch Anabaptistici furoris monasterium inclitam Westphaliae metropolim evertentis historica narratio (GQBM 6/2), Münster 1899, 479.
23 Flugschriften der Bauernkriegszeit. Unter Leitung von Adolf Laube und Hans Werner Seiffert bearb. von Christel Laufer, Dietrich Lösche u.a., hg. von der Akademie der Wissenschaften der DDR, 2. durchges. Aufl. Berlin 1978, 26/3–31/8.
24 WA 18, 291/15–329/28.
25 WA 18, 359/14–37.
26 WA 18, 386/5–401/8.

3.2 Die Konsolidierung

1 Neue und vollständigere Sammlung der Reichsabschiede, Bd. 2, Osnabrück 1967, 274.
2 Sehling, Emil (Hg.): Die evangelischen Kirchenordnungen des XVI. Jahrhunderts, Bd. 5, Aalen 1913, 495.
3 DRTA. JR 7, 1286/14–1287/12.
4 DRTA. JR 7, 1141/36–1143/5.
5 WA.Br 5, Nr. 1568, 319/5–9.
6 WA 30 III, 282/22–283/6.
7 CR III, Nr. 1429, 75.
8 CR III, Nr. 1462, 139.
9 Ebd.
10 Die historischen Volkslieder der Deutschen vom 13. bis 16. Jahrhundert, ges. und erl. von R. v. Liliencron, Bd. 4, Leipzig 1869, Nr. 569, 459–460.
11 Brandi, Karl: Der Augsburger Religionsfriede vom 25. September 1555, 2., erw. u. verb. Aufl., Göttingen 1927, 35–47.
12 Calvin-Studienausgabe 1.1, 121/35–123/4.

3.3 Die Unumkehrbarkeit

1 Loyola, Ignatius von: Geistliche Übungen. Nach dem spanischen Urtext übersetzt von Peter Knauer SJ, Würzburg 1998, 38f.
2 DH 1501–1507.
3 DH 1554.
4 DH 1562.
5 DH 1849f.
6 DH 1868.
7 Catechismus Romanus 1, 10, 10f., zit. nach: Thrändorf, Ernst / Meltzer, Hermann: Kirchengeschichtliches Quellenlesebuch. Ausgabe C, Dresden 1920, 84.
8 Catechismus Romanus 2, 7, 25, zit. nach: Thrändorf / Meltzer C, 84.

4 Die Reformation als theologisches Ereignis
4.1 Die Theologen

1 WA 54, 185/17–186/9.
2 Calvin-Studienausgabe 1.1, 169/9–18.
3 A.a.O., 203/38–40.

4.2 Die Bekenntnisse

1 FC Epitome I: BSLK 767/14–19.
2 FC Epitome I: BSLK 767/16f.
3 CA V: BSLK 58/2–8.
4 CA VII: BSLK 61/6–12.
5 SmA: BSLK 415/4f.
6 SmA: BSLK 415/21–416/6.
7 SmA: BSLK 419/13f.
8 CG 3: Reformierte Bekenntnisschriften, 110.
9 HK 1 und 2: Reformierte Bekenntnisschriften, 154.
10 HK 66: Reformierte Bekenntnisschriften, 168.
11 HK 79: Reformierte Bekenntnisschriften, 172.
12 DC 6–9: Reformierte Bekenntnisschriften, 224–226.
13 DC 12: Reformierte Bekenntnisschriften, 226f.

Literaturverzeichnis

Wie bereits erwähnt, gibt es allgemeine und spezielle Literatur zur Reformationsgeschichte, zu den sie gestaltenden Personen und zu ihrer Theologie in Hülle und Fülle. Im Folgenden seien daher nur die wichtigsten Quellenausgaben und einige ganz wenige Sekundärtitel genannt, die leicht verständlich einen Einblick in das Gesamt der Reformationsgeschichte gewähren und sich selbst als Literaturmultiplikatoren verstehen, weil sie in der Regel selbst zahlreiche Sekundärtitel zur Vertiefung bestimmter Abschnitte der Reformationsgeschichte und ihrer spezifischen Probleme nennen.

Wichtige Quelleneditionen

Acta reformationis Catholicae Ecclesiam Germaniae concernentia saeculi XVI. Die Reformationsverhandlungen des deutschen Episkopats von 1520–1570, hg. von Georg Pfeilschifter, Regensburg 1959ff.

BSLK – Die Bekenntnisschriften der evangelisch-lutherischen Kirche, hg. im Gedenkjahr der Augsburgischen Konfession 1930, 11. Aufl. Göttingen 1992

Calvin, Johannes: Unterricht in der christlichen Religion (Institutio Christianae Religionis), nach der letzten Ausgabe übersetzt und bearbeitet von Otto Weber, 5. Auflage der einbändigen Ausgabe Neukirchen-Vluyn 1988

Calvin-Studienausgabe, lat.-dt., hg. von Eberhard Busch, Alasdair Heron u.a., Neukirchen-Vluyn 1994ff.

CCath – Corpus Catholicorum, Münster 1919ff.

CR – Corpus Reformatorum (Melanchthon, Calvin, Zwingli), 28 Bde., Berlin u.a. 1834–1860

DH – Denzinger, Heinrich: Enchiridion symbolorum definitionum et declarationum de rebus fidei et morum. Kompendium der Glaubensbekenntnisse und kirchlichen Lehrentscheidungen. Verbessert, erweitert, ins Deutsche übertragen und unter Mitarbeit von Helmut Hoping hg. von Peter Hünermann, 37. Aufl. Freiburg, Basel u.a. 1991

DRTA und DRTA.JR – Deutsche Reichstagsakten und Deutsche Reichstagsakten. Jüngere Reihe, hg. durch die Historische Kommission bei der Bayerischen Akademie der Wissenschaften, München u.a. 1867ff. und Gotha u.a. 1892ff. sowie Göttingen 1971ff.

Erasmus von Rotterdam. Ausgewählte Schriften, lateinisch und deutsch, hg. von Werner Welzig, 8 Bde., Darmstadt 1967–1980

Harms, Wolfgang (Hg.): Deutsche illustrierte Flugblätter des 16. und 17. Jahrhunderts. Die Sammlung der Herzog August Bibliothek in Wolfenbüttel. Bd. II Historica, München 1980

Kastner, Ruth (Hg.): Quellen zur Reformation 1517–1555 (AQDGNZ 16), Darmstadt 1994

Laube, Adolf / Schneider, Anne-Rose u.a. (Hgg.): Flugschriften der frühen Reformationsbewegung (1518–1524), 3 Bde., Vaduz 1983

Melanchthons Werke in Auswahl, hg. von Robert Stupperich, Gütersloh 1951–1971

QGPRK – Quellen zur Geschichte des Papsttums und des Römischen Katholizismus, 1.–5. Aufl. hg. von Carl Mirbt, 6. völlig neu bearb. Aufl. hg. von Kurt Aland, Bd. 1: Von den Anfängen bis zum Tridentinum, Tübingen 1967

QGT – Quellen zur Geschichte der Täufer 3ff., Gütersloh 1938ff.

Reformierte Bekenntnisschriften. Eine Auswahl von den Anfängen bis zur Gegenwart, hg. von Georg Plasger und Matthias Freudenberg, Göttingen 2005

WA – Martin Luthers Werke. Kritische Gesamtausgabe, Weimar 1883ff.

Zwingli, Huldrych: Auswahl seiner Schriften, hg. von Edwin Künzli, Zürich-Stuttgart 1962

Hilfsmittel

Adams, Herbert Mayow: Catalogue of Books Printed on the Continent of Europe. 1501–1600 in Cambridge Libraries, London 1967

Aland, Kurt: Hilfsbuch zum Lutherstudium, 3. Aufl. Witten 1970

ARG.L – Archiv für Reformationsgeschichte. Literaturbericht

BDG – Bibliographie zur deutschen Geschichte im Zeitalter der Glaubensspaltung, hg. von Karl Schottenloher, 7 Bde., 2. Aufl. Stuttgart 1956–1966

VD 16 – Verzeichnis der im deutschen Sprachbereich erschienen Drucke des XVI. Jahrhunderts, hg. v. der Bayrischen Staatsbibliothek München und Herzog August Bibliothek Wolfenbüttel, Stuttgart 1983ff.

Gesamtdarstellungen

Blickle, Peter: Die Reformation im Reich (UTB 1181), 3., umfassend überarb. u. erg. Aufl. Stuttgart 2000

Bornkamm, Heinrich: Das Jahrhundert der Reformation. Gestalten und Kräfte, Göttingen 1961

Ehrenpreis, Stefan / Lotz-Heumann, Ute: Reformation und konfessionelles Zeitalter, Darmstadt 2002

Goertz, Hans-Jürgen: Pfaffenhaß und groß Geschrei. Die reformatorische Bewegung in Deutschland 1517–1529, München 1987

Ders. (Hg.): Radikale Reformatoren. 21 biographische Skizzen von Thomas Müntzer bis Paracelsus, München 1978

Guggisberg, Hans R./Krodel, Gottfried G. (Hgg.): Die Reformation in Deutschland und Europa: Interpretationen und Debatten. Beiträge zur gemeinsamen Konferenz der Society for Reformation Research und des Vereins für Reformationsgeschichte, 25.–30. September 1990, im Deutschen Historischen Institut, Washington, D.C. (ARG-Sonderband), Gütersloh 1993

Heckel, Martin: Deutschland im konfessionellen Zeitalter (DG 5), Göttingen 1983

Hirsch, Emanuel: Hilfsbuch zum Studium der Dogmatik. Die Dogmatik der Reformatoren und der altevangelischen Lehrer quellenmäßig belegt und verdeutscht, 4. Aufl. Berlin 1964

Klueting, Harm: Das Konfessionelle Zeitalter 1525–1648, Stuttgart 1989

Moeller, Bernd: Deutschland im Zeitalter der Reformation (DG 4), 3. Aufl. Göttingen 1988

Oberman, Heiko A.: Die Reformation. Von Wittenberg nach Genf, Göttingen 1986

Reinhard, Wolfgang (Hg.), Probleme deutscher Geschichte 1495-1806. Reichsreform und Reformation 1495–1555 (HdtG), 10., völlig neu bearbeitete Aufl. Stuttgart 2001

Rohls, Jan: Theologie reformierter Bekenntnisschriften. Von Zürich bis Barmen (UTB 1453), Göttingen 1987

Schilling, Heinz: Aufbruch und Krise. Deutschland 1517-1648, Berlin 1988

Schmidt, Heinrich Richard: Konfessionalisierung im 16. Jahrhundert (EDG 12), München 1992

Schorn-Schütte, Luise: Die Reformation. Vorgeschichte – Verlauf – Wirkung (Beck'sche Reihe 2054), München 1996

Seebaß, Gottfried: Geschichte des Christentums III. Spätmittelalter – Reformation – Konfessionalisierung (ThW 7), Stuttgart 2006

Wenz, Gunther: Theologie der Bekenntnisschriften der evangelisch-lutherischen Kirche. Eine historische und systematische Einführung in das Konkordienbuch, 2 Bde., Berlin / New York 1996f

zur Mühlen, Karl-Heinz: Reformation und Gegenreformation. 2 Teile (Zugänge zur Kirchengeschichte 6/7), Göttingen 1999

Wichtige Zeitschriften

ARG – Archiv für Reformationsgeschichte. Internationale Zeitschrift zur Erforschung der Reformation und ihrer Weltwirkungen, Berlin u.a. 1903/04 ff.

Luther. Zeitschrift der Luther-Gesellschaft. hg. von Theodor Knolle, Göttingen 1919 ff.

LuJ – Lutherjahrbuch. Organ der internationalen Lutherforschung. Im Auftrag der Luther-Gesellschaft hg. von Helmar Junghans, Leipzig 1919 ff.

SCJ – Sixteenth Century Journal. Journal for Renaissance an Reformation Students and Scholars, Kinksville, MO, 1972 ff.

Zwingliana – Mitteilungen/Beiträge zur Geschichte Zwinglis, der Reformation und des Protestantismus in der Schweiz, Zürich 1897/1904 ff.

Personenverzeichnis

Agricola, Johannes 135
Agricola, Rudolf 39
Albrecht von Brandenburg 42, 54
Albrecht von Preußen 142
Aleander, Girolamo 63–65
Ameaux, Pierre 122, 166f.
Amsdorff, Nikolaus von 77, 133f.
Andreae, Jakob 171, 179
Aristoteles 35
Arminius, Jacobus 187
Arndt, Johann 203
Athanasius 174
Augustinus 153
Benedikt XVI. 97
Berlichingen, Götz von 90
Beza, Theodor 123, 168, 184
Bezold, Friedrich von 13
Blarer, Ambrosius 108
Boccaccio 34
Bockelson, Jan (Jan van Leiden) 87f.
Böhme, Jakob 84, 203
Boleyn, Anna 111, 139
Bonifaz VIII. 60
Brenz, Johannes 108, 136, 171
Brück, Georg 100, 106, 158
Bucer, Martin 109, 112, 114f., 121, 160, 165, 176, 182
Bugenhagen, Johannes 83, 99, 143, 194, 200
Bullinger, Heinrich 73, 123, 135, 156, 167, 184, 186
Buren, Idelette van 165
Cajetan (Thomas de Vio) 56f., 59f.
Calixt, Georg 205
Calov, Abraham 205

Calvin, Johannes 24, 40, 120–123, 135–137, 141, 145, 156, 160–168, 181–184, 200
Camerarius, Joachim 108
Cellarius, Christoph 12
Chemnitz, Martin 136, 171, 179
Christian II. 143
Christian III. 143
Christine von Schweden 144
Cicero 35
Clemens VI. 57f.
Coccejus, Johannes 206
Cochläus, Johann 105
Colet, John 39
Cop, Nikolaus 161
Cranach, Lukas d.Ä. 192, 194–196
Cranach, Lukas d.J. 194, 198
Cranmer, Thomas 112
Cromwell, Thomas 112
Cruciger, Caspar 200
Dante Alighieri 34
Denck, Hans 83
Dilthey, Wilhelm 159
Dürer, Albrecht 192
Eber, Paul 198, 200
Eck, Johannes 40, 55, 61–63, 85, 103, 105, 115, 149
Ecken, Johann von der 65
Edward VI. 112
Elisabeth I. 131, 139f., 190
Emser, Hieronymus 40
Engel, Joseph 11
Erasmus von Rotterdam 36, 38f., 151, 153, 156

Ernst von Braunschweig-Lüneburg 101, 104
Faber Stapulensis 39
Fabri, Johannes 71, 105
Farel, Guillaume 120f., 163f.
Febre, Pierre le 125
Ferdinand I. 71, 100, 107, 110, 113, 131, 141f.
Ferdinand II. 207
Fernando von Alba 138
Flacius, Matthias 133–135
Franck, Sebastian 83f.
Franz von Assisi 198
Franz von Braunschweig-Lüneburg 104
Franz I. 56, 98, 110, 113, 116, 137
Friedrich I. 143
Friedrich II. 28
Friedrich III. von der Pfalz 183f., 186
Friedrich V. von der Pfalz 207
Friedrich von Sachsen (der Weise) 30, 43, 52, 56, 61, 65, 69, 80, 156
Georg von Brandenburg-Ansbach 101, 104
Georg von Sachsen 100
Gerhard, Johann 205
Geyer, Florian 90
Gomarus, Franciscus 187
Granvella, Nikolaus 114f.
Grebel, Konrad 71, 85
Gregor XIII. 132
Gropper, Johannes 114f.
Gustav I. Wasa 143
Gutenberg, Johannes 34
Hadrian VI. 97
Hafenreffer, Matthias 205
Hamm, Berndt 16f.
Hätzer, Ludwig 83
Hauschild, Wolf-Dieter 97
Heckel, Martin 15f.

Heinrich II. 118, 137
Heinrich IV. 137
Heinrich VIII. 110f., 139, 190
Hermann von Wied 116
Heerbrand, Jakob 205
Heß, Johannes 142
Hieronymus 35
Hochstraten, Jakob 62
Hoffmann, Melchior 83
Holl, Karl 13
Hrabanus Maurus 159
Hubmaier, Balthasar 71, 85
Hunnius, Ägidius 205
Hus, Jan 47–49, 54, 69
Hut, Hans 83, 86
Hutter, Jakob 88, 205
Ignatius von Loyola 125–127
Iserloh, Erwin 13
Jakob I. 140
Jakobus a Voragine 125
Johann von Sachsen (der Beständige) 80, 98, 101, 103f.
Johann Friedrich von Sachsen (der Großmütige) 104, 106, 108, 110, 116, 158, 176
Johannes vom Kreuz 203
Johannes a Lasco 142
Jonas, Justus 200
Jud, Leo 72
Julius II. 54
Karl V. 23, 28, 30f., 55f., 63, 65–69, 81, 97f., 100f., 103–108, 110–119, 128, 131, 138, 174
Karlstadt (Andreas Bodenstein) 61f., 74–76, 78, 82f.
Katharina von Bora 195
Katharina von Aragon 111, 139
Katharina von Medici 137
Kempen, Thomas von 125

Knipperdollinck, Bernd 87
Kolumbus, Christoph 34
Konstantin 36, 173
Kopernikus, Nikolaus 35
Krapp, Katharina 157
Laud, William 188
Lemp, Jakob 40
Lenz, Max 13
Leo X. 40, 53–56, 59f., 63f., 198
Leonardo da Vinci 34
Leppin, Volker 17f.
Lortz, Joseph 13
Lotzer, Sebastian 91
Ludolf von Sachsen 125
Ludwig XIV. 138
Ludwig der Bayer 31
Luther, Martin 9, 11, 13, 17f., 21, 23f.,
    27, 30, 34, 39f., 43, 47, 49, 51–65,
    67–69, 72, 74, 76–83, 89f., 92–96,
    99f., 102, 104, 106f., 110f., 115, 132f.,
    135, 145–153, 155–160, 162, 168,
    170, 172, 174, 176–179, 182, 184,
    192, 194f., 197, 200f., 203, 209–211
Machiavelli, Niccolò 31
Major, Georg 134
Mantz, Felix 85
Marbach, Johannes 136
Marcks, Erich 13
Maria Stuart 139
Maria Tudor 139
Marsilius von Padua 31
Mathys, Jan 83, 87
Matthias 207
Maximilian I. 30f., 55, 61
Maximilian II. 186, 207
Melanchthon, Philipp 24, 40, 51, 63, 75,
    77, 99, 103–105, 109f., 115, 133–135,
    145, 156–160, 171, 174, 176–178,
    187, 190, 194, 198

Melius, Peter 141
Michelangelo 34
Miltitz, Karl von 61
Moeller, Bernd 16
Moritz von Sachsen 116–118
Morus, Thomas 37, 39, 112
Müntzer, Thomas 14, 79–82, 86, 95
Murner, Thomas 40
Musäus, Johannes 205
Myconius, Oswald 72
Nikolaus V. 36
Oberman, Heiko A. 11f.
Oekolampad, Johannes 72
Osiander, Andreas 134
Otho, Anton 135
Paracelsus (Theophrast von Hohenheim)
    84
Paul III. 109f., 125, 176
Paulus 66, 80, 147, 166
Pellikan, Konrad 72
Perrin, Ami 166
Pesch, Otto Hermann 13
Petrarca, Francesco 34
Petri, Laurentius 143f.
Petri, Olaus 143
Petrus 53, 60, 62, 131
Pfefferkorn, Johannes 39
Pfeffinger, Johannes 134
Pflug, Julius 105, 115
Pfnür, Vinzent 13
Philipp von Hessen (der Großmütige)
    87, 100–104, 106–108, 116, 118
Philipp II. 138f.
Pico della Mirandola, Giovanni 31
Pistorius, Johannes 115
Pius V. 131
Platon 35
Prierias (Silvester Mazzolini) 55
Quenstedt, Andreas 205

Rabelais 39
Raffael 34
Ranke, Leopold von 12
Reinhard, Wolfgang 15
Reinhart, Anna 153
Reuchlin, Johannes 39, 63, 156
Rothmann, Bernt 87
Rudolf II. 141, 207
Sattler, Michael 86
Schilling, Heinz 10, 12, 15f.
Schnepf, Erhard 108
Schorn-Schütte, Luise 18
Schwenckfeld, Kaspar von 83f., 203
Schmid, Konrad 154
Seebaß, Gottfried 19f.
Servet, Michael 123, 167
Simons, Menno 88
Sixtus IV. 58
Sixtus V. 132
Sozzini, Fausto 204
Sozzini, Lelio 204
Spalatin, Georg 56, 61
Staupitz, Johann von 146
Storch, Nikolaus 75, 79
Strigel, Viktorin 135
Sudermann, Damiel 203
Tauler, Johannes 203

Tetzel, Johannes 42, 45, 55f.
Theresa von Avila 203
Troeltsch, Ernst 13
Tuckney, Anthony 189
Ulrich von Württemberg 90, 108
Ursinus, Zacharias 184
Valla, Lorenzo 36
Vergil 34
Waldeck, Franz von 87
Wallis, John 189
Wallmann, Johannes 16
Weber, Max 164
Weigel, Valentin 84, 203
Wendebourg, Dorothea 16f.
Westphal, Joachim 135
Wilhelm von Jülich-Kleve 116
Wimpina, Konrad 55
Wolfgang von Anhalt 101, 104
Wolsey, Thomas 111f.
Wyclif, John 47–49
Xavier, Franz 125
Zanchi, Hieronymus 136
Zeeden, Ernst Walter 11, 14
Zwilling, Gabriel 74, 78
Zwingli, Ulrich 17, 24, 40, 70–73, 79, 84, 89, 102f., 105, 135, 145, 151–156, 160, 170, 186

ATHINA LEXUTT
LUTHER
(UTB 3021 PROFILE)

Martin Luther gehört ohne jeden Zweifel zu den Gestalten, die die Geschichte des Abendlandes in so nachhaltiger Weise beeinflusst haben wie nur wenig andere. Er hob Weltbilder aus den Angeln, provozierte und begeisterte, er kämpfte mit Welt und Teufel und führte das Christentum in eine neue Zeit. Luther gab der Reformation ihr eigentliches und wesentliches Profil und ist in seinem theologischen Denken auch heute noch wegweisend für den Protestantismus, der auf seinen Schultern steht. Der vorliegende Band entfaltet anschaulich den Menschen und Denker Luther vor seinem historischen Hintergrund, um zugleich nach der Gegenwartsbedeutung seiner Aussagen zu fragen. Damit bietet er nicht nur einen Überblick über das Leben einer prominenten Gestalt des 16. Jahrhunderts, sondern eröffnet einen Dialog zwischen den Fragen der Gegenwart und den fundamentalen Einsichten Luthers in das Verständnis von Gott, Welt und Mensch.

2008. 143 S. BR. 120 X 185 MM.
ISBN 978-3-8252-3021-0

BÖHLAU VERLAG, URSULAPLATZ 1, 50668 KÖLN. T: +49(0)221 913 90-0
INFO@BOEHLAU.DE, WWW.BOEHLAU.DE | KÖLN WEIMAR WIEN

ATHINA LEXUTT,
DETLEF METZ (HG.)
CHRISTENTUM – ISLAM
EIN QUELLENKOMPENDIUM (8.–21. JH.)
(UTB FÜR WISSENSCHAFT 3225 S)

Wie wichtig ein vertieftes Verständnis der islamischen Religion und ihrer verschiedenen Gestalten ist, verdeutlicht der tägliche Blick in die Nachrichten. Auseinandersetzungen im Nahen Osten, Diskussionen um einen Moscheebau, religiös begründete Terrorakte – mit der Welt des Islam in einen Dialog einzutreten, ist eine der dringlichsten Aufgaben in Gegenwart und Zukunft. Dass dies in der Vergangenheit bereits als Aufgabe erkannt wurde, überrascht dagegen zunächst.

Auch im Studium der Geschichte, der Theologie, der Politik- und der Religionswissenschaften gerät diese Seite des Verhältnisses der Religionen zunehmend in den Fokus. Dieser Tendenz trägt das vorliegende Studienbuch Rechnung, indem es die wichtigsten Quellen zusammenstellt, die aus christlicher Perspektive den christlich-islamischen Dialog von den Anfängen bis in die Gegenwart dokumentieren. Fachkundige Einleitungen zum politischen und geistesgeschichtlichen Kontext des jeweiligen Jahrhunderts sowie zu den einzelnen Autoren und ihrem Werk ergänzen die Quellen zu einem informativen Überblick.

2009. 237 S. BR. 120 X 185 MM.
ISBN 978-3-8252-3225-2

BÖHLAU VERLAG, URSULAPLATZ 1, 50668 KÖLN. T: +49(0)221 913 90-0
INFO@BOEHLAU.DE, WWW.BOEHLAU.DE | KÖLN WEIMAR WIEN

KLAUS HERBERS
HELMUT NEUHAUS
DAS HEILIGE RÖMISCHE REICH
SCHAUPLÄTZE EINER
TAUSENDJÄHRIGEN GESCHICHTE
(843–1806)

Vor den Augen des Lesers läßt diese reich bebilderte und anschaulich erzählte Darstellung ein herrschaftliches Gebilde aufleben, das etwa ein Jahrtausend lang die kulturelle, soziale und politische Geschichte weiter Teile Europas maßgeblich bestimmt hat. Ausgehend von seinen Schauplätzen spüren die Autoren der Entstehung und Entwicklung, aber auch dem Ende des Heiligen Römischen Reiches nach.

2. AUFL. 2006. VIII, 343 S. MIT 307 S/W-ABB. 38 FARB. ABB. AUF 24 TAF. 27,5 X 21 CM. GB. MIT SU. ISBN 978-3-412-23405-8

»[Das Buch] besticht durch seine vielen, höchst anschaulichen Abbildungen einschließlich der sog. Historienbilder aus dem 19. Jahrhundert, und seine präzisen Informationen. Die „Schauplätze" einer fast tausendjährigen Geschichte des Heiligen Römischen Reiches werden in Text und Bild auf faszinierende Weise innerhalb dieser Großzählung präsentiert.«
  (Historische Zeitschrift)

BÖHLAU VERLAG, URSULAPLATZ 1, 50668 KÖLN. T: +49(0)221 913 90-0
INFO@BOEHLAU.DE, WWW.BOEHLAU.DE | KÖLN WEIMAR WIEN

REINER SÖRRIES
VON KAISERS GNADEN
PROTESTANTISCHE KIRCHENBAUTEN
IM HABSBURGER REICH

Seit der Reformation sind die Konfessionen auf der Suche nach einer Kirchenarchitektur, die ihrem Glauben und ihrer Liturgie entspricht. Da das protestantische Bekenntnis im Habsburger Imperium zur Bedeutungslosigkeit verurteilt war, ließe sich vermuten, dass es einen evangelischen Kirchenbau unter der Regie der streng katholischen Habsburger nicht gegeben haben kann. Das Gegenteil ist der Fall. In den Ländern des ehemaligen Habsburger Reiches drückt ihr Kirchenbau mehr von der protestantischen Identität aus als in den Kernländern der Reformation. Das spezifisch Protestantische lässt sich an den schlesischen Friedenskirchen, den ungarischen Artikelkirchen oder den josephinischen Toleranzbethäusern ablesen. Im Zuge der allmählichen Gleichberechtigung der evangelischen Konfession verlieren ihre Kirchen die protestantische Eigenart. Die bisher wenig beachteten evangelischen Kirchen in Mittelosteuropa von Breslau bis Lemberg eignen sich zur Veranschaulichung dessen, was das Besondere des evangelischen Kirchenbaus ausmacht. Ihre Vielfalt und Einzigartigkeit in den Ländern der Habsburger Monarchie vor, während und nach der Gegenreformation wahrzunehmen und wieder zu entdecken, dazu lädt dieser informative und reich bebilderte Band ein.

2008. 225 S. MIT 111 S/W-ABB. UND 16 FARB. ABB. AUF 16 TAF.
GB. 170 X 240 MM. ISBN 978-3-412-20154-8

BÖHLAU VERLAG, URSULAPLATZ 1, 50668 KÖLN. T: +49(0)221 913 90-0
INFO@BOEHLAU.DE, WWW.BOEHLAU.DE | KÖLN WEIMAR WIEN